La Terre Avant Le Déluge

Louis Guillaume Figuier

TABLEAU DE LA NATURE

OUVRAGE ILLUSTRÉ A L'USAGE DE LA JEUNESSE

———

LA TERRE

AVANT LE DÉLUGE

PARIS. — IMPRIMERIE DE CH. LAHURE ET Cie

Rue de Fleurus, 9

COUPE IDÉALE DE L'ÉCORCE SOLIDE DU GLOBE TERRESTRE

Montrant la superposition et la disposition des terrains sédimentaires et éruptifs

Volcan actuel

Diluvium   Diluvium

Crag	**TERRAIN PLIOCÈNE**
Faluns	**TERRAIN MIOCÈNE**
Molasse	
Gypse	
Calcaire grossier	**TERRAIN ÉOCÈNE**
Sables inférieurs et Argile Plastique	
Craie supérieure	**TERRAIN CRÉTACÉ**
Craie inférieure	
Oolithe supérieure	
Oolithe moyenne	
Oolithe inférieure	**TERRAIN JURASSIQUE**
Lias	
Terrain Saliférien (Keuper Marnes irrisées	**TERRAIN TRIASIQUE**
Terrain Conchylien (Grès bigarrés et Muschelkalk)	
Grès des Vosges	
Zechstein	**TERRAIN PERMIEN**
Nouveau Grès Rouge	
Terrain Houiller	**TERRAIN CARBONIFÈRE**
Calcaire Carbonifère	
Vieux Grès Rouge	**TERRAIN DÉVONIEN**
Terrain Silurien sup.t	**TERRAIN SILURIEN**
Terrain Silurien inférieur	
Talcschistes	**TERRAIN PRIMITIF**
Micaschistes	**ET MÉTAMORPHIQUE ANCIEN**
Gneiss et granit primitif	

ÉPOQUE TERTIAIRE ET QUATERNAIRE

ÉPOQUE SECONDAIRE

ÉPOQUE DE TRANSITION

ÉPOQUE PRIMITIVE

Thalcyte — de — Éruption

Métallique — Filon

LA TERRE

AVANT

LE DÉLUGE

PAR LOUIS FIGUIER

ouvrage contenant

25 VUES IDÉALES DE PAYSAGES DE L'ANCIEN MONDE
DESSINÉES PAR RIOU
310 AUTRES FIGURES ET 7 CARTES GÉOLOGIQUES COLORIÉES

PARIS

LIBRAIRIE DE L. HACHETTE ET Cie
BOULEVARD SAINT-GERMAIN, N° 77
—
1863
Droit de traduction réservé

PRÉFACE

Je vais soutenir une thèse étrange.

Je vais prétendre que le premier livre à mettre entre les mains de l'enfance doit se rapporter à l'histoire naturelle; et qu'au lieu d'appeler l'attention admirative des jeunes esprits sur les fables de la Fontaine, les aventures du Chat botté, l'histoire de Peau d'âne, ou les amours de Vénus, il faut la diriger sur les spectacles naïfs et simples de la nature : la structure d'un arbre, la composition d'une fleur, les organes des animaux, la perfection des formes cristallines d'un minéral, l'arrangement intérieur des couches composant la terre que nous foulons sous nos pieds.

Bien des lecteurs vont se récrier à une proposition pareille. N'est-il pas évident, en effet, que les contes de fées, les fables, les légendes, la mythologie, ont toujours été le premier aliment intellectuel offert à l'enfance, le moyen naturel de l'amuser et de la distraire?

Et, ajoutera-t-on, la société ne s'en porte pas plus mal !

C'est ici que je vous arrête.

Je pense, tout au contraire, que le mal de notre société peut, en partie, être attribué à cette cause. C'est parce qu'on l'a nourrie du dangereux aliment du mensonge que la généra-

A

tion actuelle renferme tant d'esprits faux, faibles et irrésolus, prompts à la crédulité, enclins au mysticisme, prosélytes acquis d'avance à toute conception chimérique, à tout extravagant système.

Notre esprit arrive sur la terre et sort des mains de Dieu, vigoureux et sain. Mais on s'empresse de l'abâtardir et de le dénaturer, en le traînant, dès ses premiers pas, dans les sentiers de la folie, de l'impossible et de l'absurde. On écrase, pour ainsi dire, le bon sens dans son œuf, en concentrant les idées de l'enfance sur des conceptions mensongères et contraires à la raison; en la faisant vivre dans ce monde fantastique où s'agitent pêle-mêle les dieux, demi-dieux et quarts de dieux, ou héros du paganisme, mêlés aux fées, lutins, sylphes, follets, esprits bons et mauvais, enchanteurs, magiciens, diables, diablotins et démons barbus, sans paraître se douter des dangers que présente, pour une raison naissante, la continuelle évocation de tant d'idées subversives du sens commun. A une époque où l'intelligence est comme une cire molle, qui prend et conserve les plus faibles impressions, lorsque, vierge encore de toute connaissance, elle est impatiente et avide d'en acquérir, on la fausse, on la brise comme à plaisir, et l'on s'étonne que cette intelligence, que cette cire molle et docile conserve plus tard la marque indélébile de l'absurde.

Supposez qu'il se trouvât un peuple assez sage pour ne chercher que dans la contemplation raisonnée de la nature le moyen de distraire et d'intéresser l'enfance. Une génération qui aurait été ainsi dirigée de bonne heure vers l'examen et l'étude de la création, qui aurait formé son jugement sur la vérité nue, sa raison sur la logique infaillible de la nature, qui aurait appris à comprendre et à bénir le Créateur dans son œuvre, n'assurerait-elle point à l'État des citoyens honnêtes, d'un esprit droit,

ferme et éclairé, imbus de leurs devoirs envers Dieu, leurs
parents, le souverain et la patrie?

Vivrais-je cent ans, je n'oublierai jamais l'affreuse confusion
que laissa dans ma jeune tête la lecture de mon premier livre.
C'était naturellement l'*Abrégé de la mythologie*, et j'y trouvai les
choses que vous savez : Le nommé Deucalion qui crée le genre
humain en jetant des pierres par-dessus son épaule; et de
ces pierres il naît des hommes; —Jupiter qui se fait fendre
le crâne pour en extraire Minerve, avec tous ses accessoires; —
Vénus qui naît un beau matin de l'écume de la mer; — le vieux
Saturne qui a la mauvaise habitude de dévorer ses enfants, et
comment on trompa un jour la voracité paternelle en substituant
ingénieusement une pierre au dernier-né; — et cet Olympe si
mêlé, où dieux et déesses commettaient chaque jour tant de
vilaines actions. Un cerveau de quatre ans est-il capable de résister à un tel renversement des plus simples notions du bon
sens, et n'est-il pas déplorable d'entrer ainsi dans le paradis
de l'intelligence par la porte de la folie?

Aux fantaisies vagabondes des légendes prétendues religieuses
du paganisme, viennent s'ajouter le merveilleux et le fantastique des contes de Perrault, de Mme de Beaumont et *tutti quanti*.
L'enfant apprend à lire dans un conte de fées, qui est, pour ainsi
dire, le hochet de son intelligence à peine éclose. La bonne et
la mauvaise fée, Urgèle et Carabosse, le magicien Rothomago
et l'enchanteur Merlin, les palais dormants, les bottes de sept
lieues, les hommes changés en souris, les souris changées en
princes, les vieilles mendiantes qui, d'un coup de baguette,
deviennent de jeunes princesses toutes ruisselantes de pierre-
ries : voilà sur quelles belles pensées on exerce une imagination
à son aurore. Sans compter les ombres chinoises, les escamo-
tages et tours de gobelet, qui, chez Séraphin et Robert Houdin,
épiassissent encore autour d'un jeune cerveau cette atmosphère

abrutissante. Au milieu de ce débordement de folies, comment un enfant pourrait-il sauvegarder la raison que la Providence lui a départie? Hélas! il ne la sauve jamais tout entière; il y laisse une bonne partie de son bon sens primitif, car l'amour du merveilleux, qui est d'ailleurs inhérent à l'humanité, ainsi excité dès l'enfance, ne le quittera plus.

Déjà éveillé dès le berceau par les paroles et les chansons de la nourrice, qui lui faisait peur de Croquemitaine et du loup-garou, entretenu par la lecture habituelle des contes de fées et autres histoires imaginaires, ou par l'interminable mythologie, l'amour du merveilleux, c'est-à-dire de tout ce qui est opposé et contraire à la raison, trouve de nouveaux aliments dans la jeunesse. Le jeune homme ne recherche au théâtre que la féerie, la diablerie, la fantasmagorie et l'allégorie. Et le théâtre ne lui laisse que l'embarras du choix. Il lui sert le diable à toute sauce: *Robert le Diable*, le *Diable à quatre*, le *Diable boiteux*, le *Diable à Paris*, le *Diable à Séville*, le *Diable amoureux*, le *Diable rose*, le *Diable d'argent*, le *Diable à l'école*, le *Diable au moulin*, les *Cinq cents Diables*, les *Pilules du Diable*, les *Bibelots du Diable*, la *Part du Diable*, le *Fils du Diable*, la *Fille du Diable*, le *Démon de la nuit*, le *Démon du foyer*, le *Démon familier*; j'en passe et des meilleurs. Le *Pied de mouton*, *Rothomago*, la *Poule aux œufs d'or*, la *Biche au bois*, *Giselle*, les *Filles de l'air*, le *Fils de la nuit*, *Robin des Bois*, ou *les Trois Balles enchantées*, le *Fil de la Vierge*, la *Lampe merveilleuse*, le *Vampire*, le *Vaisseau fantôme*, l'*Ange de minuit*, *Zémire et Azor*, ou la *Belle et la Bête*, et le cortége uniforme des revues-féeries de chaque année, entretiennent soigneusement chez le jeune homme, le culte, on dirait presque la religion, des magiciens et des fées. Dans le roman, il voit revivre les personnages qui ont occupé son enfance: Barbe bleue, l'Ogre, le marquis de Carabas, il les retrouve dans *Monte-Cristo*, *d'Artagnan* et tous les héros

invaincus des romans de cape et d'épée, types issus en droite
ligne des contes de Perrault.

Ainsi le merveilleux qui s'est emparé d'une âme, à l'heure,
trop accessible, de son éveil, ne lâchera plus sa proie. Comment dès lors être surpris des vacillations de l'esprit public?
Comment s'étonner de l'invasion alternative d'un fanatisme
ignorant ou d'un socialisme menaçant? Ou bien encore de ces
épidémies qui, sous le nom de *magnétisme animal*, de *tabl s
tournantes* et d'*esprits*, viennent nous ramener périodiquement
aux superstitions et aux pratiques du moyen âge!

Ainsi la proposition que nous voulons défendre était moins
paradoxale qu'elle ne le paraissait d'abord. Les contes et les
légendes que l'on donne en pâture à l'enfance sont dangereux,
parce qu'ils entretiennent et surexcitent cette inclination au
merveilleux qui n'est que trop naturelle à l'esprit humain. Les
premiers livres accordés à l'enfance ne devraient tendre qu'à
fortifier, qu'à consolider sa jeune raison.

Mais, nous dira-t-on, vous voulez donc châtrer l'âme humaine, en la réduisant à la seule faculté de la raison, en rejetant de sa sphère l'imagination et l'idéal! Vous supprimez ainsi
toute poésie et même toute littérature, car l'une et l'autre n'ont
d'autre fondement que le merveilleux, ou, pour mieux dire,
elles sont le merveilleux même. Une génération qui aurait été
élevée dans de tels principes raisonnerait juste, sans doute, et
son esprit serait bien meublé; mais elle serait dépourvue de
tout idéal, destituée d'imagination, d'inspiration et de sentiment : ce serait une collection de *machines à calculer*. Or
l'homme doit entretenir dans son âme le sentiment à l'égal
de la raison. Il est bon qu'il apprenne à se rendre compte
des phénomènes matériels qui l'entourent et le pressent, mais
il doit apprendre encore à aimer et à sentir. S'il doit cultiver
son esprit, ne doit-il pas aussi former son cœur?

Voilà une objection qui se présente naturellement à la pensée de chacun. Et voici notre réponse :

La faculté de l'imagination qui permet d'idéaliser et d'abstraire, qui fait les poëtes, les inventeurs et les artistes, est inhérente à notre âme et ne périt qu'avec elle : c'est une partie intégrante de l'intelligence. Tout ce qui concourt à fortifier, à enrichir l'intelligence, à agrandir la sphère de son activité, tourne donc, ou doit tourner plus tard, au profit de l'imagination elle-même, qui n'est qu'une partie de ce tout. C'est pour cela qu'il faut de bonne heure remplir notre intelligence de notions exactes et rigoureuses, la nourrir de vérités incontestables, la préserver de toute stérile fiction, afin que sainement et fortement constituée, elle puisse exercer dans toute sa liberté, à l'abri de toute entrave et de tout écart funeste, cette admirable faculté de l'imagination, mère de la poésie et des arts. Commencez par faire de solides esprits dès l'enfance, et vous ne manquerez jamais ni de poëtes ni d'artistes.

Ces notions rigoureuses, ces vérités incontestables, dont il importe de nourrir l'enfance et la jeunesse, sont-elles d'ailleurs difficiles à trouver? Faut-il, pour y atteindre, imposer à l'enfant une grande fatigue? Il faut le prendre par la main, le mener dans la campagne et lui dire d'ouvrir les yeux. L'oiseau des bois, la fleur des champs, l'herbe de la prairie, le rossignol qui chante sur les derniers lilas, le papillon qui trace dans l'air son sillon de rubis et d'émeraudes, l'insecte qui tisse silencieusement, sous une feuille desséchée, son linceul temporaire; la rosée du matin, la pluie féconde, la brise attiédie qui caresse la vallée : voilà le théâtre varié de ses naïfs travaux, voilà son *plan d'études.*

Le sentiment d'une insatiable curiosité possède l'âme aux premiers temps de la vie : le besoin, le désir de savoir s'éveille avec la raison. Ce désir, naturel à tous les âges, est bien plus vif pendant la jeunesse. Vide alors de toutes connaissances, notre esprit est impatient d'en acquérir, et il se jette avec ardeur sur toutes les nouveautés qu'on lui présente. Il y aurait évidemment grand avantage à profiter de cette disposition naturelle pour infuser dans un jeune esprit des notions et des vérités utiles. Or l'étude de la nature répond parfaitement à cet objet. C'est un travail qui n'occasionne aucune fatigue, qui souvent, au contraire, s'accompagne d'un véritable attrait, et qui est à la disposition de tous, puisqu'il n'est point empêché par la différence des langues ou des nationalités.

En s'habituant à regarder, en cherchant à comprendre les spectacles grands et petits de la création, en lisant dans ce livre admirable de la nature, ouvert à tous les yeux et pourtant si peu lu, l'enfant ornera son esprit de connaissances usuelles et pratiques ; il apprendra à admirer dans ses merveilles, dans l'infiniment grand comme dans l'infiniment petit, le divin Auteur de toutes choses ; il mettra son âme en état de recevoir avec efficacité la fructueuse semence de la science, de la religion, de la philosophie et de la morale. Et, dernier avantage qui, pour être négatif, n'en a pas moins de prix à nos yeux, il écartera de son esprit le poison, c'est-à-dire les féeries, la mythologie, les légendes, et tout l'attirail suspect du merveilleux enfantin, qu'il vienne de Perrault et consorts, ou qu'il soit l'héritage du paganisme de l'antiquité.

Nous avons voué notre existence à la tâche, difficile sans doute, mais assurément féconde en douces satisfactions, de répandre dans la masse du public contemporain le goût des connaissances et des études scientifiques. Ce que nous avons fait jusqu'à ce jour pour les intelligences toutes formées, nous voulons le tenter maintenant pour les intelligences naissantes. Fortement pénétré des immenses avantages que présente, dans le jeune âge, l'étude ou le simple examen de la nature, et de la nécessité de mettre de très-bonne heure les esprits dans le chemin des vérités scientifiques, nous avons formé le projet de composer, pour l'instruction et la distraction de la jeunesse, un ensemble d'ouvrages didactiques sur l'histoire naturelle.

Nous donnons le titre général de *Tableau de la nature* à une série de livres élémentaires que nous nous proposons de publier à la fin de chaque année, sur les différentes parties des sciences naturelles. Le mot de *Tableau* est ici bien justifié, car il ne s'agit point de traités purement scientifiques, mais de vues rapides de la nature, accompagnées de représentations pittoresques destinées à mettre sous les yeux des jeunes lecteurs les principaux objets et les principales scènes du monde organisé.

L'ordre que nous suivrons dans la publication de ces volumes est dicté par le sujet même. Le naturaliste étudie tout ce qui est visible autour de nous : les roches et minéraux qui forment la terre, les eaux qui couvrent les deux tiers de sa surface, les plantes qui la couvrent et l'embellissent, les animaux qu'elle nourrit. La terre, les plantes, les animaux et l'homme, voilà donc les sujets de nos études.

Nous consacrerons deux volumes à la description de la terre. Dans le premier, que nous publions aujourd'hui sous ce titre : *la Terre avant le déluge*, nous faisons connaître les états successifs par lesquels a passé notre globe pour arriver à sa forme, à son état actuel, et nous décrivons les différentes générations d'animaux et de plantes qui ont précédé la création contemporaine.

Le volume suivant : *la Terre et les mers*, sera une sorte de géographie physique, contenant le tableau du globe actuel et des principaux phénomènes physiques qui s'y accomplissent Les volumes suivants seront consacrés à l'étude des *plantes*, des *animaux* et de l'*homme*. Dans le dernier volume, qui aura pour titre : *le Monde invisible, ou les Merveilles du microscope*, nous ferons connaître les organismes inférieurs, animaux et végétaux, qui échappent à la vue par leur petitesse, et qui ne peuvent s'étudier qu'avec le secours du grossissement optique.

Il est un recueil qui a fait l'admiration et le bonheur de nos aïeux : c'est le *Spectacle de la nature*, de l'abbé Pluche. Composé par un homme de goût, qui était en même temps bon naturaliste, réunissant la solidité du fond scientifique à l'agrément littéraire, le *Spectacle de la nature*, qui forme huit volumes in-18, n'a pas cessé d'être réimprimé pendant tout le dix-huitième siècle. La génération actuelle ignore jusqu'au nom de cet ouvrage, qui ne se trouve plus que dans les vieilles bibliothèques de campagne; mais la longue faveur dont il a joui pendant le dernier siècle prouve que, même à cette époque où les sciences étaient encore si peu comprises et recherchées du vulgaire, il répondait à un besoin réel, et qu'un recueil qui présente avec simplicité à la jeunesse toutes les branches des sciences naturelles est appelé à rendre de grands services dans l'éducation.

Selon le goût du dix-huitième siècle, le *Spectacle de la nature* est composé de dialogues ou d'entretiens, système d'exposition que Fontenelle avait mis à la mode. Nous n'avons pas balancé à rejeter cette forme surannée, qui, à nos yeux, a le tort principal d'être un continuel obstacle à la clarté du style. La fiction qui consiste à introduire sur la scène divers personnages, et à mettre dans leur bouche la description des phénomènes scientifiques, nous a toujours paru fausse, puérile et allant directement contre le but à atteindre. Rien, selon nous, ne doit se jeter à la traverse de la démonstration ou du développement d'un fait scientifique, sur lequel il importe de maintenir l'attention du lecteur, sans cesse dirigée, et d'où la détournent, sans aucun profit, tous ces vains artifices. Au milieu des continuelles interruptions, réflexions et questions du *chevalier*, du *comte* et du *prieur*, je perds trop souvent le fil, mon cher abbé, de vos savantes descriptions.

C'est pourquoi nous ne conseillons à personne de ressusciter ce genre vieilli. Nous pourrions, en effet, citer plus d'un ouvrage récent de science populaire composé selon ce système, et dont la lecture est mille fois plus obscure et plus fatigante que si l'auteur se fût borné à exposer sans prétention des faits en eux-mêmes fort simples. « Vous voulez, *Acis*, dit la Bruyère, me dire qu'il fait froid; que ne disiez-vous : Il fait froid? Vous voulez m'apprendre qu'il pleut ou qu'il neige; dites: Il pleut, il neige.... Est-ce un si grand mal d'être entendu quand on parle, et de parler comme tout le monde? » Vous voulez me parler de physiologie; parlez-moi donc de physiologie. Est-il donc nécessaire de compliquer la difficulté de la science par l'emploi d'une fiction gratuite dont personne n'est la dupe, qui fatigue l'esprit du lecteur et obscurcit les questions au lieu d'en simplifier l'exposé?

Le style grave et précis du professeur dans ses cours, comme on le disait au dernier siècle, le ton de la conversation entre honnêtes gens, voilà, selon nous, ce qui convient le mieux aux ouvrages destinés à populariser les sciences. Chercher constamment la clarté par la simplicité du discours, la justesse de l'expression, l'enchaînement logique, la succession graduelle et bien calculée des notions et des pensées, telle est, selon nous, la poétique à suivre dans l'exposition familière des faits scientifiques.

———

Un mot sur ce premier volume du *Tableau de la nature*.

Dans *la Terre avant le déluge*, nous nous proposons d'exposer les diverses transformations que la terre a subies pour arriver à son état actuel, de décrire sa structure intérieure et de faire revivre, pour l'instruction de nos jeunes lecteurs, les diverses générations d'animaux et de plantes qui ont habité notre planète avant la création de l'homme et des animaux contemporains.

A l'exemple de Buffon, dans ses *Époques de la nature*, et conformément à une division adoptée dans plusieurs traités de géologie, nous partageons en *époques* l'immense intervalle de temps qui s'est écoulé depuis la création primitive de la terre jusqu'à nos jours. Ces *époques* se subdivisent elles-mêmes en *périodes*, dont nous avons fixé les caractères et les limites scientifiques d'après les notions les plus récentes et les plus rigoureuses. Nous donnons la description des terrains ou des étages correspondant à ces périodes géologiques, et nous décrivons les êtres organisés qui ont vécu pendant chacune de ces périodes.

De toutes les sciences, la géologie est une des plus utiles; elle vient, dans l'ordre d'importance, après l'astronomie. Quoi de plus nécessaire à l'homme que de connaître la terre, son domaine et son séjour pendant cette vie; de comprendre le mode d'arrangement des couches profondes et le relief apparent du sol? L'agriculture, l'industrie, les voyages, ont, à chaque instant, besoin de ces données. D'un autre côté, rien ne frappe

plus vivement notre esprit, rien n'éveille autant de réflexions
et n'ouvre à la pensée des horizons plus étendus que l'idée
de l'existence, antérieure à la nôtre, d'un grand nombre d'a-
nimaux et de plantes aujourd'hui anéantis, et qui, par l'étonnante grandeur de leurs dimensions, l'étrangeté de leurs formes, font un complet contraste avec la création actuelle. Nous
donnerons, sous ce rapport, ample satisfaction à la légitime
curiosité du lecteur.

Pour faire bien saisir le caractère de la vie animale et végétale pendant chaque époque de l'histoire de la terre, il fallait
surtout parler aux yeux. Imitant en cela une intéressante publication faite, il y a dix ans, en Allemagne, par M. Unger, directeur du jardin botanique de Vienne, nous avons fait exécuter
des dessins de paysages représentant des vues de la terre pendant chaque période géologique, c'est-à-dire réunissant les
plantes et les animaux qui sont propres à cette période. Les
restes organiques maintenant ensevelis sous des épaisseurs immenses de terre, nous les rassemblons dans une page idéale;
nous les rangeons à la place que leur assigne la chronologie
géologique, pour faire bien saisir les caractères de la vie aux
diverses phases de l'évolution de la terre.

Nous accompagnons ces vues idéales des paysages de l'ancien
monde, de l'image des principaux êtres fossiles qui appartiennent à chaque période. La parfaite exactitude et la valeur
scientifique de ces dernières figures paraîtront suffisamment
établies, quand nous dirons qu'elles sont empruntées au *Cours
élémentaire de paléontologie et de géologie stratigraphiques* de
M. Alcide d'Orbigny. Ce savant paléontologiste les fit exécuter
sous ses yeux, pour accompagner ce *Cours*. MM. Victor Masson
et fils, propriétaires de cet ouvrage et de ces figures, ont bien
voulu nous en céder les clichés.

Il nous a paru intéressant de donner une application des

faits successivement développés dans ce livre en montrant, au moyen de quatre cartes coloriées, la formation successive des terrains de cette partie de l'Europe qui devait un jour s'appeler la France.

En outre de ces cartes, en quelque sorte historiques, nous donnons les *cartes géologiques de la France et de l'Europe actuelles*, dressées toutes les deux d'après les meilleurs documents scientifiques, et qui seront d'un grand secours pour le jeune naturaliste.

Le tableau colorié placé au frontispice de l'ouvrage résume la classification des terrains sédimentaires et éruptifs; il fait saisir d'un coup d'œil l'étendue de chaque période et de chaque époque géologique; c'est un véritable tableau synoptique de la partie stratigraphique de l'ouvrage.

L'étude de la géologie a paru longtemps suspecte pour l'instruction de la jeunesse, et nous pourrions même citer un grand pays de l'Europe dans lequel l'enseignement public de cette science a été interdit comme antireligieux. Ces appréhensions étaient peut-être légitimes, alors que régnait et dominait dans la géologie cette idée, reconnue maintenant erronée, des révolutions générales et des cataclysmes continuels du globe; alors que pour expliquer la disparition des espèces organiques, on se croyait obligé d'invoquer une révolution, un bouleversement, un cataclysme à chaque période. On sait aujourd'hui à quoi s'en tenir sur ce système d'explication. Sans doute, notre globe a été le théâtre de fréquentes catastrophes : d'immenses déchirures ont éventré son écorce solide, et des éruptions, de nature diverse, se sont fait jour à travers ces abîmes; ces grands mouvements ont ébranlé le sol, noyé des continents, creusé des vallées profondes et fait surgir de hautes montagnes. Mais tous ces phénomènes, malgré leur puissance et leur redoutable intensité, ne pouvaient s'étendre au globe tout entier, et y détruire tous les êtres vivants. Leur action était nécessairement locale. Si donc les espèces organisées diffèrent d'une période à celle qui suit, ce n'est point parce qu'une révolution générale du globe est venue détruire une génération vivante, pour édifier sur ses ruines une génération nouvelle. On a infiniment trop abusé, de nos jours, de cette idée des révolutions générales du globe qui auraient moissonné un grand nombre de fois tous les êtres vivants. Cette pensée est en opposition avec les faits; elle est contredite par la régularité habituelle des assises des terrains qui renferment les différentes races de fossiles. Il y aurait donc danger à l'admettre et à la propager dans un ouvrage de science populaire. Non, Dieu n'a pas créé des espèces organiques pour détruire chaque fois, et de ses propres mains, son ouvrage. Ce serait mal juger la majesté de ses desseins, ce serait mal apprécier la grandeur de ses vues dans l'ordonnance de la nature et dans le plan de son œuvre admirable, que de les subordonner à ces alternatives continuelles, à ces pas en avant et en arrière. Les espèces organiques sont mortes tout naturellement, de leur belle mort, comme on le dit en termes vulgaires. Les races doivent mourir, comme doivent mourir les individus. Le Maître souverain qui a créé les espèces animales et végétales a voulu que la durée de leur existence à la surface de la terre fût limitée, comme est limitée la vie de chaque individu. Il n'a pas eu besoin, pour les faire disparaître, de soulever les éléments, d'appeler à son aide les feux réunis de la terre et des cieux. C'est d'après un plan émané de sa toute-puissance et de sa sagesse que les races qui ont vécu un certain temps sur le globe ont fait place à d'autres, et le plus souvent à des races perfectionnées.

Cette idée des bouleversements incessants de la surface de notre globe, qui auraient périodiquement détruit les êtres organisés, idée contraire à ce qui nous est révélé dans la *Genèse*, est donc aujourd'hui effacée de la science.

Un autre accord important de la géologie et de la révélation biblique a été mis hors de doute par des travaux de date récente : nous voulons parler de la question de l'existence de la race humaine à l'époque du grand déluge de l'Asie centrale. On a cru longtemps pouvoir battre en brèche le récit de Moïse concernant le *déluge de Noé*, en alléguant que l'homme n'est apparu sur la terre qu'après le grand ébranlement géologique qui fit surgir le mont Ararat et produisit l'inondation des contrées situées au pied de la longue chaîne du Caucase. Les découvertes récentes de divers géologues, et surtout de MM. Boucher de Perthes, Lartet, Lyell, ont mis complétement hors de doute l'existence de l'homme à cette époque, prouvé que les contrées de l'Asie étaient alors habitées par la race humaine, et justifié de cette manière le récit de l'historien sacré.

La géologie est donc fort loin de porter atteinte à la religion chrétienne, et l'antagonisme qui pouvait exister autrefois ici a fait place au plus heureux accord. Rien n'est plus propre que l'étude de la géologie à mettre en évidence l'éternité et l'unité divines. Elle nous montre, pour ainsi dire en action, la puissance créatrice de Dieu. Nous voyons l'œuvre sublime de la création se perfectionner sans cesse entre les mains de son divin Auteur. Au sinistre chaos succède un globe encore incandescent, qui passe ensuite par divers états, mais qui se modèle en formes régulières, et se refroidit assez pour donner accès à la vie organique. Nous le voyons s'épurer, se perfectionner sans cesse. Sa brûlante surface, d'abord rugueuse et nue, se couvre peu à peu et se décore d'arbustes et de forêts; les continents et les mers prennent leurs limites définitives; les fleuves et les rivières coulent entre des rives tranquilles, et la terre revêt enfin son aspect actuel de magnificence et de tranquillité. Nous assistons, d'autre part, aux débuts et aux perfectionnements continuels de l'organisation animale. Aux premiers êtres imparfaits et chétifs qui apparurent sur les rivages brûlants et dans les eaux, encore chaudes, des mers primitives, succèdent des êtres de plus en plus achevés; jusqu'à ce que Dieu fasse sortir de ses mains créatrices son dernier ouvrage, l'homme, orné de cet attribut suprême de l'intelligence, par lequel il domine toute la nature et la soumet à ses lois.

Ainsi, rien ne fait mieux pénétrer dans l'esprit de la jeunesse la pensée de l'unité de Dieu et de sa toute-puissance que l'étude de l'évolution successive de notre globe, et celle des générations vivantes qui ont précédé et préparé la venue de l'homme. L'œuvre fait adorer l'Ouvrier. C'est aussi pour cela que nous avons tenu à placer en tête du *Tableau de la nature*, l'histoire de la terre primitive et de ses habitants.

LA TERRE

AVANT LE DÉLUGE.

CONSIDÉRATIONS GÉNÉRALES.

Rien de ce qui s'aperçoit à la surface de la terre ne laisse deviner que notre globe ait jamais été le théâtre de mutations, de révolutions et de grandes catastrophes. L'observateur dont l'œil embrasse une riche et fertile plaine, arrosée par des rivières et des cours d'eau, qui suivent, depuis une longue série de siècles, la même route uniforme et tranquille ; le voyageur qui contemple une grande cité, dont la fondation première se perd dans la nuit des temps, et qui témoigne ainsi de l'invariabilité des choses et des lieux ; le naturaliste, qui parcourt dans tous les sens une montagne ou un site agreste, et qui retrouve en leurs mêmes places et en leur même état les reliefs et les accidents du sol dont les plus anciennes traditions historiques ont conservé le souvenir, ne peuvent croire que des bouleversements profonds aient jamais altéré la face de notre globe. Mais si le spectacle de la nature extérieure éloigne de nous toute idée de cataclysme géologique, l'examen de l'intérieur de la terre met cette pensée en complète évidence. Enfoncez-vous dans les profondeurs du sol, par exemple dans une de ces excavations immenses que l'intrépidité du mineur a creusées pour l'exploitation des gisements de houille ou des filons métalliques, et un grand nombre de phénomènes, portant avec eux leur conclusion nécessaire, frapperont votre esprit. Une élévation notable de température se manifestera dans ces lieux souterrains : si vous avez eu la précaution de vous munir d'un thermomètre, il vous sera facile de constater que la température de la terre s'élève de 1° à chaque 33 mètres de profondeur au-dessous de son niveau. Si vous examinez les parois verticales de la tranchée qui forme le puits de la mine, vous les verrez formées d'une série de couches, quelquefois horizontales, mais plus souvent obliques, redressées, ou même plissées et comme retournées sur elles-mêmes. Vous verrez des couches horizontales et parallèles subitement traversées par l'éruption, droite ou oblique, d'une couche de terrain d'une tout autre nature et d'un aspect différent. Ces ondulations multipliées, l'inclinaison des couches terreuses en plusieurs sens divers, montrent bien qu'une cause puissante, une violente action mécanique, a dû intervenir pour les produire. Enfin, si vous examinez avec plus d'attention encore l'intérieur des couches; armé de la pioche du mineur, si vous attaquez et creusez la terre qui vous environne, il ne sera pas impossible que ce premier effort accompli dans la voie et dans les travaux ordinaires du géologue, soit récompensé par la découverte de quelque fossile. Les débris des plantes et des animaux appartenant aux premiers âges du monde sont, en effet, assez communs; des montagnes entières en sont formées, et dans certaines localités, on ne peut creuser le sol, même à la plus faible profondeur, sans en retirer des ossements ou des empreintes de végétaux fossiles, restes ensevelis des créations éteintes.

Ces ossements, ces débris végétaux ou animaux que la pioche de notre nouveau géologue a arrachés aux profondeurs du sol, appartiennent à des *espèces organiques* aujourd'hui disparues; on ne peut les rapporter à aucun des animaux, à aucune des plantes qui vivent de nos jours. Mais évidemment ces êtres dont on trouve les débris maintenant ensevelis à de grandes profondeurs, n'ont pas toujours occupé cette place; ils ont vécu à la surface de la terre, comme les plantes et les animaux que nous y voyons de nos jours. La couche dans laquelle ils reposent aujourd'hui, formait autrefois la surface, le relief du sol. La seule présence de ces ossements, de ces plantes fossiles, prouve donc, d'une manière irrécusable, qu'en des temps reculés, des révolutions ont agité et bouleversé la surface de notre planète.

La *géologie* nous explique les transformations diverses que la terre a subies pour arriver de son état primitif à sa situation présente. On détermine, à son aide, l'époque à laquelle appartient une couche quelconque de terrain, et l'on prédit avec certitude la nature des autres couches qui la suivent dans l'ordre de superposition. De toutes les sciences, la géologie est la plus récente; ce n'est qu'au commencement de notre siècle qu'elle s'est constituée d'une manière positive. C'est aussi, de toutes les sciences modernes, celle qui se modifie de la manière la plus profonde et la plus rapide. On comprend, en effet, que, reposant uniquement sur l'observation, elle doive se modifier à mesure que les faits sont mieux constatés, les observations rectifiées et étendues. La géologie, dont les applications sont nombreuses et variées, projette dans une foule d'autres sciences ses utiles clartés. Nous ne lui demanderons ici que les renseignements qui servent à expliquer l'origine de notre globe, la formation progressive des différentes couches minérales qui le composent, enfin la description et la restauration des espèces animales et végétales aujourd'hui disparues, et qui formaient, selon le langage des naturalistes, la *flore* et la *faune* de l'ancien monde.

Pour expliquer l'origine de la terre et la cause de ses mutations diverses, les géologues modernes invoquent deux ordres de faits, ou de considérations fondamentales :

1° La considération des fossiles;

2° L'hypothèse de l'incandescence des parties centrales du globe; et, comme corollaire de la précédente, l'hypothèse des *soulèvements* de la croûte du globe, soulèvements ayant produit des révolutions générales ou locales, et qui ont eu pour résultat de former des terrains nouveaux au milieu des terrains antérieurs.

Fossiles. — On donne le nom de *fossiles* à tout corps, ou vestige de corps organisé, animal ou végétal, enfoui naturellement dans les couches terrestres, et n'appartenant à aucune des espèces qui vivent de nos jours. Ces fossiles n'ont ni l'éclat ni la grâce de la plupart des êtres vivants : mutilés, décolorés, souvent informes, ils semblent se dérober aux regards du savant qui les interroge avec patience ou génie, et qui cherche à reconstruire, à leur aide, la faune et la flore des âges passés.

Ces restes des créations primitives ont été longtemps considérés et classés scientifiquement comme des *jeux de la nature*. C'est ainsi qu'on les trouve appréciés et désignés dans les ouvrages des philosophes de l'antiquité qui ont écrit sur l'histoire naturelle, et dans les rares traités d'histoire naturelle que le moyen âge nous a légués.

Les ossements fossiles, particulièrement ceux d'éléphants, ont été connus dans l'antiquité, et ont donné lieu, tant chez les anciens que chez les modernes, à toutes sortes de légendes ou d'histoires fabuleuses. La tradition qui faisait attribuer à Achille, à Ajax et à d'autres héros de la guerre de Troie, une taille de 20 pieds, se rattachait sans doute à la découverte d'ossements d'éléphants. Du temps de Périclès, on assurait, en effet, avoir trouvé dans le tombeau d'Ajax, une rotule de ce héros troyen, qui était de la grandeur d'une assiette : ce n'était probablement que la rotule d'un éléphant fossile.

Notre grand artiste, Bernard Palissy, eut la gloire de reconnaître et de proclamer le premier la véritable provenance des débris fossilisés, qui se rencontrent en si grand nombre dans certains terrains. Bernard Palissy soutint, en 1580, dans son ouvrage sur les *Eaux et fontaines*, que les *pierres figurées*, comme on appelait alors les fossiles animaux ou végétaux, étaient les restes, souvent pétrifiés, c'est-à-dire transformés en pierre, d'êtres organisés qui s'étaient déposés autrefois, et conservés au fond des mers, dans les lieux mêmes où on les retrouve[1].

---

1. L'existence de coquilles marines sur le sommet des montagnes, avait déjà frappé l'esprit des anciens. Témoins ces vers d'Ovide dans ses *Métamorphoses* :

. . . . *vidi facta ex æquore terras,*
Et procul à pelago conchæ jacuere marinæ,
Et vetus inventus est in montibus anchora summis. (Vers. 260.)

« J'ai vu des terres formées aux dépends de la mer, et des coquilles marines gisant loin de toute plage; bien plus, une vieille ancre de marine a été trouvée au sommet d'une montagne. »

Ce n'est pourtant qu'au dix-huitième siècle que l'on a commencé d'aborder l'étude scientifique des fossiles. Buffon, le premier naturaliste qui se soit occupé de leur examen, adopta et fit revivre les idées de Bernard Palissy. Dans ses admirables *Époques de la nature*, cet immortel écrivain professe et prouve que les coquilles que l'on trouve en grande quantité enfouies dans le sol, et jusque sur le sommet des montagnes, appartenaient bien réellement à des espèces d'une origine ancienne. Mais cette idée était trop nouvelle pour ne pas trouver de contradicteurs; elle compta parmi ses adversaires le hardi philosophe qui aurait dû l'adopter avec le plus d'ardeur : Voltaire accabla de ses lazzis et de ses mordantes critiques la doctrine scientifique de l'illustre novateur. Buffon insistait, avec raison, sur l'existence des coquilles sur les sommets des Alpes, pour prouver que le bassin des mers anciennes avait été soulevé par des cataclysmes internes de notre globe. Voltaire prétendit que les coquilles trouvées dans les Alpes et les Apennins avaient été jetées là par des pèlerins à leur retour de Rome[1]. Buffon aurait pu répliquer à son antagoniste en lui montrant des montagnes entières formées par l'accumulation de ces coquilles; mais comme son génie se prêtait mal à la polémique, il ne sut que s'emporter contre son contradicteur. Le philosophe de Ferney jugea bon d'arrêter là une discussion où il n'aurait pas eu le beau rôle : « Je ne veux pas, écrivit-il, me brouiller avec M. de Buffon pour des coquilles. »

Il appartenait au génie de Cuvier de retirer de l'étude des fossiles les plus admirables conséquences. C'est principalement par l'étude de ces débris que s'est constituée, de nos jours, la géologie positive.

Cuvier fait remarquer que c'est aux fossiles qu'est due la naissance de la théorie de la terre :

« C'est aux fossiles, dit ce grand naturaliste, qu'est due la naissance de la théorie de la terre. Sans eux l'on n'aurait peut-être jamais songé qu'il y ait eu dans la formation du globe des époques successives et une série d'opérations différentes. Eux seuls, en effet, donnent la certitude que le globe n'a pas toujours eu la même enveloppe, par la

1. *Physique* de Voltaire, chap. xv (des *Singularités de la Nature*), tome XIX, pages 369 et suiv. de l'édition de Lefèvre. Paris, 1818.

certitude où l'on est qu'ils ont dû vivre à la surface avant d'être ainsi ensevelis dans la profondeur. Ce n'est que par analogie que l'on a étendu aux terrains primitifs la conclusion que les fossiles fournissent directement pour les terrains secondaires ; et s'il n'y avait que des terrains sans fossiles, personne ne pourrait soutenir que ces terrains n'ont pas été formés tous ensemble [1]. »

Écoutons Cuvier exposant d'une manière générale l'immense problème dont il s'était proposé la solution, et nous racontant ensuite comment il procéda pour reconstruire les squelettes des animaux antédiluviens, en particulier ceux qui remplissaient les platrières de Montmartre. C'est, en effet, sur les ossements de mammifères retirés de la colline de Montmartre, aux portes de Paris, qu'ont porté presque toutes les études paléontologiques· de notre immortel naturaliste. La méthode suivie par Cuvier pour la reconstruction et la restauration des animaux fossiles trouvés dans les terrains tertiaires de Montmartre, a servi de modèle aux autres naturalistes, qui, après lui, ont appliqué les mêmes procédés à l'examen des ossements fossiles découverts dans d'autres terrains et dans diverses parties de l'Europe.

« Dans mon ouvrage sur les *ossements fossiles*, dit Cuvier, je me suis proposé de reconnaître à quels animaux appartiennent les débris osseux dont les couches superficielles du globe sont remplies. C'était chercher à parcourir une route où l'on n'avait encore hasardé que quelques pas. Antiquaire d'une nouvelle espèce, il me fallut apprendre à la fois à restaurer ces monuments des révolutions passées et à en déchiffrer le sens ; j'eus à recueillir et à rapprocher dans leur ordre primitif les fragments dont ils se composaient, à reconstruire les êtres antiques auxquels ces fragments appartenaient, à les reproduire avec leurs proportions et leurs caractères, à les comparer enfin à ceux qui vivent aujourd'hui à la surface du globe : art presque inconnu, et qui supposait une science à peine effleurée auparavant, celle des lois qui président aux coexistences des formes des diverses parties dans les êtres organisés. Je dus donc me préparer à ces recherches par des recherches bien plus longues sur les animaux existants ; une revue presque générale de la création actuelle pouvait seule donner un caractère de démonstration à mes résultats sur cette création ancienne, mais elle devait en même temps me donner un grand ensemble de règles et de rapports non moins démontrés, et le règne entier des animaux ne pouvait manquer de se

1. *Ossements fossiles* (in-4°), *Discours sur les révolutions du globe*, tome I, page 29.

trouver en quelque sorte soumis à des lois nouvelles, à l'occasion de
cet essai sur une petite partie de la théorie de la terre [1]. »

....

« Lorsque la vue de quelques ossements m'inspira, il y a plus de
vingt ans, l'idée d'appliquer la règle générale de l'anatomie comparée
à la reconstitution et à la dénomination des espèces fossiles; lorsque
je commençai à m'apercevoir que ces espèces n'étaient point toutes parfaitement représentées par celles de nos jours qui leur ressemblaient
le plus, je ne me doutais pas encore que je marchasse sur un sol rempli
de dépouilles plus extraordinaires que toutes celles que j'avais vues jusque-là, ni que je fusse destiné à reproduire à la lumière des genres
entiers inconnus au monde actuel, et ensevelis depuis des temps incal-
culables à de grandes profondeurs.

« Je n'avais encore donné aucune attention àux notices publiées dans
quelques recueils, sur ces os de nos environs, par des naturalistes qui
n'avaient pas la prétention d'en reconnaître les espèces. C'est à M. Vau-
rin que j'ai dû les premières indications de ces os dont nos plâtrières
fourmillent. Quelques échantillons qu'il m'apporta un jour m'ayant
frappé d'étonnement, je m'informai, avec tout l'intérêt que pouvaient
m'inspirer les découvertes que je pressentis à l'instant, des personnes
aux cabinets desquelles cet industrieux et zélé collecteur en avaient
fourni précédemment. Accueilli par tous ces amateurs avec la politesse
qui caractérise dans notre siècle les hommes éclairés, ce que je trouvai
dans leurs collections ne fit que confirmer mes espérances et exalter de
plus en plus ma curiosité. Faisant chercher dès lors de ces ossements,
avec le plus grand soin, dans toutes les carrières, offrant aux ouvriers
des récompenses propres à éveiller leur attention, j'en recueillis, à
mon tour, un nombre supérieur à tout ce que l'on avait possédé avant
moi, et, après quelques années, je me vis assez riche pour n'avoir
presque rien à désirer du côté des matériaux.

« Mais il n'en était pas de même pour leur arrangement, et pour la
reconstruction des squelettes qui pouvait seule me conduire à une idée
juste des espèces.

« Dès les premiers moments, je m'étais aperçu qu'il y avait plusieurs de celles-ci dans nos plâtres; bientôt après je vis qu'elles appartenaient à plusieurs genres, et que les espèces des genres différents
étaient de même grandeur entre elles, en sorte que la grandeur pouvait plutôt m'égarer que m'aider. J'étais dans le cas d'un homme à
qui l'on aurait donné pêle-mêle les débris mutilés et incomplets de
quelques centaines de squelettes appartenant à vingt sortes d'animaux;
il fallait que chaque os allât retrouver celui auquel il devait tenir;
c'était presque une résurrection en petit, et je n'avais pas à ma disposition la trompette toute-puissante; mais les lois immuables prescrites
aux êtres vivants y suppléèrent, et, à la voix de l'anatomie comparée,
chaque os, chaque portion d'os reprit sa place. Je n'ai point d'expres-

---

1. *Ossements fossiles*, tome I, *Discours sur les révolutions du globe*, pages 1-2
(in-4°).

sions pour peindre le plaisir que j'éprouvais, en voyant, à mesure que
je découvrais un caractère, toutes les conséquences plus ou moins pré-
vues de ce caractère, se développer successivement : les pieds se trouver conformes à ce qu'avaient annoncé les dents ; les dents à ce qu'an-
nonçaient les pieds ; les os des jambes, des cuisses, tous ceux qui
devaient réunir ces deux parties extrêmes, se trouver conformés
comme on pouvait le juger d'avance ; en un mot, chacune de ces espèces renaître, pour ainsi dire, d'un seul de ses éléments.

« Ceux qui auront la patience de me suivre dans les mémoires qui
composent cette partie, pourront se faire une idée des sensations que j'ai
éprouvées en restaurant ainsi, par degrés, ces antiques monuments
d'épouvantables révolutions. J'y présente une partie de mes recherches,
dans l'ordre ou plutôt dans le désordre où je les ai faites, et selon que
les faits nécessaires au complément de mes genres se sont offerts successivement[1]. »

Donnons ici quelques indications générales sur les fossiles,
en considérant surtout les fossiles animaux.

Un certain nombre de fossiles appartiennent à des espèces
semblables à celles qui vivent de nos jours ; mais la plupart
sont des espèces détruites, c'est-à-dire qui n'ont plus de repré-

Fig. 1. Ptérodactyle.

sentants à l'époque actuelle, et ont tout à fait disparu de la
surface du globe. Ces derniers peuvent constituer des familles
naturelles dont aucun des genres n'a survécu, par exemple la
famille des *ptérodactyles* (fig. 1) parmi les reptiles, celle des *am-*

1. *Ossements fossiles*, tome IV, page 32 (in-4°).

monites (fig. 2) parmi les mollusques, etc. D'autres fois seulement ce sont des genres perdus appartenant à des familles dont

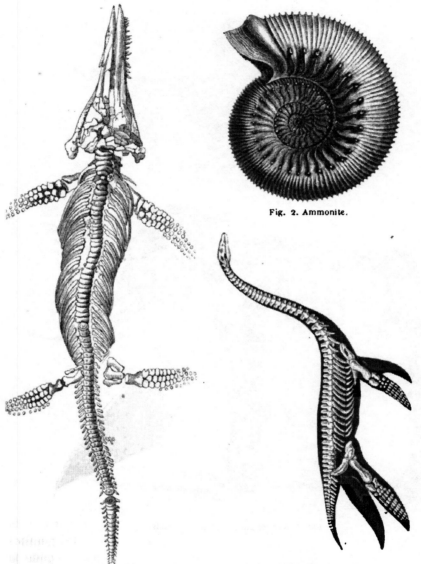

Fig. 2. Ammonite.

Fig. 3. Ichthyosaure platyodon.

Fig. 4. Plésiosaure.

quelques genres sont encore vivants, comme l'*ichthyosaure*
(fig. 3) et le *plésiosaure* (fig. 4) parmi les reptiles, comme le

genre *palæoniscus* (fig. 5) parmi les poissons, etc. Enfin, on
rencontre aussi des espèces perdues appartenant à des genres

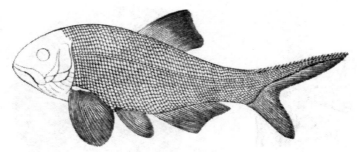

Fig. 5. Palæoniscus.

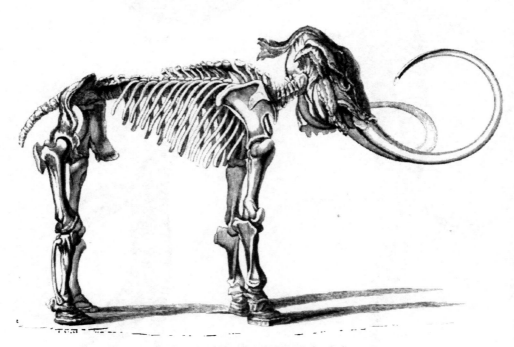

Fig. 6. Mammouth (Elephas primigenius).

de la faune actuelle. Le *mammouth*, par exemple (fig. 6), est
une espèce perdue du genre éléphant.

Les fossiles sont terrestres, comme le *cerf à bois gigantesque* (fig. 7), le *limaçon* ou *helix* (fig. 8), fluviatiles ou lacustres comme le *planorbe*, la *lymnée* (fig. 9), la *physe* (fig. 10), l'*unio*

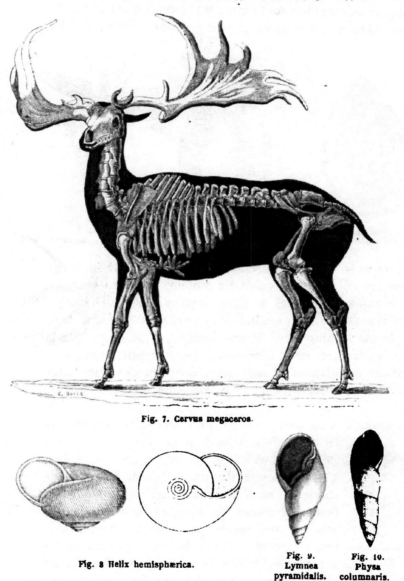

Fig. 7. Cervus megaceros.

Fig. 8 Helix hemisphærica.

Fig. 9.
Lymnea
pyramidalis.

Fig. 10.
Physa
columnaris.

(fig. 11), marins lorsqu'ils ont dû habiter exclusivement la mer, comme les *cypræa* (fig. 12) les *cerithium* (fig. 13).

Tantôt les fossiles sont conservés en nature et très-légèrement modifiés : tels sont les ossements que l'on extrait des cavernes les plus modernes ; tels sont encore les insectes que l'on trouve si admirablement enchâssés dans des résines fossiles qui les

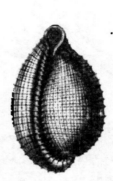

Fig. 11.
Unio waldensis.

Fig. 12.
Cypræa elegans.

Fig. 13.
Cerithium hexagonum.

ont préservés de la putréfaction, et certains mollusques des terrains récents, qui ont gardé les couleurs et l'éclat nacré de leur coquille. Tantôt ces débris sont altérés, la matière organique ayant disparu en totalité ou en partie ; tantôt enfin, mais c'est le cas le plus rare, ils sont *pétrifiés*, c'est-à-dire que la forme extérieure étant conservée, les éléments organiques primitifs ont disparu et sont remplacés par des substances minérales étrangères, par de la silice ou du carbonate de chaux.

La géologie a su tirer aussi un parti très-important de cer-

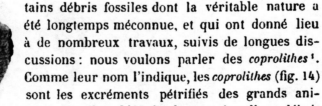

tains débris fossiles dont la véritable nature a été longtemps méconnue, et qui ont donné lieu à de nombreux travaux, suivis de longues discussions : nous voulons parler des *coprolithes*[1]. Comme leur nom l'indique, les *coprolithes* (fig. 14) sont les excréments pétrifiés des grands ani-

Fig. 14. Coprolithe de poisson.

maux fossiles. L'étude de ces singuliers débris a beaucoup éclairé la connaissance des mœurs et de l'organisation physiologique des grandes espèces anté-

1. Du grec κοπρος, excrément, et λιθος, pierre.

diluviennes. Leur examen a fait reconnaître des écailles de poissons, des dents, etc., qui ont permis de déterminer de quelles
espèces se nourrissaient les animaux de l'ancien monde. C'est
par ce procédé que l'on a découvert, par exemple, que le
grand reptile marin qui porte le nom d'*ichthyosaure*, dévorait des individus de sa propre espèce, et qu'il était, dès lors,
plus vorace que tout animal de notre époque. Si de nos jours,
en effet, les loups, les rats, se mangent quelquefois entre eux,
ce n'est que sous l'impérieuse nécessité d'une faim pressante,
et en l'absence de toute autre nourriture. Or, les coprolithes de
l'ichthyosaure contiennent des os d'autres animaux, en même
temps que des vertèbres ou des phalanges d'ichthyosaure; ce
qui prouve que l'ichthyosaure, auquel une autre nourriture
ne pouvait manquer en présence de l'immense richesse du
règne animal antédiluvien, se nourrissait habituellement de la
chair de ceux de son espèce.

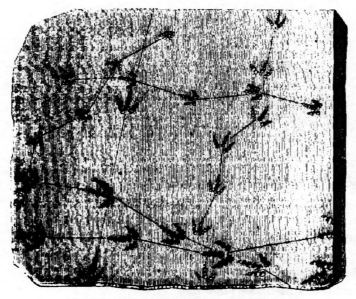

Fig. 15. Empreintes attribuées à des pas d'oiseaux.

Les empreintes laissées sur l'argile ou le sable que le temps
a durci et transformé en grès, fournissent au géologue une autre

source d'indications. Les reptiles de l'ancien monde, en particulier les tortues, ont laissé sur des sables que le temps a
changés en blocs pierreux, des empreintes qui représentent le
moule exact du pied de ces animaux. Ces empreintes ont quelquefois suffi aux naturalistes pour reconnaître à quelle espèce
appartenait l'animal qui les imprima sur l'argile humide. Les
figures 15 et 16 représentent des empreintes de ce genre. La
première contient des traces, ou *pistes*, attribuées à un oiseau

Fig. 16. Empreintes fossiles de pas de Cheirotherium ou Labyrinthodon.

dont l'animal n'a jamais été trouvé; la seconde nous offre les
traces de pas du grand reptile connu sous le nom de *labyrinthodon* ou *cheirotherium*, pour rappeler que les pattes de cet animal
ressemblaient aux mains de l'homme.

La figure 17 reproduit l'empreinte laissée sur les grès du
comté de Dumfries (Écosse), par des tortues fossiles.

Qu'il nous soit permis d'émettre à ce sujet une courte réflexion.
C'est en vain que l'historien ou l'antiquaire parcourent aujour-

d'hui les champs de bataille grecs ou romains, pour y retrouver
les traces de ces conquérants dont les armées ravagèrent le

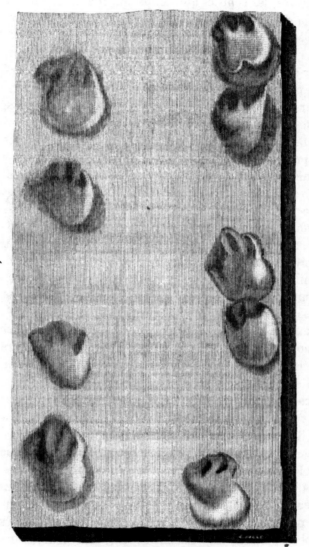

Fig. 17. Empreintes de pas de tortue fossile.

monde : le temps, qui a renversé les monuments de leurs vic-
toires, a aussi effacé l'empreinte de leurs pas ; et de tant de

millions d'hommes dont les envahissements semèrent la désolation sur l'Europe, il ne reste pas même l'empreinte d'un seul pied. Au contraire, les reptiles qui rampaient, il y a des milliers de siècles, à la surface de notre planète, encore dans l'enfance, ont imprimé sur le sol le souvenir indélébile de leur passage. Annibal et ses légions, les Barbares et leurs hordes sauvages, ont passé sur la terre sans y laisser subsister une marque matérielle, et la pauvre tortue qui se traînait sur les rivages silencieux des mers primitives, a légué à la postérité savante l'image et l'empreinte d'une partie de son corps. Ces empreintes, nous les apercevons aussi distinctement sur le roc, que les traces que laisse après lui, sous nos yeux, l'animal qui marche sur le sable humide, ou qui traverse la neige récemment tombée. Quelles graves réflexions éveille en nous la seule vue de ces blocs d'argile durcie, qui reportent notre pensée aux premiers âges du monde; et combien les découvertes de nos archéologues, qui s'extasient devant quelque poterie grecque ou étrusque, doivent nous sembler mesquines à côté de ces véritables antiquités de la terre !

Les paléontologistes[1] tiennent aussi très-soigneusement compte des sortes de moules que beaucoup de corps organisés ont laissés dans les fins sédiments qui sont venus les envelopper après leur mort. Beaucoup d'êtres animés n'ont pas laissé leurs propres débris en nature, ou à l'état de pétrification, mais on trouve leurs empreintes parfaitement conservées sur des grès, sur des calcaires, sur des argiles ou des marnes, sur des houilles; et ces empreintes suffisent pour faire discerner l'espèce à laquelle appartenaient ces êtres vivants.

Nous étonnerons sans doute nos lecteurs en leur disant que l'on possède les empreintes certaines de gouttes de pluie tombées sur le sol de l'ancien monde. Les empreintes de ces gouttes de pluie faites sur les sables, s'y sont conservées par la dessiccation, et ces mêmes sables s'étant transformés plus tard en grès solides et cohérents, ces impressions se sont ainsi maintenues jusqu'à nos jours. La figure 18 représente des empreintes de ce

---

1. La *paléontologie*, comme l'indique son nom, tiré du grec (καλιος, ancien; οντος, être, λογος, dissertation ou discours), est la science qui s'occupe de l'étude des êtres animés qui ont anciennement vécu sur notre globe.

Fig. 18. Empreintes de gouttes de pluie fossiles trouvées aux États-Unis, d'après l'*Iconographs from the sandstone of Connecticut river*, par M. J. Deane, ouvrage publié à Boston en 1861.

2

genre recueillies aux États-Unis, et reproduites par la photographie. Il y a plus; les ondulations laissées par le passage des eaux sur les sables des mers primitives, se sont conservées par le même mécanisme physique. La figure 19 re-

Fig. 19. Ondulations laissées par les eaux de l'ancien monde.

présente les traces consolidées d'ondulations de ce genre, qui ont été recueillies en France, aux environs de Boulogne-sur-mer.

Hypothèse de l'incandescence des parties centrales du globe. — Le *feu central* est une hypothèse fort ancienne. Admise par Descartes, développée par Leibniz et Buffon, elle a été confirmée depuis par une foule de faits.

Nous avons déjà dit que la température du globe sé'lève de 1° par chaque 33 mètres de profondeur au-dessous du sol. L'exactitude de cette observation a été vérifiée dans un grand nombre de cas, et jusqu'aux plus grandes profondeurs auxquelles l'homme ait pu descendre. Comme on connaît exactement le diamètre de la terre, et par conséquent le rayon de la sphère terrestre, on a conclu de la progression de cette température, en la supposant régulièrement uniforme, que le centre du globe doit être porté encore aujourd'hui à une température de 195 000°. Aucune matière ne pouvant conserver son état solide à une température si excessive, il en résulte que le centre du globe et les parties voisines de ce centre doivent être dans un état permanent de liquidité.

La température élevée de l'eau des puits artésiens, quand ces puits sont d'une grande profondeur, témoigne de l'augmentation de température dans l'intérieur de la terre. Les eaux thermales qui sourdent du sol, et dont la chaleur s'élève quelquefois jusqu'à 100°, comme pour les Geysers de l'Islande, sont une autre preuve à l'appui du même fait.

Les volcans modernes sont une démonstration très-manifeste de l'existence du feu central. Les gaz brûlants, la lave liquide et rouge de feu, qui s'échappent de leurs cratères, prouvent bien que les parties profondes du globe sont à une température considérablement élevée.

Enfin, le dégagement de vapeurs brûlantes par les fissures accidentelles du sol, qui accompagne les tremblements de terre, établit l'existence d'un centre incandescent à l'intérieur de notre globe.

Révolutions du globe par les soulèvements ou les affaissements de sa croûte solide, résultant de l'état de liquidité de ses parties centrales. — Comme une conséquence de l'hypothèse du feu central, on admet que notre planète a été bouleversée par une série de révolutions, générales ou locales, c'est-à-dire par des ruptures de sa croûte solide, survenues à des intervalles plus ou moins éloignés. Les travaux de Werner, de Stenon, de Cuvier, de Léopold de Buch, de Bénédict Saussure, d'Alexandre Brongniart, de Humboldt, de Cordier et d'Élie de Beaumont ont constitué cette théorie, généralement professée aujourd'hui dans la science.

Ces bouleversements, ces catastrophes périodiques, avaient pour cause le refroidissement du globe.

La terre continuant à se refroidir, la solidification de ses parties intérieures, primitivement liquides, faisait des progrès : une partie de la sphère intérieure liquide se concrétait peu à peu. Mais les corps qui passent de l'état liquide à l'état solide diminuent de volume. Dans les métaux fondus et qui reviennent, par le refroidissement, à l'état solide, cette diminution va jusqu'au dixième de leur volume. Donc, par l'effet de la solidification des parties internes, l'enveloppe extérieure de la terre devenait trop grande; elle ne pouvait plus s'appliquer exactement sur la sphère intérieure, qui s'était rétractée en se solidifiant. Il se faisait nécessairement alors des plicatures, des fissures énormes, d'immenses ruptures de cette enveloppe extérieure. Les substances liquides contenues à l'intérieur du globe, pressées d'ailleurs par les gaz qu'elles renfermaient, s'échappaient bientôt par cette ouverture béante; parvenue à l'extérieur, la matière de ces éruptions, en se refroidissant et se consolidant, formait des montagnes de hauteurs variables.

Ces dislocations de la croûte terrestre qui ont changé l'aspect de sa surface et déplacé le bassin des mers, noyé quelques continents et anéanti quelquefois une partie des animaux et des plantes, ont été suivies de longues périodes de calme. Pendant ces périodes, les débris arrachés par les eaux à certains points du continent étaient transportés en d'autres points du globe par le courant de ces eaux. En se déposant plus tard, ces matériaux accumulés finissaient par former des terrains nouveaux.

Pendant cette période de calme, de nouvelles espèces végétales ou animales apparaissaient sous la main du Créateur. Répandues à la surface de la terre, elles remplaçaient les espèces détruites par la catastrophe antérieure, ou disparues par leur extinction naturelle.

Mais au milieu même de ces intervalles de calme, il arrivait quelquefois, et toujours par la même cause, c'est-à-dire par suite du retrait intérieur occasionné par le refroidissement du globe, que des fissures plus étroites se produisaient dans l'enveloppe terrestre, et que des matières liquides incandescentes et mêlées de tourbillons de vapeurs s'élevaient au dehors par ces fissures, et formaient au milieu des terrains ces longues et étroites traînées connues sous le nom de *filons*.

Telle est, en résumé, l'origine des montagnes, ainsi que des filons métallifères, et celle des dépôts sédimentaires formés par l'action érosive des eaux que ces dislocations déplaçaient brusquement sur de grandes étendues.

Ces trois phénomènes : soulèvements, — émission de matières ignées, — production de dépôts sédimentaires formés au sein des eaux par la désagrégation et le transport de toutes sortes de roches, — ont constamment marché de front pendant toutes les périodes géologiques qui se sont succédé jusqu'à nos jours. C'est à cette série de phénomènes complexes que l'écorce terrestre doit sa structure interne, si variable et si compliquée.

On peut, d'après les considérations qui précèdent, diviser les

matières minérales qui composent notre globe en trois groupes
généraux, comprenant :

1° Les *terrains primitifs*, partie de la croûte terrestre solidifiée par le refroidissement;

2° Les *terrains sédimentaires* provenant des débris divers en-
levés aux terrains primitifs, entraînés en d'autres points par le
courant des eaux, modifiés dans leur composition par l'action
de ces mêmes eaux et déposés ensuite par elles.

3° Les *terrains éruptifs*, formés à toutes les époques géologiques,
par l'éruption ou l'injection à travers les terrains divers, de la ·
matière liquide qui occupe les parties intérieures de notre globe.

Les masses minérales qui constituent les terrains primitifs et
de sédiment, forment des couches affectant entre elles un ordre
constant de superposition, lequel indique leur âge relatif. La
structure minéralogique de ces couches et les restes de corps
organisés qu'elles renferment, leur communiquent des caractères qui permettent de distinguer chacune de ces couches de
celle qui la précède ou qui la suit.

Les plus anciennes de toutes ces couches constituent les *terrains primitifs;* les dernières sont les *alluvions modernes.* Dans
l'intervalle se rangent les terrains qu'on nommait autrefois *terrain de transition, terrain secondaire, terrain tertiaire,* sans leur
faire subir d'autres subdivisions, mais qui comprennent actuellement plusieurs subdivisions chronologiques.

Il ne faudrait pas croire, cependant, que l'ensemble de toutes
ces couches se rencontre, régulièrement superposé, sur tous les
points de l'enveloppe de notre globe; la géologie serait alors
une science très-simple, et pour ainsi dire, toute du ressort
des yeux. Par suite des déplacements, des brusques interruptions qu'ont déterminés les fréquentes éruptions des granits,
des porphyres, des trachytes, des basaltes, des laves, ces couches
sont souvent interrompues, brisées et remplacées par d'autres.
En certains points, toute une couche de terrains et souvent
plusieurs ont disparu en totalité, emportées par les eaux après
leur formation. La série naturelle des terrains ne se retrouve
donc presque jamais dans son ordre régulier et complet. Ce
n'est qu'en combinant toutes les observations recueillies par
les géologues en diverses parties du globe, qu'on est parvenu

à superposer, suivant leur ancienneté relative, toutes les couches composant l'écorce solide de la terre, et dont voici le tableau :

TERRAINS PRIMITIFS.

TERRAINS DE TRANSITION... { Terrain silurien. Terrain dévonien. Terrain carbonifère. Terrain permien.

TERRAINS SECONDAIRES..... { Terrain triasique. Terrain jurassique. Terrain crétacé.

TERRAINS TERTIAIRES...... { Terrain éocène. Terrain miocène. Terrain pliocène.

TERRAINS QUATERNAIRES, OU MODERNES.

Nous nous proposons d'exposer les transformations successives que la terre a subies pour arriver à son état actuel; en d'autres termes, nous allons parcourir, en nous plaçant au double point de vue historique et descriptif, les diverses *époques* qui peuvent être distinguées dans la formation graduelle de la terre, séjour actuel et domaine de l'homme.

Comme on vient de le voir, ces *époques* sont les suivantes :

1° Époque primitive;

2° Époque de transition;

3° Époque secondaire;

4° Époque tertiaire;

5° Époque quaternaire, ou moderne.

Nous ferons connaître les créations vivantes qui ont peuplé la terre à chacune de ces époques, et qui ont disparu par une cause que nous aurons à rechercher. Nous décrirons les plantes et les animaux propres à chacune de ces grandes phases de l'histoire du globe. Toutefois, nous ne passerons pas entièrement sous silence la description du terrain déposé par les eaux ou lancé par éruption pendant chacune de ces époques; nous donnerons une idée sommaire des caractères minéralogiques et des fossiles caractéristiques propres à chaque terrain. Ce que nous allons entreprendre, c'est donc l'histoire de la formation de notre globe, avec la description des principaux terrains qui le composent actuellement.

ÉPOQUE PRIMITIVE

ÉPOQUE PRIMITIVE.

La théorie que nous allons développer, et qui considère la terre actuelle comme un soleil éteint, comme une étoile refroidie, comme une nébuleuse passée de l'état de gaz à l'état solide, cette belle conception qui relie d'une manière si brillante la géologie à l'astronomie, appartient au mathématicien Laplace. Il n'est pas hors de propos de rappeler ici cette circonstance. La géologie est, en effet, une science éminemment française. Parmi les hommes qui ont constitué la science géologique, on a surtout à citer les noms de savants français : ceux de Bernard Palissy, de Buffon, de Cordier, d'Élie de Beaumont; et d'un autre côté, la pensée théorique sur laquelle repose le système de vues actuellement adopté en géologie et qui fait de cette science une sorte de dépendance de l'astronomie, appartient à un géomètre français, à l'immortel auteur de la *Mécanique céleste*. Ces titres de gloire scientifique la France doit les revendiquer avec orgueil.

Nous avons établi, en commençant, que le centre de la terre est encore, de nos jours, porté à 195 000°, température qui dépasse tout ce que l'imagination peut concevoir. On n'aura aucune peine à admettre que, par une chaleur si excessive, toutes les matières qui entrent aujourd'hui dans la composition de notre globe fussent réduites, à l'origine, à l'état de gaz ou de vapeurs. Il faut donc se représenter notre planète primitive comme un agrégat de fluides aériformes, comme une matière entièrement gazeuse. Et si l'on réfléchit que les substances portées à l'état de gaz occupent un volume quinze à dix-huit cents fois plus grand qu'à l'état solide, on en conclura que cette masse gazeuse devait être d'un volume énorme : elle devait être aussi grosse que le soleil, lequel est quatorze cent mille fois plus gros que la terre actuelle.

On a essayé, dans la figure 20, de donner une idée des différences de volume qui existent entre la terre actuelle et sa masse gazeuse primitive. L'un des deux globes B représente le volume de la terre à son état gazeux primitif; l'autre A le volume de la terre passée à l'état solide : c'est donc une simple comparaison de grandeur que l'on a voulu mettre en relief par cette figure géométrique.

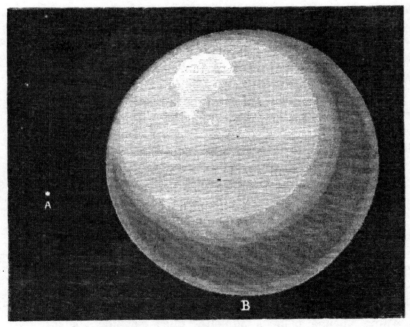

Fig. 20. Volumes comparatifs de la terre à l'état de gaz et de la terre actuelle.
(A volume de la terre actuelle; B volume de la terre à son état gazeux primitif.)

Portée à la température rouge-blanc par l'excessive chaleur qui l'animait, la masse gazeuse qui constituait alors la terre brillait dans l'espace comme brille aujourd'hui le soleil, comme

Fig. 21. La terre à l'état gazeux circulant dans l'espace.

brillent à nos yeux, dans la sérénité des nuits, les étoiles fixes et les planètes (fig. 21).

Circulant autour du soleil, selon les lois de la gravitation universelle, cette masse gazeuse incandescente était nécessairement soumise aux lois qui régissent les autres substances matérielles. Elle se refroidissait, elle cédait graduellement une partie de sa chaleur aux régions glacées des espaces interplanétaires au milieu desquelles elle traçait le sillon de sa flamboyante orbite. Mais, par suite de ce refroidissement continuel, et au bout d'un temps dont il serait impossible de fixer, même approximativement, la durée, l'astre primitivement gazeux arriva à l'état liquide : il diminua alors considérablement de volume.

La mécanique nous enseigne qu'un corps liquide entretenu à l'état de rotation prend nécessairement la forme sphérique : c'est ainsi que la terre prit la forme globulaire ou sphéroïdale qui lui est propre, comme à la plupart des corps célestes [1].

La terre n'est pas seulement soumise à un mouvement de translation autour du soleil; tout le monde sait qu'elle exécute en même temps un mouvement de révolution sur son axe, mouvement uniforme qui produit pour nous l'alternance régulière des jours et des nuits. Or, la mécanique a établi, et l'expérience directe confirme cette prévision théorique, qu'une masse liquide en mouvement (par suite de la variation de la *force centrifuge* sur ses différents diamètres) se renfle vers l'équateur de la sphère et s'aplatit vers ses pôles, c'est-à-dire aux deux extrémités de son axe. C'est en vertu de ce phénomène que la terre, lorsqu'elle était à l'état liquide, se renfla à l'équateur, s'aplatit à ses deux pôles, et de la forme primitivement sphérique, passa à celle d'un ellipsoïde aplati à ses deux extrémités.

Ce renflement à l'équateur, cet aplatissement vers les pôles sont les preuves les plus directes que l'on puisse invoquer de l'état primitivement liquide de notre planète. Une sphère solide et non élastique, une bille d'ivoire, par exemple, aurait beau tourner pendant des siècles sur son axe, sa forme n'en serait nullement changée; mais une bille liquide ou de consis-

---

1. Voir, dans les traités de physique, les belles expériences dues à M. Plateau, qui prouvent que tout corps liquide soumis à la seule force de l'attraction, prend la forme sphérique.

tance pâteuse, se renflerait alors dans son milieu et s'aplatirait aux extrémités de son axe. C'est en s'appuyant sur ce principe, c'est-à-dire en admettant la fluidité primitive du globe terrestre, que Newton avait annoncé *a priori* le renflement de la terre à l'équateur, son aplatissement aux pôles, et qu'il avait même fixé par avance le degré de cet aplatissement. La mesure directe de cette dépression et de cet allongement vinrent plus tard prouver l'exactitude des prévisions du célèbre géomètre anglais. En 1736, Maupertuis et la Condamine furent envoyés par l'Académie des sciences de Paris, l'un aux régions polaires, l'autre aux régions équatoriales. Les mesures prises sur les lieux, par ces observateurs, établirent l'existence du renflement équatorial et de la dépression polaire; il résulta même de ces mesures que l'aplatissement de la terre aux pôles était sensiblement plus fort que Newton ne l'avait estimé d'après ses calculs.

A la suite du refroidissement partiel de la masse terrestre, toutes les substances gazeuses qui la composaient ne passèrent pas sans exception à l'état liquide; quelques-unes demeurèrent à l'état de gaz ou de vapeurs, et formèrent, autour du sphéroïde terrestre, une enveloppe, ou *atmosphère* (du grec ἀτμὸς, vapeur; σφαῖρα, sphère: *sphère de vapeurs*). Mais on se ferait une idée bien inexacte de l'atmosphère qui enveloppait le globe à cette période reculée, si on la comparait avec son atmosphère actuelle. L'étendue de la masse gazeuse qui enveloppait la terre primitive devait être immense; elle atteignait sans doute jusqu'à la lune. Elle contenait, en effet, à l'état de vapeurs, la masse énorme des eaux qui forment nos mers actuelles, réunies à toutes les matières qui conservaient l'état gazeux à la température qui animait alors la terre incandescente. Nous n'exagérons rien en disant que cette température était alors de 2000°. L'atmosphère participait à cette température, et par suite de cette chaleur excessive, la pression qu'elle exerçait sur le globe devait être infiniment plus considérable que celle qu'elle produit aujourd'hui. Aux gaz qui composent l'air atmosphérique actuel (l'azote, l'oxygène et l'acide carbonique), à des masses énormes de vapeur d'eau, venaient s'ajouter d'immenses quantités de matières minérales, métalliques ou terreuses, réduites à l'état de gaz, et maintenues à cet état par l'effroyable température de cette gigantesque fournaise. Les métaux, les chlorures métalliques, le soufre, les sulfures, et même les terres à base de silice, d'alumine et de chaux, tout cela devait exister sous forme de vapeurs, dans l'atmosphère du globe primitif.

Il est à croire que les différentes substances qui composaient cette atmosphère, s'étaient rangées autour de la terre dans l'ordre de leur densité. La première couche, la plus voisine du globe, était formée des vapeurs les plus lourdes, comme celles des métaux, du fer, du platine, du cuivre, mêlées sans doute à des nuages de fines poussières métalliques provenant de la condensation partielle de la vapeur de ces métaux. Cette première zone, la plus lourde, la plus épaisse, était d'une entière opacité, et plongeait dans d'épaisses ténèbres la surface de la terre, encore rouge de feu. Par-dessus, venaient les matières vaporisables, telles que les chlorures métalliques, en particulier le chlorure de sodium ou sel marin, le soufre et le phosphore, ainsi que les combinaisons volatiles de ces corps. La zone supérieure devait contenir les matières plus facilement vaporisables, telles que l'eau, unie aux corps naturellement gazeux, comme l'oxygène, l'azote et l'acide carbonique. Cet ordre de superposition ne devait pas toutefois se maintenir constamment. Malgré leur densité inégale, ces trois couches devaient souvent se mêler, se confondre : de formidables ouragans devaient fréquemment abaisser, déchirer, soulever et confondre ces zones incandescentes.

Quant au globe lui-même, sans être autant agité que sa brûlante et mobile atmosphère, il n'en était pas moins en proie a de perpétuelles tempêtes, occasionnées par les mille actions chimiques qui s'accomplissaient dans sa masse liquide. D'un autre côté, l'électricité résultant de ces puissantes actions chimiques opérées sur une étendue sans bornes, devait provoquer d'effroyables détonations électriques. Les éclats du tonnerre ajoutaient donc à l'horreur de ces scènes primitives, dont aucune imagination, dont aucun pinceau humain ne saurait tracer le tableau, et qui constituaient ce sinistre chaos dont l'histoire légendaire de tous les peuples et la révélation biblique nous ont transmis la véridique tradition.

C'est ainsi que notre globe circulait dans l'espace, traînant à sa suite le panache enflammé de son atmosphère multiple; impropre à la vie et impénétrable encore aux rayons du soleil, autour duquel il traçait sa courbe gigantesque.

Cependant les régions glaciales qu'il traversait continuaient d'exercer sur sa masse leur effet de refroidissement. Peu à peu, et d'abord superficiellement, la terre un peu refroidie prit une consistance pâteuse.

Il ne faut pas oublier qu'en raison de son état liquide, la terre obéissait alors, dans toute sa masse, à cette action de flux et de reflux qui provient de l'attraction lunaire et planétaire, et qui ne peut s'exercer aujourd'hui que sur les mers, c'est-à-dire sur les parties liquides et mobiles de notre globe. Ce phénomène du flux et du reflux auquel obéissaient ses molécules liquides et mobiles, accéléra singulièrement le refroidissement de la terre. Elle arriva ainsi graduellement à cette sorte de consistance que présente le fer de nos usines, quand on le retire de la fournaise pour le porter sous le laminoir.

Par les progrès du refroidissement, il se produisit ensuite des couches de substance concrétionnée, qui, d'abord, flottèrent isolées à la surface de la matière demi-liquide, mais qui finirent par se souder, et par former des bancs continus, comme on voit, de nos jours, les glaces des mers polaires, rapprochées par l'agitation des flots, s'attacher, se souder l'une à l'autre, et finir par constituer des banquises immobiles.

C'est par l'extension de ce dernier phénomène à la surface entière du globe que s'opéra la solidification totale de sa surface. Une croûte solide, encore d'une faible épaisseur, et d'une très-médiocre résistance, enveloppa ainsi la terre, recouvrant de toutes parts les parties intérieures encore liquides, et dont la solidification ne devait se faire que beaucoup plus tard, puisqu'elle n'est pas même terminée de nos jours. On évalue l'épaisseur de la couche de notre globe actuellement solidifiée, à environ 12 lieues (45 kilomètres). Comme le rayon terrestre moyen est de 1584 lieues de 4 kilomètres, on voit que les parties solidifiées de notre planète ne représentent qu'une bien faible fraction de sa masse totale.

On peut exprimer d'une façon vulgaire, mais juste, les rapports actuels de grandeur entre les parties encore liquides et les parties concrètes de la terre. Si l'on se figure la terre comme une orange, l'écorce de ce fruit représentera à peu près exactement l'épaisseur de la croûte solide qui enveloppe aujourd'hui notre globe.

La figure 22 montre avec exactitude les rapports entre l'épaisseur de l'écorce terrestre et ses parties internes encore liquides. La sphère terrestre ayant 1584 lieues de rayon, par conséquent 3168 lieues de diamètre, l'écorce solide a seulement, avonsnous dit, 12 lieues d'épaisseur, ce qui représente $\frac{1}{260}$ de diamètre, ou $\frac{1}{130}$ du rayon terrestre pour la partie consolidée; c'est ce rapport qui a été indiqué sur la figure 22.

Déterminer même approximativement le temps que la terre mit à se refroidir, de manière à permettre la solidification d'une croûte extérieure; vouloir fixer la durée des transformations dont nous venons de présenter le tableau, serait une tâche impossible. Tout ce que l'on peut faire, c'est donner une idée de la longueur de cette période de refroidissement par la voie de l'analogie, c'est-à-dire par un exemple emprunté à ce qui s'est vu de notre temps.

En 1750, après de nombreux tremblements de terre, un volcan, le *Jorullo*, surgit au Mexique, au milieu d'une plaine couverte jusque-là d'une riche végétation, et consacrée à la culture de la canne à sucre et de l'indigo. La montagne volcanique atteignit une hauteur de 520 mètres, et vomit des torrents de lave ardente. Ce n'est qu'au bout de longues années que cette lave prit un peu de consistance, et se couvrit d'une croûte fendillée, laissant apercevoir, au travers de ces fissures, une matière liquide en ignition. Quarante-quatre ans plus tard, M. de Humboldt, qui voyageait alors en Amérique, put constater qu'entre les fissures, la lave n'était plus liquide, mais qu'elle était encore rouge de feu. Après tout un siècle, on constata que la matière n'était pas complétement refroidie. Si l'on compare maintenant la masse de ce petit volcan avec celle de la terre entière en ignition, ce n'est plus par siècles, mais par millions d'années qu'il faudra compter pour évaluer l'intervalle de temps qui a dû s'écouler jusqu'à ce que notre globe soit parvenu à un degré de refroidissement compatible avec l'existence des êtres vivants.

La première croûte terrestre formée comme nous venons de

Fig. 22. Volumes relatifs de l'écorce solide et de la masse liquide du globe.

l'indiquer, ne pouvait résister aux vagues de cette mer de feu

intérieur qu'abaissaient et que soulevaient tour à tour le flux et
le reflux quotidien déterminés par l'attraction lunaire et planétaire. Aussi, qui pourrait imaginer les déchirements effroyables,
les gigantesques débordements qui en résultèrent? Qui oserait
peindre les sublimes horreurs de ces premières et mystérieuses
convulsions du globe? Des torrents de matières liquides, mêlées
de gaz, venaient soulever et percer la croûte terrestre, encore
très-peu résistante; de larges crevasses l'éventraient, et par ces
ouvertures béantes s'élançaient des flots de granit liquide qui
venaient se solidifier au dehors. C'est ainsi que se formèrent
les premières montagnes. C'est ainsi que s'élancèrent à travers
les parties solidifiées, les premiers *filons*, véritables injections de
matières éruptives provenant des parties intérieures du globe,
qui traversent les terrains primitifs, et constituent pour nous
aujourd'hui de précieux gisements de métaux divers, tels que
le cuivre, le zinc, l'antimoine et le plomb.

La figure 23 représente la formation d'une montagne par l'é-

Fig. 23. Formation des montagnes granitiques primitives.

ruption de la matière granitique interne se faisant jour à travers une fracture du globe. La figure 24 représente la structure

intérieure d'un *filon*. Dans ce dernier cas, la fracture du globe n'est qu'une fente étroite que viennent plus tard remplir des injections successives de matières, quelquefois de nature diverse, et qui, en s'ajoutant, finissent par remplir totalement la capacité de cette fente, ou *faille*.

Toutes les éruptions de granit ou d'autres substances lancées

Fig. 24. Filon métallique.

de l'intérieur de la terre, et qui viennent remplir ses fentes et ses crevasses, longitudinales ou obliques, ne s'élèvent pas jusqu'au sol. C'est ce qui se passe lorsque les fentes qui se sont produites dans l'épaisseur de la masse terrestre, n'arrivent pas au jour. La figure 25 représente une éruption de granit à travers un terrain sédimentaire : le granit provenant de la partie centrale du globe est venu remplir les fentes et fractures qui se sont produites dans l'intérieur de ces terrains ; mais il n'atteint pas jusqu'au niveau du sol.

Sur la surface de la terre, d'abord parfaitement unie, il se

forma donc, dès les premiers temps, des boursouflures, des
éminences, des crevasses, ou fentes, qui changèrent son premier aspect.

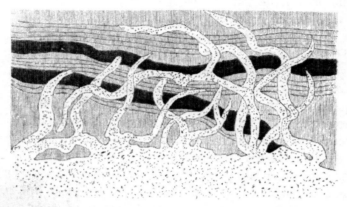

Fig. 25. Éruption de granit.

Cependant la terre continuait à se refroidir. Un moment
arriva où par les progrès de son refroidissement, sa température ne fut plus suffisante pour maintenir à l'état de vapeurs
les énormes masses d'eaux qui flottaient suspendues dans son
atmosphère. Ces vapeurs passèrent à l'état liquide, et sur le sol
tombèrent alors les premières pluies. Faisons remarquer que
c'étaient de véritables pluies d'eau bouillante, car en raison de
la pression très-considérable de l'atmosphère, l'eau condensée
et liquide se trouvait portée à une température bien supérieure
à 100°.

La première goutte d'eau qui tomba sur l'aride et brûlante
surface du globe terrestre, marqua dans son évolution une période toute nouvelle, et dont il importe d'analyser avec soin les
effets mécaniques ou chimiques. Le contact des eaux avec la
surface consolidée du globe ouvre la série des modifications dont
la science peut entreprendre l'examen avec une certaine confiance, ou du moins avec plus d'éléments positifs d'appréciation
que l'on n'en possède pour cette période du chaos dont nous
venons de peindre quelques traits, et dans laquelle on est obligé
de laisser une assez grande part à l'imagination et à l'interpré-
tation personnelles.

Les premières eaux qui vinrent tomber, à l'état liquide, sur le globe refroidi, ne tardèrent pas à être de nouveau réduites en vapeurs, par l'excessive élévation de sa température. Plus légères que le reste de l'atmosphère, ces vapeurs s'élevaient jusqu'à ses limites supérieures; là, elles se refroidissaient en rayonnant vers l'espace, se condensaient de nouveau, et retombaient à l'état liquide sur le sol, pour s'en dégager encore à l'état de vapeur et retomber ensuite à l'état de condensation. Mais tous ces changements d'état physique de l'eau ne pouvaient se faire qu'en soutirant des quantités considérables de chaleur à la surface du globe, dont ce va-et-vient continuel hâta beaucoup le refroidissement : sa chaleur allait ainsi graduellement se perdre dans les espaces célestes.

Ce phénomène s'étendant peu à peu à toute la masse des vapeurs d'eau qui existaient dans l'atmosphère, des quantités d'eau de plus en plus fortes couvrirent le globe. Et comme la vaporisation de tout liquide provoque un dégagement notable d'électricité, une quantité énorme de fluide électrique résultait nécessairement de la vaporisation de si puissantes masses d'eau. Les éclats du tonnerre, les fulgurantes lueurs des éclairs, accompagnaient donc cette lutte extraordinaire des éléments (fig. 26).

Combien de temps dura ce combat suprême de l'eau et du feu, au bruit retentissant de la foudre? Tout ce que l'on peut dire c'est qu'un moment vint où l'eau fut triomphante. Après avoir couvert de vastes étendues à la surface de la terre, elle finit par occuper et couvrir entièrement cette surface.

A partir de ce moment, commença pour le globe une période régulière, interrompue seulement par les révoltes du feu intérieur qui couvait sous son enveloppe, imparfaitement consolidée.

Pour se rendre compte des actions complexes, tant mécaniques que chimiques, que les eaux, encore brûlantes, durent exercer sur l'enveloppe solide du globe, il faut savoir quelle était la composition de cette écorce. La roche qui forme les premières assises, et en quelque sorte, la grosse charpente de notre globe, sur laquelle repose toute la série des autres terrains, c'est le *granit*. Qu'est-ce que le granit, comme roche minéralogique? C'est une réunion de silicates à base d'alumine, de potasse et de soude : le quartz, le feldspath et le mica,

Fig. 26. Condensation et chute des eaux sur le globe primitif.

forment par leur simple mélange au moyen d'un ciment feldspathique, le *granit*, qui n'est qu'un agrégat de ces trois roches.

Le *quartz* (*quarzum* des Romains) est de la silice plus ou
moins pure, souvent cristallisée. Le *feldspath* est une matière
cristalline, blanche, composée de silicate d'alumine et de silicate
de potasse ou de soude : le feldspath potassique se nomme
orthose; le feldspath sodique, *albite.* Le mica est un silicate
d'alumine et de potasse contenant de la magnésie et de l'oxyde
de fer; il tire son nom du latin *micare*, briller, reluire. Le *granit* (de l'italien *grano*, grain, en raison de sa structure grenue)
est une roche complexe, formée, comme on vient de le dire,
de feldspath, de quartz et de mica, et dont les trois éléments
sont cristallisés. On appelle *gneiss* (mot tiré de la langue
saxonne), une variété de granit composée, comme cette dernière
roche, de feldspath et de mica, mais dans laquelle le mica prédomine; sa structure feuilletée le fait quelquefois désigner sous
le nom de *granit stratifié.*

Le feldspath et le mica qui entrent dans la composition du
granit, sont des minéraux que l'eau froide ou bouillante et
l'acide carbonique de l'air, détruisent, décomposent facilement.
L'action chimique de l'eau et de l'air, l'action chimique et mécanique des eaux chaudes qui composaient l'immense mer primitive, modifièrent profondément la nature des roches granitiques
qui formaient le fond de ces mers. Les pluies d'eau bouillante
qui tombaient sur les pics montagneux et les aiguilles granitiques, les torrents qui se précipitaient le long de leurs flancs
ou dans les vallées, désagrégeaient les silicates divers qui constituent le feldspath et le mica. Leurs débris finirent par former des bancs immenses d'argile et de sable quartzeux; ce
furent là les premiers terrains modifiés par l'action de l'air et
des eaux, et les premiers sédiments déposés par la mer.

Les argiles provenant de cette décomposition des roches
feldspathiques et micacées, participaient de la température
encore brûlante du globe; elles éprouvèrent un commencement
de fusion; et plus tard, quand elles vinrent à se refroidir, elles
prirent, par une espèce de demi-cristallisation, cette structure
feuilletée que l'on désigne sous le nom de *structure schisteuse* (du
grec σχιστός, facile à diviser, ou σχίστειν, diviser), et dont les

ardoises, qui se séparent naturellement, comme on le sait, en minces feuillets, donnent une idée très-exacte.

Ainsi se formèrent les premières argiles et les roches schisteuses. C'est pour cela qu'une épaisse couche de *schistes*, premiers sédiments connus, repose immédiatement sur les terrains d'origine ignée.

A la fin de cette première phase, le globe terrestre était recouvert, sur presque toute sa surface, d'eaux chaudes et vaseuses, produisant des mers peu profondes. Quelques îlots, dressant çà et là leurs pics granitiques, formaient, sur ces mers vaseuses et remplies de débris terreux en suspension, une sorte de vaste archipel occupant la terre entière.

Pendant une longue suite de siècles l'épaisseur de la croûte solide du globe augmenta de plus en plus, en raison des progrès de la solidification de la matière liquide sous-jacente.

Cependant, cet état de tranquillité ne pouvait être durable; la couche consolidée du globe avait encore trop peu d'épaisseur pour résister à la pression des gaz et de la matière liquide qu'elle enveloppait et comprimait par sa croûte élastique. Les vagues de cette mer intérieure triomphèrent plus d'une fois de la faible résistance de cette enveloppe. Il se fit alors d'énormes dislocations du sol. D'immenses soulèvements de la croûte solide élevèrent le fond des mers, et firent ainsi surgir des montagnes qui, cette fois, n'étaient plus exclusivement granitiques, mais se composaient, en outre, de ces roches schisteuses qui s'étaient déposées sous les premières eaux qui aient couvert le globe.

D'un autre côté, la terre, en continuant de se refroidir, se rétractait, et ce retrait, c'est-à-dire cette diminution de volume, était, comme nous l'avons expliqué plus haut, une cause de bouleversement. Il se produisit alors, dans la continuité de l'écorce du globe, des ruptures considérables ou de simples fissures. Ces fissures se remplirent plus tard par des jets de la matière liquide qui remplit l'intérieur du globe, c'est-à-dire de *granit éruptif*, ou de composés métalliques divers. Ces irruptions de matière granitique ou métallique à travers l'écorce solide fracturée se sont reproduits plusieurs fois à cette époque primitive. Il ne faut donc pas être surpris de voir les terrains anciens presque toujours disloqués, fracturés, réduits à une faible étendue, et souvent interrompus par des filons contenant des métaux, des oxydes métalliques, tels que les oxydes de cuivre et d'étain, ou des sulfures, tels que ceux de plomb, d'antimoine et de fer qu'exploite aujourd'hui l'art du mineur.

En esquissant, comme nous venons de le faire, l'*époque primitive* de la terre, nous avons préparé le lecteur à comprendre la description du terrain qui constitue la base de toutes les assises minérales du globe, et que l'on désigne sous le nom de *terrain primitif*. Donnons maintenant la description de ce terrain, peu répandu à la surface du sol en Europe, mais qui occupe des espaces immenses dans l'Amérique du Nord.

Terrain primitif. — Partout où l'on a pu fouiller la terre assez profondément, on est arrivé au granit. Le granit est donc la base, et comme la grosse charpente de la terre. Il sert de support à tous les terrains de sédiment. Comme nous l'avons déjà dit, il compose la première croûte qui se soit solidifiée par le refroidissement.

L'ensemble de roches cristallines qui constituent le terrain primitif est composé d'éléments cristallins, ne contenant ni sables, ni cailloux roulés, ni ciment (ce qui indique bien que ce n'est point un terrain formé par l'intermédiaire de l'eau), ni aucuns débris de corps organisés, car, à cette période, la vie n'avait pu encore apparaître sur le sol brûlant de notre planète.

On se tromperait en s'imaginant que le terrain que les géologues désignent sous le nom de *primitif*, est composé purement et simplement de granit. Les éruptions continuelles qui ont traversé, sillonné le granit des premières assises de notre globe, l'action de l'eau sur ses éléments constitutifs, ont modifié profondément cette roche, de telle sorte, comme l'a dit M. Élie de Beaumont, qu'il ne reste peut-être pas une seule page intacte de ces premières archives de notre globe. Chacune des modifications fondamentales du granit forme aujourd'hui un *étage* particulier du terrain primitif.

Ce terrain présente, comme éléments essentiels :

1° La substance écailleuse, douce au toucher, souvent verdâtre, connue sous le nom de *talc*, et qui est un silicate de magnésie ;

2° Le minéral brillant, foliacé, élastique et transparent, qui porte le nom de *mica* ;

3° Le *feldspath*, à base de soude ou de potasse, qui existe dans presque toutes les roches d'origine ignée.

La différence qui existe dans la composition de ces diverses couches, a fait diviser le terrain primitif en trois étages superposés parallèlement, et qui sont en allant du centre à la surface :

1° L'étage des *gneiss* ;

2° L'étage des *micaschistes* ;

3° L'étage des *talcschistes*.

Le *gneiss* forme un terrain si important qu'il n'est pas d'étendue un peu considérable de la terre où il n'apparaisse au jour. Ce terrain paraît former le quart ou le cinquième de l'écorce solide du globe. On le trouve en France, dans le Limousin, l'Auvergne, la Bretagne, la Vendée, etc. Stérile pour l'agriculture mais fécond pour le mineur, il est riche en métaux. On y trouve de l'or (à la Gardette, en Dauphiné), de l'argent (en Saxe), du cuivre (à Fahlun, en Suède), de l'oxyde d'étain, du fer, des pierres précieuses, comme le grenat, le rubis spinelle, le corindon, etc.

Le *gneiss* n'est autre chose que du granit auquel une chaleur prolongée, suivie d'un refroidissement lent, a fait prendre une disposition en lits réguliers et parallèles, c'est-à-dire une disposition *stratifiée*, qui le fait ressembler aux terrains de sédiment, bien que son origine soit tout autre.

Essentiellement composé de mica, réduit par la chaleur primitive du globe à l'état schisteux, c'est-à-dire subdivisé en feuillets parallèles, mêlé à une certaine quantité de quartz, le *micaschiste* forme un terrain qui occupe des étendues considérables. Sa puissance, c'est-à-dire son épaisseur verticale, peut atteindre jusqu'à 2000 mètres. Ce terrain se montre sur quelques points de la France, notamment en Bretagne et en Auvergne ; il a particulièrement fixé l'attention des géologues et des mineurs, en raison des filons métallifères de cuivre, d'étain, de galène argentifère, qu'on y rencontre avec abondance.

Les *talcschistes* (roche magnésienne, silicate de magnésie, à structure schisteuse), ne contiennent pas seulement des talcs de couleurs variées; on y trouve diverses substances minérales accessoires, de l'or, de l'argent, du plomb, du fer, des cristaux de grenat, de fer oxydé, etc. Le caractère cristallin de ces roches montre que la période pendant laquelle elles se sont formées a été d'une longueur et d'une tranquillité remarquables : un refroidissement d'une lenteur excessive était absolument nécessaire pour produire des cristaux si nets et si réguliers.

On trouve en France l'étage des talcschistes dans le Morbihan, les Côtes-du-Nord, le Finistère.

Telle est la composition minéralogique du terrain primitif.

ÉPOQUE DE TRANSITION.

Durant l'époque primitive la température était trop élevée pour permettre à la vie d'apparaître sur le globe. Les ténèbres d'une épaisse nuit couvraient ce berceau du monde actuel. L'atmosphère était, en effet, tellement chargée de vapeurs de toute nature, que les rayons du soleil étaient impuissants à en percer l'opacité. Sur ce sol brûlant et dans cette constante nuit, la vie organique ne pouvait se manifester. Aucune plante, aucun animal n'existait donc alors sur la terre silencieuse. Cependant notre planète se refroidissait toujours, et d'autre part, la continuité des pluies purifiait son atmosphère. Dès lors, les rayons d'un soleil moins voilé purent arriver à sa surface ; sous leur bienfaisante influence, la vie ne tarda point à éclore. « Sans « la lumière, a dit l'illustre Lavoisier, la nature était sans vie ; « elle était morte et inanimée. Un Dieu bienfaisant, en appor- « tant la lumière, a répandu à la surface de la terre l'organisa- « tion, le sentiment et la pensée. » Nous allons, en effet, assister à la création des êtres vivants ; nous allons voir sur la terre, dont la température était à peu près alors celle de notre zone torride, naître quelques plantes et quelques animaux, appartenant aux ordres les plus inférieurs de l'échelle organique. Ces premières générations seront remplacées plus tard par des générations de plus en plus perfectionnées, jusqu'à ce qu'enfin le dernier terme de la création, l'homme, doué de cet attribut suprême qui s'appelle l'intelligence, se montre sur la terre, qu'il doit soumettre à sa domination souveraine.

PÉRIODE SILURIENNE.

La première période que l'on distingue dans l'époque de transition, est désignée par les géologues sous le nom de *silurienne*. Expliquons d'abord ce nom. La nomenclature, c'est-à-dire la langue scientifique, est fort imparfaite en géologie ; elle ne possède aucune convention précise. On se borne, en effet, à désigner les terrains ou les périodes géologiques d'après le nom des localités dans lesquelles prédomine ce terrain, ou dans lesquelles il a été étudié pour la première fois. La désignation de *période silurienne*, par exemple, a été donnée par M. Murchison à la période qui va nous occuper, parce que le terrain formé par les sédiments maritimes pendant cette période, est très-étendu dans le Sropshire, en Angleterre, région qui fut habitée autrefois par les *Silures*, peuplade celtique qui combattit avec gloire lors de l'invasion de la Grande-Bretagne par les Romains. Le lecteur trouvera sans doute cette règle de nomenclature incommode et bizarre ; quoi qu'il en soit, et cette explication étant donnée une fois pour toutes, abordons l'histoire de la période silurienne.

La figure 27 représente une vue idéale de la terre pendant la période silurienne. Des mers immenses et peu profondes laissent à nu, çà et là, des récifs sous-marins, couverts d'algues, et fréquentés par divers mollusques et animaux articulés. Un pâle soleil, qui perce avec difficulté la lourde atmosphère du monde primitif, éclaire les premiers êtres vivants sortis des mains du Créateur, organisations rudimentaires qui doivent faire bientôt place à des êtres plus achevés.

La période silurienne doit être distinguée pour l'exactitude de la description scientifique, en deux sous-périodes : les sous-périodes inférieure et supérieure.

Période silurienne inférieure. — C'est pendant la période silu-

Fig. 27. Vue idéale de la terre pendant la période silurienne.

rienne inférieure qu'ont apparu sur la terre les premières plantes et les premiers animaux. Le terrain silurien inférieur renferme les vestiges certains d'un assez grand nombre d'espèces animales, ce qui prouve que les mers étaient déjà assez peuplées. Vingt-huit formes animales s'y montrent très-distinctement. Elles ne font, toutefois, que marquer leur passage éphémère sur le globe, et disparaître sans retour. Ce sont des zoophytes, des animaux articulés et des mollusques. Les vertébrés ne s'y montrent que par de rares poissons.

La classe des crustacés, à laquelle appartiennent de nos jours, le homard, l'écrevisse, le crabe, était ce qui dominait à cette époque, pour ainsi dire rudimentaire de l'animalisation. Leurs formes étaient des plus singulières, et tout à fait différentes de celles des crustacés actuels. La plupart appartenaient à l'ordre des *trilobites*, entièrement disparu aujourd'hui.

Les trilobites présentaient, en général, la forme d'un bouclier ovale, composé d'une série d'articulations, ou *articles*. L'article le plus antérieur portait les yeux, qui devaient être réticulés comme ceux des insectes : en avant se trouvait la bouche. Les pattes étaient probablement nombreuses et charnues; mais elles ne se sont pas conservées. Plusieurs de ces trilobites pouvaient se rouler en boule, comme nos hérissons : ils nageaient sur le dos. Habitant loin des côtes et dans les bas-fonds, ils vivaient en familles nombreuses.

Les figures suivantes représentent différentes espèces de *Trilobites* appartenant à l'étage silurien inférieur. Telles sont:

L'*asaphus Guettardi* (fig. 28) ; le *trinucleus Pongerardi* (fig. 29); le *paradoxides spinulosus* (fig. 30); le *nereites cambriensis* (fig. 31); le *calymene Blumenbachii* (fig. 32).

Les différents ordres de la classe des mollusques avaient déjà de nombreux représentants. Parmi les mollusques céphalopodes, qui sont formés de deux parties distinctes, ont le corps et la tête armés de bras ou tentacules, et dont le poulpe commun peut de nos jours donner une idée, vivaient les *giroceras*, le *lituites cornu-arietis* (fig. 33). Le genre *Bellerophon* représentait, entre autres, les mollusques gastéropodes qui, comme le limaçon, rampent sur une partie charnue placée sous le ventre.

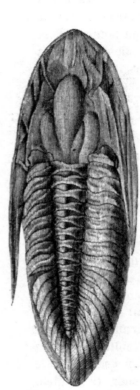

Fig. 28. Asaphus Guettardi.

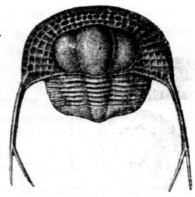

Fig. 29. Trinucleus Pongerardi

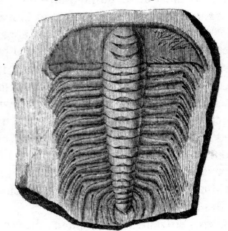

Fig. 30. Paradoxides spinulosus.

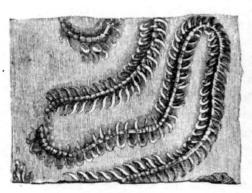

Fig. 31. Nereites cambriensis.

Fig. 32. Calymene Blumenbachii.

Parmi les mollusques lamellibranches, dont l'huître est le type, qui manquent de tête et sont presque toujours dépour-

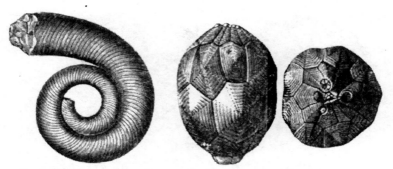

Fig. 33. Lituites cornu-arietis.   Fig. 34. Hemicosmites piriformis.

vus de motilité, il existait alors tout un genre, le genre *Orthonota*. Il y avait aussi d'autres genres appartenant aux mollusques brachiopodes et bryozoaires. Parmi les zoophytes, on doit citer le genre *Hemicosmites :* la figure 34 représente une espèce de ce genre, l'*hemicosmites piriforme*.

Les mers contenaient quelques plantes marines d'une organisation inférieure, c'étaient des sortes de varecs, que l'on a rapportés aux genres *Buthotrephis*, *Palæophycus* et *Sphenothallus*.

Le *terrain silurien inférieur* existe en France, sur le grand massif de la Bretagne. On le retrouve en Angleterre, en Bohême, en Espagne, en Russie, etc., comme aussi dans le nouveau monde. Des calcaires, des grès, des schistes (ardoises d'Angers) entrent dans sa composition minéralogique.

Période silurienne supérieure. — Pendant la sous-période silurienne supérieure les mers contenaient quelques genres de poissons inconnus à l'époque silurienne inférieure, un grand nombre de trilobites, qui atteignent alors leur maximum de développement, plusieurs espèces de mollusques, parmi lesquelles nous citerons le *pentamerus Knightii* (fig. 35) et l'*orthis rustica* (fig. 36); quelques polypiers comme l'*halicites labyrinthica* (fig. 37).

Les mers étaient déjà abondamment peuplées à la fin de la période silurienne supérieure, car les naturalistes connaissent

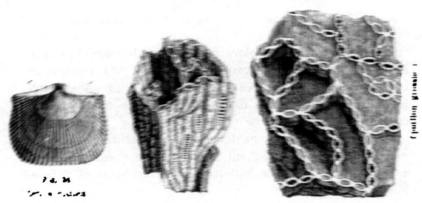

est le terrain qui interrompt à cette succession de quelques
espèces de quelques-uns des rapports du genre Sigillaria.

Le terrain silurien supérieur, qui se compose de calcaires,
de grès, de argileux et de grès, se montre en France dans les
départements de la Manche, du Calvados, de la Sarthe, etc., en
Angleterre, en Espagne, en Allemagne (bords du Rhin), en
Bohême, où il est très-développé, surtout aux environs de
Prague, en Suède, où il comprend toute l'île de Gothland, en
Norvège, en Russie, etc. On le retrouve dans les deux Ameri-
ques, surtout aux environs de New-York.

Nous ajouterons, pour caractériser le terrain silurien, considéré dans son ensemble, qu'il est de tous les terrains le plus
disloqué. Il ne laisse jamais apparaître, dans les pays où on

aujourd'hui plus de 1500 espèces appartenant à l'ensemble de la période silurienne. Parmi les plantes marines, on a trouvé

Fig. 35. Pentamerus Knightii.

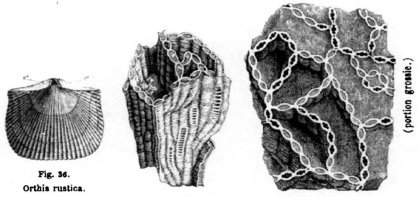

Fig. 36.
Orthis rustica.

Fig. 37. Halicites labyrinthica.

(portion grossie.)

dans le terrain qui correspond à cette sous-période, quelques espèces d'algues que l'on rapporte au genre *Fucoïdes*.

Le *terrain silurien supérieur*, qui se compose de calcaires, de schistes argileux et de grès, se trouve en France dans les départements de la Manche, du Calvados, de la Sarthe, etc., en Angleterre, en Espagne, en Allemagne (bords du Rhin); en Bohême, où il est très-développé, surtout aux environs de Prague; en Suède, où il comprend toute l'île de Gothland; en Norvége, en Russie, etc. On le retrouve dans les deux Amériques, surtout aux environs de New-York.

Nous ajouterons, pour caractériser le terrain silurien, considéré dans son ensemble, qu'il est de tous les terrains le plus disloqué. Il ne laisse jamais apparaître, dans les pays où on

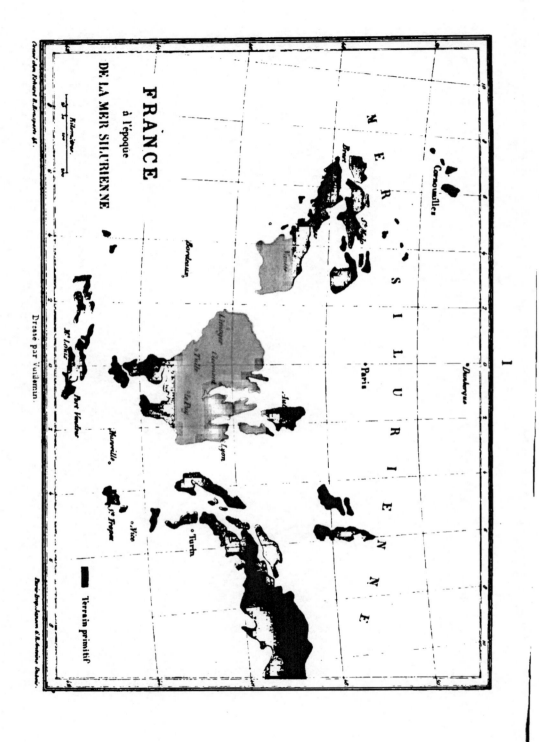

FRANCE
à l'époque
DE LA MER SILURIENNE

Dressé par Vuillemin.

Terrain primitif

le trouve, que des lambeaux échappés aux nombreuses éruptions qui l'ont traversé depuis les premiers âges. Ses couches, originairement horizontales, sont relevées, contournées, plissées, quelquefois même verticales, comme dans les ardoisières d'Angers. M. Alc. d'Orbigny a rencontré dans les montagnes des Andes de l'Amérique, l'étage silurien, avec ses fossiles, à la hauteur de 5000 mètres au-dessus de la mer. Quelles énormes dislocations du sol ont été nécessaires pour soulever ces fossiles à une telle élévation !

A l'époque silurienne, les continents émergés étaient d'une faible étendue, les mers occupaient la terre presque entière; elles couvraient du moins la plus grande partie de l'Europe et des deux Amériques. En Europe, tout l'espace compris depuis l'Espagne jusqu'aux monts Ourals était sous les eaux. Il y avait seulement en France deux îles émergées, l'une formée des terrains granitiques de la Bretagne et de la Vendée, l'autre constituée par le grand plateau central et composée des mêmes terrains. La partie nord de la Norvége, de la Suède et de la Laponie russe, s'élevait en une vaste surface continentale, de même que la côte orientale du Brésil du 16ᵉ au 33ᵉ de latitude.

On a représenté, sur la carte placée en regard de cette page, les continents qui se trouvaient à découvert pendant l'époque silurienne, dans la partie de l'Europe qui devait un jour former la France. On voit qu'à cette époque la mer couvrait l'emplacement actuel de la France, à l'exception d'une partie de la Bretagne et du plateau central d'Auvergne, qui formaient deux îles sur le vaste océan primordial.

PÉRIODE DEVONIENNE.

On désigne la deuxième période historique de la terre sous le nom de *devonienne* parce que le terrain qui correspond à cette période apparaît très-nettement et avec beaucoup d'étendue dans le Devonshire, en Angleterre.

A cette époque, quelques continents s'élevaient au-dessus des eaux, mais ils étaient peu nombreux et disséminés. Les mers couvraient la plus grande partie de l'ancien monde, l'Asie Mineure, une partie de la France, le nord de l'Angleterre, l'Espagne, la Belgique, l'Allemagne, la Russie jusqu'au nord de l'Oural. Dans l'Amérique du Sud, la mer devonienne s'étendait sans doute sur toutes les régions tropicales du Pérou, de la Bolivie et du Brésil. Elle couvrait aussi une grande partie de l'Amérique septentrionale, la Nouvelle-Hollande et l'île de Van-Diémen.

L'Océan et les continents récemment sortis des eaux s'enrichirent, pendant la période devonienne, de quelques espèces végétales et animales d'une organisation plus complexe que celles qui avaient apparu sur le globe primitif. On suivra sans doute avec intérêt, dans cet ouvrage, les progrès successifs que présente l'organisation des êtres à mesure que la terre avance en âge et, pour ainsi dire, s'éloigne de son berceau. Le Créateur semble s'appliquer sans cesse à produire des espèces vivantes de plus en plus achevées, car une espèce qui s'éteint est toujours remplacée par une autre plus perfectionnée. Nous avons vu pendant la période silurienne, la vie éclore, et l'organisation débuter par des plantes d'un ordre tout à fait inférieur, par des algues et des varecs, par des zoophytes, des animaux articulés, des crustacés et mollusques, qui disparaissent sans retour pendant la période suivante. Nous verrons, à mesure que notre globe vieillit, l'organisation se perfectionner sans cesse.

Fig. 38. Vue idéale de la terre pendant la période dévonienne

Les vertébrés, représentés par de nombreux poissons, succéderont aux articulés, aux crustacés et aux mollusques; apparaîtront ensuite les reptiles; puis viendront les mammifères et les oiseaux; jusqu'à ce qu'enfin Dieu fasse sortir de ses mains son suprême ouvrage, l'homme, le roi de la terre, qui a pour signe et pour agent de sa supériorité, l'intelligence, cette flamme céleste, émanation du Créateur.

La figure 38 représente une vue idéale de la terre à l'époque devonienne. C'est une vaste mer, couverte de quelques îlots. Sur les rochers, se traînent les articulés et mollusques propres à cette époque. On voit, échoué sur le rivage, le corps d'un très-gros poisson, le *pterichtys cornutus*. L'un des îlots est couvert d'un groupe d'arbustes (*asterophyllites coronata*), mêlés à des plantes presque herbacées, admises par M. Unger dans son *Monde primitif* sans désignation spéciale, et signalées seulement par ce botaniste dans les termes suivants : « Leurs fruits ressemblent beaucoup à des capsules de mousses avec leurs grandes apophyses, et on pourrait les prendre pour des mousses[1]. »

La végétation est encore ici humble dans son développement, car les arbres de haute futaie font complétement défaut; les astérophyllites, simples arbustes, élèvent seuls vers le ciel une tige grêle et élancée. La lumière, encore trop pâle, vu la demi-opacité de l'atmosphère, ne permettait guère que le développement d'une végétation essentiellement cellulaire, lâche et vasculaire. Des cryptogames, dont nos champignons actuels peuvent nous donner l'idée, devaient former la plus grande partie de cette végétation primitive; mais en raison de la mollesse de leur tissu, de leur peu de consistance, de l'absence de fibres ligneuses, les vestiges de ces premières plantes ne sont pas venus jusqu'à nous.

Les formes végétales propres à la période devonienne différaient beaucoup, on le voit, de celles qui appartiennent à l'époque actuelle. Les plantes de cette période tenaient à la fois des mousses et des lycopodes, végétaux cryptogamiques d'un ordre inférieur et qui manquent de fleurs apparentes.

Les lycopodes sont des végétaux herbacés ou sous-frutes-

1. Notons cependant contre la comparaison essayée par M. Unger, que les véritables mousses n'ont paru que beaucoup plus tard.

cents qui ne jouent qu'un rôle secondaire dans la végétation actuelle du globe ; mais, dans les premiers temps de la création organique, ils avaient la prédominance dans le règne végétal, tant par la dimension des individus, que par la variété et le nombre de leurs espèces.

L'arbuste élégant qui porte le nom d'*asterophyllites coronata*, et que l'on voit sur la planche 38, doit être rangé dans une famille, aujourd'hui complétement anéantie, appartenant à cette division des dicolylédones gymnospermes qui comprend maintenant les *Conifères*, ou arbres verts, et les *Cycadées*. Les feuilles aiguës des asterophyllites s'étalaient en rayons de cercle, sur des rameaux verticillés.

Jetons maintenant un rapide coup d'œil sur les animaux appartenant à cette période.

Les mers devoniennes renfermaient un genre de grands reptiles, les *Sauropteris :* c'est pour la première fois que cette classe d'animaux apparaît au jour. La classe des poissons commençait à augmenter, mais la structure de ces animaux était bien différente de celle de nos poissons actuels. Ils étaient pourvus d'une sorte de cuirasse ; de là leur nom de poissons *ganoïdes*, c'est-à-dire cuirassés. On possède de nombreux échantillons du *pterichthys cornutus* (fig. 39), poisson bizarre dont le corps, revêtu d'une grande carapace à plusieurs pièces, portait une très-petite tête, munie de deux nageoires en forme d'ailes, et se terminait par une queue écailleuse et très-effilée.

On trouve encore, dans cette période, des *annélides tubicoles*, animaux vermiformes, protégés extérieurement par une enveloppe testacée, qui se montrent ici pour la première fois, et sont représentés par le genre *Serpule ;* des crustacés (*Arges*) ; un grand nombre d'espèces de mollusques dont les brachiopodes forment plus de la moitié, et parmi lesquels nous citerons, comme caractéristiques, le *clymenia Sedgwicki* (fig. 40), le *spirigerina reticularis* (fig. 41), le *productus subaculeatus*, le *calceola Sandalina*, etc.

Parmi les nombreux zoophytes de cette époque, il faut citer en première ligne l'ordre des Encrines. Nous représentons, comme exemple, le *cupressocrinus crassus* (fig. 42), et le *platycrinus triacontadactylus* (fig. 43).

Les encrines étaient des animaux dont rien dans l'ordre zoologique actuel ne peut nous fournir l'idée. Ils vivaient atta-

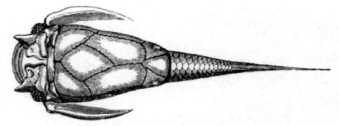

Fig. 39. Pterichthys cornutus.

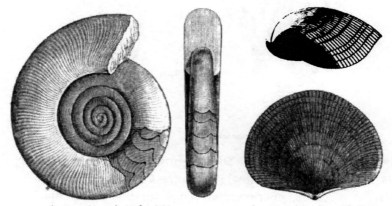

Fig. 40. Clymenia Sedgwicki.　.　Fig. 41. Spirigerina reticularis.

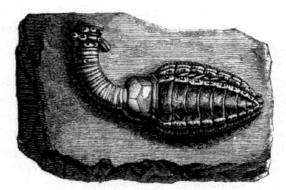

Fig. 42. Cupressocrinus crassus.

chés dans les lieux rocailleux, au milieu des bancs les plus profonds, la bouche en haut, attendant leur proie, et ressemblant

à des arbustes de pierre. En effet, leur corps était ordinairement composé de cinq bras, lesquels pouvaient s'ouvrir ou

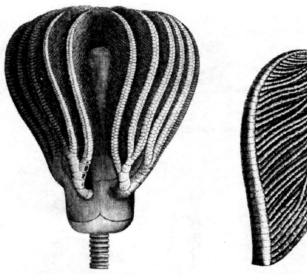

Fig. 43. Platycrinus triacontadactylus.   Fig. 44.

s'étaler pour saisir la proie. Sur la figure 44, on a représenté
à part un des bras de l'animal ; la figure 43 montre ces bras
réunis. Le corps des encrines était porté sur une tige composée de nombreuses articulations, et qui était attachée au sol par
une sorte de racine. C'est pour rappeler cette fixité au sol et la
facilité de pouvoir ouvrir et fermer ses bras comme le calice
d'une fleur, que l'on a quelquefois donné aux encrines le nom
vulgaire de *fleurs de pierre*.

Les encrines vivaient déjà à l'époque silurienne ; il existait
dans les mers de cette époque un genre tout entier, que nous
avons signalé, le genre *Hemicosmites*. Leur nombre augmente
beaucoup dans les mers de la période devonienne. Il diminue
à mesure que l'on s'éloigne de cette époque, et de nos jours
deux genres seulement représentent ces animaux, dont les
formes ont été si nombreuses et si variées dans les mers
primitives.

Terrain devonien. — Le terrain devonien se compose de

schistes, de grès et de calcaires divers. Il existe dans le nord et dans l'ouest de la France. Il constitue le *vieux grès rouge*, très-répandu en Angleterre, dont l'épaisseur, dans ce pays, va jusqu'à 3000 mètres. Il existe en Belgique, en Russie, en Amérique, etc.

Les terrains devoniens renferment les plus anciens dépôts de combustibles connus. Tels sont les dépôts de houille qui sont exploités dans les départements de la Seine-Inférieure et de Maine-et-Loire, en Belgique et en Espagne, dans les Asturies. Les gîtes métallurgiques si importants de zinc, de fer et de plomb de la Vieille-Montagne, ceux d'Eschweiler et de Stolberg (Prusse), d'Engis et de Corfahy (Belgique), sont disséminés dans des filons qui traversent ce terrain.

Nous venons de dire que le terrain devonien se compose de grès, de schistes et de calcaires. La présence des grès et des schistes argileux dans ce terrain n'aura rien qui surprenne le lecteur : mais la présence de la chaux pourra, à bon droit, l'étonner ; le fait, dans tous les cas, exige une explication.

Dans les substances minérales dont nous avons parlé jusqu'ici comme composant notre globe, on n'a vu figurer encore que le granit, c'est-à-dire le mélange de silicates de potasse, de soude et de magnésie qui forment cette roche fondamentale. C'est, avons-nous dit, aux dépens des composés constituants du granit que se sont formés les grès, les argiles et les schistes des terrains primitifs et siluriens. Le nom de chaux n'a pas été prononcé jusqu'ici. C'est qu'en effet la chaux se montre à peine dans les premières assises minérales de notre globe. Toutefois, à partir de la période devonienne, cette substance fait partie essentielle des terrains. Quelle est l'origine de cette chaux ? D'où provenait cette substance qui apparut en quantité déjà si notable dans les terrains devoniens ?

A partir de la période devonienne la chaux fit irruption sur le globe, entraînée, à l'état de bicarbonate soluble, dans des eaux et sources thermales. Pendant cette époque si reculée, les fractures et dislocations de l'écorce consolidée du globe étaient extrêmement fréquentes. Ce n'était pas seulement du granit liquéfié qui s'épanchait à travers les énormes fentes qui partout écaillaient profondément le sol ; il s'en échappait aussi des eaux bouillantes, tenant en dissolution du bicarbonate de chaux, mêlé quelquefois de bicarbonate de magnésie. De véritables fleuves calcaires s'échappaient ainsi de l'intérieur du globe, ce grand et inépuisable réservoir qui a fourni tout ce que la surface de la terre présente aujourd'hui à nos regards. Comme la mer occupait alors presque toute l'étendue de la sphère terrestre, ces fleuves d'eaux bouillantes calcaires se déchargeaient nécessairement dans ses ondes. C'est ainsi que les mers, primitivement dépourvues de composés calcaires, furent chargées de sel de chaux à partir de la période devonienne. C'est par la même raison que les dépôts formés plus tard par les mers, c'est-à-dire les terrains sédimentaires, ont présenté, à partir de cette période, beaucoup de carbonate de chaux. Le même phénomène continuant de se produire après la période devonienne, nous verrons les terrains calcaires augmenter en nombre et en importance dans la suite des phases géologiques dont nous présenterons le tableau. Nous verrons pendant les périodes jurassique et crétacée ces dépôts couvrir sur la terre entière des espaces immenses, et former des terrains d'une épaisseur de plusieurs centaines de mètres. Ce phénomène était à son origine pendant la période devonienne : aussi avons-nous dû le mettre en relief dans ce chapitre.

PÉRIODE HOUILLÈRE.

A la période devonienne succède, dans l'histoire de notre globe, la période *houillère*, qui tire son nom des gisements de *houille*[1] ou *charbon de terre* contenus dans les terrains qui ont pris naissance à cette époque.

La houille, comme on va le voir, est la substance même des végétaux qui ont vécu dans ces temps reculés. Ensevelis sous d'énormes épaisseurs de terre, ces végétaux s'y sont conservés jusqu'à nos jours, après s'être modifiés dans leur nature intime et leur aspect extérieur. Ayant perdu un certain nombre de leurs éléments constitutifs, ils se sont transformés en une sorte de charbon imprégné de ces substances bitumineuses et goudronneuses qui sont les produits ordinaires de la décomposition lente des matières organiques. Ainsi, la houille qui alimente nos usines et nos fourneaux, qui est l'agent fondamental de notre production industrielle et économique; la houille qui sert à chauffer nos demeures, qui fournit le gaz employé pour nous éclairer, et qui apporte à l'art actuel de la teinture des agents précieux et variés, cette houille est positivement la propre substance des plantes qui composaient les forêts, les herbages et les marécages de l'ancien monde à une époque que la chronologie humaine ne saurait assigner avec précision. Nous ne dirons pas, avec quelques personnes qui croient que tout, dans la nature, a été fait à l'intention de l'homme, et qui se font ainsi une idée bien incomplète du vaste ensemble de la création; nous ne dirons pas que les végétaux de l'ancien monde n'ont vécu et ne se sont multipliés que pour préparer un jour à l'homme ses agents de production économique et industrielle. Il faudrait, en

---

1. Le nom de *houille* vient d'un vieux mot saxon : *hulla*, qui servait à désigner, chez les Allemands, ce genre de combustible.

effet, regretter que ce précieux héritage de la vie du monde ancien ne se rencontrât qu'à des profondeurs le plus souvent inaccessibles à nos atteintes. Mais nous ferons admirer à nos jeunes lecteurs la haute portée de la science moderne qui, après un intervalle de temps si prodigieusement reculé, peut découvrir l'origine précise de ces substances végétales, et signaler, avec la plus grande exactitude, les genres et les espèces auxquels ont appartenu des plantes dont aucun représentant identique n'existe aujourd'hui sur la terre.

Le caractère fondamental de la période que nous allons étudier, c'est l'immense développement d'une végétation qui couvrait alors le globe tout entier. L'épaisseur considérable des terrains qui représentent aujourd'hui cette période, les accidents nombreux et variés qu'on observe dans ces terrains partout où on les rencontre, portent à penser que cette phase historique est peut-être celle qui a le plus longtemps duré.

Arrêtons-nous un instant pour donner une idée exacte du caractère général qu'a dû présenter notre planète pendant la période dite *houillère*. Une chaleur excessive, une humidité extrême, tels étaient alors les attributs de l'atmosphère. Les congénères des espèces auxquelles appartiennent les végétaux de la période houillère ne vivent aujourd'hui que sous les plus brûlantes latitudes, et les énormes dimensions que nous présentent ces mêmes végétaux à l'état fossile prouvent combien la température de l'air devait être élevée à cette époque. L'humidité était une condition non moins nécessaire au développement d'une telle masse de végétaux. Le voyageur Livingstone, qui, de nos jours, a fait, à l'intérieur de l'Afrique, de si importantes observations, nous a appris que des pluies continuelles, jointes à une chaleur intense, sont le caractère climatérique des parties du continent africain où se plaît cette végétation puissante et touffue qu'admire le voyageur.

Circonstance remarquable, cette température élevée, jointe à cette humidité constante, n'était point spécialement propre à certaines régions du globe : la chaleur était la même à toutes les latitudes. Depuis les régions équatoriales, jusqu'à cette île Melville où, de nos jours, les frimas sont éternels; depuis le Spitzberg jusqu'au centre de l'Afrique, la flore houillère pré-

sente une complète identité. Quand on trouve les mêmes fossiles au Groënland et à Ténériffe, par exemple, quand on voit
les mêmes espèces végétales aujourd'hui éteintes se rencontrer,
avec le même degré de développement, à l'équateur et au cercle
polaire, on est bien forcé de reconnaître qu'à cette époque la
température du globe était la même partout. Ainsi, ce que nous
nommons aujourd'hui le *climat*, était inconnu pendant les temps
géologiques : il n'y avait qu'un seul climat pour le globe entier.

D'où provenait cette uniformité de température qui a lieu de
nous étonner aujourd'hui? Elle tenait à la chaleur excessive qui
animait le globe. La terre était encore si chaude par elle-même,
que sa température propre primait, rendait superflue et inappréciable la chaleur que lui envoyait l'astre central, c'est-à-dire
le soleil. Ce n'est qu'après un refroidissement plus avancé, vers
l'époque tertiaire, que notre globe a pu être impressionné
d'une manière sensible par la chaleur du soleil.

Une particularité établie avec moins d'exactitude que la précédente est relative à la composition chimique de l'air pendant
la période houillère. En voyant la masse énorme de végétaux
qui couvraient alors le globe, et s'étendaient d'un pôle à l'autre,
en considérant la grande proportion de carbone et d'hydrogène
qui existe dans la houille, toujours remplie de matières bitumineuses, on a cru pouvoir en inférer que l'atmosphère de cette
époque devait être beaucoup plus riche en acide carbonique
que l'atmosphère de nos jours. On a même voulu expliquer par
la forte proportion de gaz acide carbonique qui aurait existé
dans l'air atmosphérique, le petit nombre d'animaux, ou du
moins d'animaux aériens, qui vivaient alors sur le globe. C'est là
une pure induction manquant de preuves. Rien ne prouve que
l'atmosphère terrestre de la période houillère fût plus riche en
acide carbonique que celle de nos jours. Si les végétaux fossiles qui correspondent à cette période renferment beaucoup de
carbone et d'hydrogène, ils contiennent une assez forte proportion relative d'oxygène, et le même raisonnement que l'on fait
concernant la richesse de l'air en acide carbonique devrait aussi
être mis en avant pour ce qui concerne la quantité d'oxygène;
il faudrait dire que l'atmosphère du globe primitif était plus
oxygénée que l'atmosphère actuelle, ce qui contredirait la pre-

mière hypothèse. Comme on ne peut émettre ici que de vagues conjectures, on ne saurait professer avec confiance l'opinion que l'air atmosphérique de la période houillère fût plus riche en acide carbonique que celui que nous respirons.

Ce qu'on peut faire remarquer avec certitude, comme caractère frappant dans la végétation du globe pendant cette phase de son histoire, c'est le développement prodigieux que présentaient alors les espèces végétales. Les fougères, qui, de nos jours, ne sont le plus souvent que des herbes vivaces, se présentaient surtout, pendant la période houillère, sous la forme d'espèces d'un port immense : elles constituaient des arbres plus hauts que les sapins de nos forêts. Tout le monde connaît ces herbes marécageuses, vivaces, à tiges cylindriques, creuses, cannelées, articulées, dont les articles sont munis de gaînes membraneuses, dentées, et qui portent les noms vulgaires de *prêles*, *queue de cheval* ; leurs fructifications forment, par leur ensemble, un chaton conique, composé de plusieurs cercles d'écailles portant à leur face inférieure des sacs pleins de *spores*, lesquelles, par la germination, reproduisent la plante mère. Eh bien! ces humbles prêles étaient représentées, pendant la période houillère, par des arbres de 4 à 5 mètres d'élévation et de 1 à 2 décimètres de diamètre. Leurs troncs cannelés longitudinalement, et divisés dans le sens transversal par des lignes d'articulation, nous ont été conservés : ils portent le nom de *calamites*, bien qu'ils n'aient aucun rapport avec les *calamus* ou rotangs de la famille actuelle des palmiers.

Nos lycopodes actuels sont d'humbles plantes, le plus souvent rampantes : elles n'atteignent pas 1 mètre de haut. Or, les lycopodiacées de l'ancien monde étaient des arbres de 25 à 30 mètres d'élévation ; c'étaient les *lépidodendrons*, qui peuplaient les forêts. Leurs feuilles atteignaient quelquefois un demi-mètre de long et leur tronc avait jusqu'à 1 mètre de diamètre : tel était le *lepidodendron carinatum*. Une autre lycopodiacée de cette époque, le *Lomatophloios crassicaule*, avait aussi des dimensions colossales. Les *sigillaria* dépassaient quelquefois la hauteur de 30 mètres. Les grandes fougères, alors si abondantes, croissaient à l'ombre de ces arbres gigantesques. C'est la réunion de ces arbres de haute taille et d'arbustes qui formait les immenses forêts de la période houillère.

Quoi de plus surprenant que l'ensemble de cette exubérante végétation ! Ces sigillariées gigantesques, qui dominaient les forêts ; ces lépidodendrons à la tige élancée et flexible ; ces élégantes fougères arborescentes, au feuillage aérien et aussi finement découpé que la dentelle ; ces fougères herbacées, au feuillage indéfiniment accidenté ; ces lycopodiacées qui remplissaient les marécages d'un tapis de verdure éternel et sans bornes. Rien ne saurait nous donner aujourd'hui l'idée de ce prodigieux et immense revêtement d'une verdure immuable, qui couvrait la terre d'un pôle à l'autre, sous une température brûlante et la même partout.

Combien cette végétation, tout à la fois puissante par les dimensions des individus et par les immenses espaces qu'elle occupait, bizarre dans ses formes, et généralement simple dans son organisation, était différente de celle qui embellit aujourd'hui la terre et charme nos regards ! Elle avait certainement pour privilège la grandeur, la force et la croissance rapide ; mais combien elle était peu riche en espèces ! combien elle était uniforme dans son aspect ! Aucune fleur ne parait encore le feuillage et ne variait le ton des forêts. Une verdure éternelle couvrait les branches des fougères, des lycopodes et des prêles, qui composaient en grande partie la végétation de cette époque, formée d'une quantité innombrable d'individus, mais réduite à très-peu d'espèces, appartenant surtout aux types inférieurs de la végétation, c'est-à-dire aux cryptogames vasculaires. Aucun fruit apparent, propre à servir à la nourriture, n'apparaissait sur leurs rameaux. C'est assez dire que les animaux terrestres n'existaient pas encore. Les mers seules avaient de nombreux habitants ; le règne végétal occupait exclusivement la terre, qui ne devait que plus tard se couvrir d'animaux à respiration aérienne et complète. Seulement quelques insectes ailés, des coléoptères, orthoptères et névroptères, animaient la campagne en y promenant leurs couleurs diaprées.

Pour quels yeux, pour quelle pensée, pour quels besoins grandissaient ces forêts solitaires ? Pour qui ces majestueux et infinis ombrages ? Pour qui ces spectacles sublimes ? Quels êtres mystérieux contemplaient ces merveilles ? Question insoluble, et devant laquelle s'abîme et se tait notre raison impuissante.

Pour décrire avec exactitude la période houillère, il faut la distinguer en deux sous-périodes : la *période du calcaire carbonifère*, qui a donné naissance à d'importants dépôts marins ; et la *période houillère proprement dite*, qui est spécialement continentale. L'une et l'autre de ces sous-périodes ont laissé des dépôts de matière combustible ; mais c'est surtout dans la seconde que ces dépôts abondent et peuvent être exploités pour les besoins de l'industrie humaine.

SOUS-PÉRIODE DU CALCAIRE CARBONIFÈRE.

La végétation qui couvrait les nombreuses îles de la mer carbonifère consistait en fougères, équisétacées, lycopodiacées et dicotylédones gymnospermes. Les *annularia* et les *sigillaria* appartiennent à deux familles complétement éteintes de ce dernier embranchement.

Les *annularia* étaient de petites herbes qui nageaient à la surface des eaux douces ; leurs feuilles étaient verticillées en grand nombre à chaque articulation de la tige et des rameaux.

Les *sigillaria* étaient, au contraire, de très-grands arbres, à tronc simple, surmonté d'un panache de feuilles étroites et retombantes, à écorce souvent cannelée, présentant des impressions, ou cicatrices, laissées par les anciennes feuilles, et qui ressemblaient à des sceaux (*sigillum*) : de là leur nom. La figure 45 représente l'écorce d'un de ces *sigillaria* qui se rencontrent si souvent dans les mines de houille ; la figure 46 représente le tronc du même végétal.

Les racines du *sigillaria* (fig. 47) ont été longtemps méconnues et décrites comme un arbre ou un végétal particulier, sous le nom de *stigmaria*. Dans son *Monde primitif*, M. Unger commet encore cette erreur, bien qu'elle ait été rectifiée depuis longues années. Le premier plan de sa planche IV est rempli par une série de végétaux charnus, à l'aspect étrange, que l'auteur présente comme des plantes particulières, et qui ne sont qu'une conception de fantaisie.

Les espèces gigantesques qui ont reçu le nom de *calamites* abondaient dans la période du calcaire carbonifère, comme dans la période suivante. La figure 48 représente le tronc de l'un de

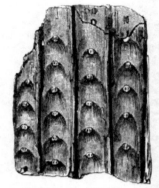

Fig. 45. Écorce du sigillaria lœvigata.

Fig. 47. Racine de sigillaria.

Fig. 48. Tronc d'un sigillaria.

ces calamites, qui ne sont autre chose que les prêles gigantesques de l'ancien monde.

Deux arbres énormes remplissaient les forêts de cette période : c'étaient le *lepidodendron carinatum* et le *lomatophloios crassicaule*. Tous deux appartiennent à la famille de nos lycopodiacées actuelles, qui ne renferment aujourd'hui, comme on l'a dit plus haut, que des espèces de très-petite taille.

Les *lépidodendrons* avaient des tiges cylindriques bifurquées, des feuilles linéaires insérées vers le milieu de mamelons rhomboïdaux ou ovales, contigus ou presque contigus, à fructifications en épis terminaux (*lepidostrobus*) portant des spores très-analogues à celles des vrais lycopodes, et conte-

nues dans des petits sacs ou sporanges. La figure 49 représente le *lepidodendron Sternbergii*, tel qu'on le trouve sous les
schistes, dans les houillères de Swina, en Bohême. La figure 50

Fig. 48. Tronc de calamites.

représente le même arbre avec ses rameaux et les traces de ses
organes de fructification.

La figure 51 représente une portion de branche, garnie de ses
feuilles, du *lepidodendron elegans*.

Le tronc des *lomatophloios* était rameux ; ses rameaux se
terminaient par des touffes épaisses de feuilles linéaires et
charnues.

Parmi les nombreuses fougères de cette période, il faut
citer, comme la plus caractéristique, le *sphenopteris laxus*.

Les mers de l'époque carbonifère renfermaient un grand
nombre de zoophytes, près de 900 espèces de mollusques,
quelques crustacés et des poissons.

On peut citer parmi les poissons, les genres *placodus*, dont
on a retrouvé les dents tranchantes et pointues comme celles des requins; les *psammodus* et *cocoeteus*, dont les dents

étaient, au contraire, massives, insérées au palais, et propres
à broyer; les *holoptychius* et les *megalichthys*.

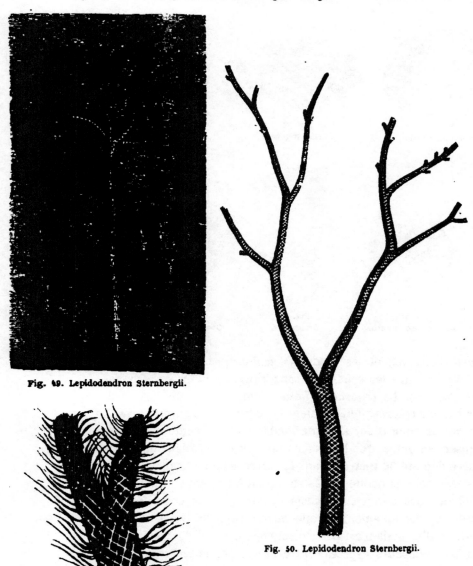

Fig. 49. Lepidodendron Sternbergii.

Fig. 50. Lepidodendron Sternbergii.

Fig. 51. Lepidodendron elegans.

Les mollusques étaient en majeure partie des brachiopodes

de grandes dimensions. Ainsi les *productus* atteignent un développement exceptionnel ; nous citerons seulement les *productus*

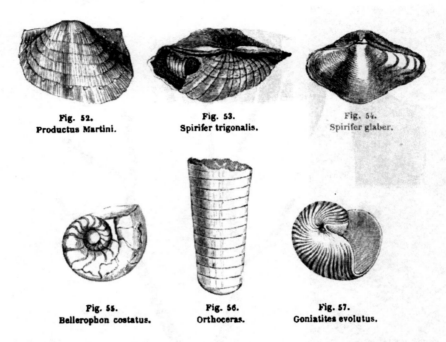

Fig. 52.
Productus Martini.

Fig. 53.
Spirifer trigonalis.

Fig. 54.
Spirifer glaber.

Fig. 55.
Bellerophon costatus.

Fig. 56.
Orthoceras.

Fig. 57.
Goniatites evolutus.

Martini (fig. 52) et les *productus aculeatus*. Il y avait de gros *spirifer*, comme les *spirifer trigonalis* (fig. 53) et les *spirifer glaber* (fig. 54). Le *terebratula hastata* nous a été conservé avec les bandes colorées qui ornaient la coquille de l'animal vivant. Ce fait de coloration, si remarquable par lui-même, peut faire penser, en outre, que la profondeur des mers carbonifères n'a guère dépassé 90 mètres. Dans les mers actuelles, en effet, les testacés colorés habitent très-rarement à une plus grande profondeur. Les *bellerophon*, gastéropodes dont la coquille, enroulée symétriquement sur elle-même, rappelle les nautiles de petite taille, mais n'est pas cloisonnée, étaient alors représentés par plusieurs espèces, entre autres par le *bellerophon costatus* (fig. 55). Parmi les céphalopodes vivaient les *orthoceras* (fig. 56), qui ressemblent à des nautiles droits et rétrécis, et les *goniatites* (*goniatites evolutus*, fig. 57), genre voisin des ammonites, dont il sera bientôt et souvent question.

Quant aux zoophytes, ils consistaient surtout en Crinoïdes, Polypiers et Bryozoaires. Les encrines étaient représentés par les genres *platycrinus* (fig. 58) et *cyatocrinus*.

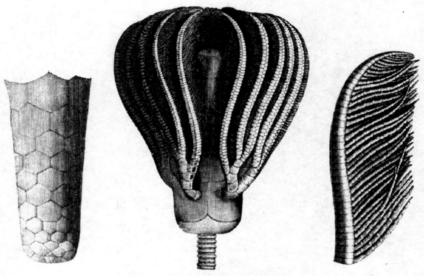

Fig. 58. Platycrinus triacontadactylus.

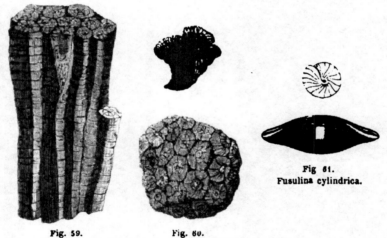

Fig 61.
Fusulina cylindrica.

Fig. 59.
Lithostrotion basaltiforme.

Fig. 60.
Lonsdaleia floriformis.

Parmi les polypiers, on compte les genres *lithostrotion* (*lithos-trotion basaltiforme*, fig. 59), *lonsdaleia* (*lonsdaleia floriformis*,

Fig. 62. Vue idéale de la terre pendant la période du calcaire carbonifère.

6

Il est essentiellement formé d'un calcaire compacte, d'une couleur grise, bleuâtre ou noirâtre. Le choc du marteau en fait exhaler une odeur fétide, due à la matière organique modifiée des mollusques et des zoophytes dont il renferme encore des débris très-reconnaissables.

Le calcaire carbonifère forme, dans le nord de l'Angleterre, de hautes montagnes; aussi a-t-il reçu dans ce pays le nom de *calcaire de montagne*. On l'appelle encore *métallifère*, à cause des richesses minérales qu'il recèle dans le Derbyshire et le Cumberland. Ce terrain existe en Russie, dans le nord de la France et en Belgique, où il fournit ces marbres communs connus sous les noms de *marbres de Flandre* et de *petit granit*.

Aux États-Unis, le terrain du calcaire carbonifère occupe une assez grande place derrière les Alleghanys. On le retrouve aussi dans la Nouvelle-Hollande.

En vertu de leur ancienneté, relativement aux calcaires secondaires et tertiaires, les terrains du calcaire carbonifère sont généralement plus accidentés. La vallée de la Meuse, de Namur jusqu'à Chockier, au-dessus de Liége, est creusée dans cette formation, dont les relèvements lui donnent, surtout sur la rive gauche, un caractère des plus pittoresques.

PÉRIODE HOUILLÈRE.

Cette période terrestre est caractérisée d'une manière bien remarquable par l'abondance et l'étrangeté de la végétation qui couvrait alors les parties continentales du globe. Sur tous les points de la terre, depuis les tropiques jusqu'à l'équateur, cette flore présentait, comme nous l'avons dit, une uniformité frappante. En la comparant aux flores actuelles, M. Ad. Brongniart est arrivé à conclure qu'elle a de grandes analogies avec notre flore des îles équatoriales et de la zone tempérée, dans lesquelles le climat maritime et l'élévation de la température existent au plus haut degré. Il est donc à croire que les îles étaient très-nombreuses à cette époque, et que les parties du sol émergées formaient une sorte d'immense archipel composé de petits îlots.

C'est aux savantes recherches d'un botaniste français, M. Ad. Brongniart, que nous devons de connaître très-exactement la flore houillère. Elle se composait de grands arbres, mais surtout de végétaux herbacés dont l'ensemble devait former un gazon épais et serré, à demi noyé dans des marécages d'une étendue presque sans limites. M. Brongniart a signalé, comme propres à cette période, cinq cents espèces de végétaux appartenant aux familles que nous avons déjà vues poindre à l'horizon devonien, mais qui atteignent ici un développement prodigieux. Absence complète des dicotylédones ordinaires, ou angiospermes, et des monocotylédones; prédominance des cryptogames acrogènes (fougères, lycopodiacées, équisétacées); formes insolites et actuellement détruites dans ces mêmes familles; grand développement des dicotylédones gymnospermes (arbres verts, cycadées), consistant en familles complétement disparues, non-seulement actuellement, mais dès la fin de la période houillère : tels sont les grands traits caractéristiques de la flore houillère et, en général, de la période de transition.

Cette flore était, comme nous l'avons dit, uniforme et pauvre en genres botaniques, comparée à l'abondance et à la variété des genres actuels; mais les familles, peu nombreuses, qui existaient alors, renfermaient beaucoup plus d'espèces qu'elles n'en offrent maintenant dans les mêmes contrées. Ainsi, les fougères fossiles du terrain houiller, en Europe, comprennent environ deux cent cinquante espèces, tandis que l'Europe n'en produit actuellement que cinquante. Les gymnospermes, qui, maintenant, ne comprennent en Europe que vingt-cinq espèces, en renfermaient alors plus de cent vingt.

Parmi les espèces végétales caractéristiques du terrain houiller, nous signalerons les suivantes :

Dans la famille des fougères, le *nevropteris heterophylla* (fig. 63), l'*odontopteris Schlotheimii* (fig. 64), le *pecopteris aquilina* (fig. 65), le *sphenopteris Hæninghaussi* (fig. 66).

Dans la famille des lycopodiacées, le *lepidodendron Sternbergii* déjà signalé dans le terrain du calcaire carbonifère, le *lepidodendron crenatum* (fig. 67), et le *lepidodendron elegans* (fig. 68).

(Portion grossie.)

Fig. 63. Nevropteris heterophylla.

Fig. 64. Odontopteris Schlotheimii.

Dans la famille des équisétacées, les *calamites Suckovii* (fig. 69) et *calamites cannæformis* (fig. 70).

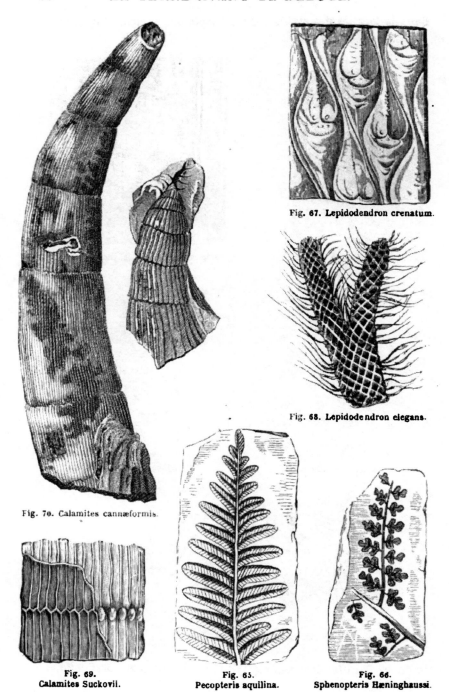

Fig. 67. Lepidodendron crenatum.

Fig. 68. Lepidodendron elegans.

Fig. 70. Calamites cannæformis.

Fig. 69.
Calamites Suckovii.

Fig. 65.
Pecopteris aquilina.

Fig. 66.
Sphenopteris Hæninghaussi.

Dans la famille des sigillariées, les *sigillaria lævigata* (fig. 71) et *pachyderma* (fig. 72).

Fig. 71. Sigillaria lævigata.

Fig. 72. Sigillaria pachyderma.

73. Annularia brevifolia.

74. Sphenophyllum dentatum.

Fig. 75. Asterophyllites foliosa.

Dans la famille des astérophyllitées, l'*annularia brevifolia* (fig. 73), le *sphenophyllum dentatum* (fig. 74), et l'*asterophyllites foliosa* (fig. 75).

Parmi les conifères, les *walchia Schlotheimii* et *hypnoides*

Fig. 76. Walchia Schlotheimii.

Fig. 77. Walchia hypnoïdes.

Fig. 78. Archegosaurus minor (tête et cou).

(fig. 76 et 77), qui ressemblent beaucoup aux araucarias de l'époque actuelle par leurs tiges, leurs feuilles et leurs fruits.

Si, pendant la période houillère, le règne végétal était à son

Fig. 79. Marécage de la période houillère.

apogée, le règne animal, au contraire, était très-pauvre. On a découvert en Amérique et en Allemagne les restes, consistant en portions de squelette, et les empreintes des pas d'un reptile amphibie qui a reçu le nom d'*archegosaurus*. La figure 78 représente, de grandeur naturelle, la tête et le cou de l'*archegosaurus minor* trouvé en 1847 dans le bassin houiller de Saarbruck, village entre Strasbourg et **Trèves**.

On peut citer encore, parmi les rares animaux de cette période, quelques poissons analogues à ceux du terrain devonien (*holoptychius* et *megalichthys*), lesquels sont armés de mâchoires et de dents énormes. Quelques insectes ailés venaient s'adjoindre à ce mince cortége d'êtres vivants.

Il est donc vrai de dire que les forêts immenses et les marécages, remplis d'arbustes et de végétaux herbacés, qui formaient, sur les nombreuses îles de cette époque, un tapis épais et touffu, étaient presque vides d'animaux.

On a essayé de représenter l'aspect de la nature à cette époque, sur la planche 79, qui représente un marécage de la période houillère. On y voit une végétation courte et serrée, une sorte de gazon composé de fougères herbacées, et d'équisétacées. Quelques arbres de haute futaie s'élèvent au-dessus de cette végétation lacustre ; ce sont, à droite, le sigillaria, avec son fruit gisant à terre, les calamites et les fougères arborescentes ; à gauche, le lomalophloios crassicaule et les lépidodendrons. Dans une partie du paysage, le reptile amphibie *archegosaurus* laisse apercevoir sa tête longue et pointue, la seule partie du corps de cet animal que l'on ait encore trouvée.

Mode de formation des couches de houille. — La houille, avonsnous dit, n'est autre chose que le résultat de la décomposition partielle des plantes qui couvraient la terre pendant une période géologique qui a été d'une immense durée. Personne aujourd'hui ne met cette origine en doute. On trouve fréquemment, dans les mines de houille, de menus débris de ces plantes mêmes dont les troncs et les feuilles caractérisent le terrain houiller ou carbonifère. Plus d'une fois on a rencontré, au milieu d'un banc de houille, d'immenses troncs d'arbres, debout sur les points mêmes du sol où ils étaient enracinés pen-

dant leur vie. Le sol en s'enfonçant les a plongés sous l'eau, la
terre les a plus tard recouverts, et leur tronc s'est conservé
tout entier encore debout et dans sa position verticale, avec ses
racines enfouies dans la terre même où elles ont vécu. C'est ce
que l'on a vu, par exemple, dans la mine de houille du Treuil,
à Saint-Étienne. La figure 80 reproduit un dessin qui a été
pris par M. Ad. Brongniart dans cette mine ; les arbres (*lepido-*

Fig. 80. Mine du Treuil, à Saint-Étienne.

dendrons), qui sont dressés verticalement, ne sont pas mêlés à
la houille même, mais à la couche de terrain qui la recouvre.

En Angleterre, dans l'Amérique du Nord, on a trouvé de
même des arbres entiers traversant les couches de houille, ou
qui leur étaient superposés.

« Dans la houillère de Parkfield-Colliery, dit M. Lyell, dans le Straffordshire méridional, on a mis à découvert, en 1854, sur une surface de quelques centaines de mètres, une couche de houille qui a fourni plus de soixante-treize troncs d'arbres garnis encore de leurs racines. Quelques-uns de ces troncs mesuraient plus de 3 mètres de circonférence ; leurs racines formaient en partie une couche de houille épaisse de 25 centimètres, reposant sur un lit d'argile de 50 millimètres, au-dessous duquel était une seconde forêt superposée à une bande de houille de 60 centimètres à 1 mètre 50. Au-dessous existait une troisième forêt avec de gros troncs, de *lépidodendrons*, de *calamites* et d'autres arbres [1]. »

Dans la baie de Fundy (Nouvelle-Écosse), M. Lyell a trouvé, sur une épaisseur de houille de 400 mètres, 68 niveaux différents présentant les traces évidentes de plusieurs sols de forêts dont les troncs d'arbres étaient encore garnis de leurs racines.

Nous chercherons ici à établir avec beaucoup de soin la véritable origine géologique de la houille, afin de ne laisser aucun doute dans l'esprit de nos lecteurs sur une question aussi importante.

Pour expliquer la présence de la houille au sein de la terre, il n'y a que deux hypothèses possibles. Ces dépôts carbonifères peuvent résulter de l'enfouissement de plantes qui auraient été amenées de loin et transportées par les fleuves ou les courants maritimes, en formant comme des radeaux immenses, qui seraient venus s'échouer en différents lieux, et auraient été plus tard recouverts par des terrains nouveaux ; — ou bien les plantes qui composent la houille sont nées sur place : elles résulteraient, dans cette seconde hypothèse, de la décomposition, accomplie sous terre, d'une masse accumulée de végétaux qui sont nés et qui ont péri dans les lieux mêmes où on les trouve. Examinons chacun de ces deux systèmes d'explication.

Les couches de houille peuvent-elles résulter du transport par les eaux et de l'enfouissement d'immenses radeaux formés de troncs d'arbres ? Cette idée a contre elle la hauteur énorme qu'il faudrait supposer à ces radeaux pour en faire des couches

1. *Cours élémentaire de géologie*, t. II, p. 59.

de houille aussi épaisses que celles qui existent dans les mines de charbon. Si l'on prend, en effet, en considération le poids spécifique du bois, et son contenu en carbone, relativement à ce que présentent à cet égard les dépôts houillers, on trouve que ceux-ci ne peuvent être que les 7 centièmes environ du volume primitif du bois et autres matières végétales qui leur ont donné naissance. Si l'on tient compte, en outre, des nombreux vides résultant nécessairement d'un entassement irrégulier de débris dans le radeau supposé, on reconnaît que la houille, qui a été formée par des plantes d'un poids spécifique peu considérable, ne peut guère avoir, dans ses couches actuelles, que les 35 centièmes de l'épaisseur du radeau hypothétique qui les aurait produites. Une couche de houille de 35 mètres d'épaisseur, par exemple, aurait exigé, d'après cela, un radeau d'une épaisseur de 65 mètres. De tels radeaux ne pourraient flotter ni dans nos rivières, ni dans une grande partie de nos mers, par exemple dans la Manche, ni sur la côte orientale de l'Amérique du Sud, etc. D'ailleurs, ces accumulations de bois n'auraient jamais pu s'arranger assez régulièrement pour former ces couches de charbon parfaitement stratifiées et d'une épaisseur si égale sur des étendues de plusieurs kilomètres, que l'on voit dans la plupart des gisements houillers. Et même en admettant une accumulation lente et graduelle de débris végétaux, comme cela peut arriver à l'embouchure des fleuves, les végétaux n'auraient-ils pas été alors noyés dans une grande quantité de limon et de terre? Or, dans la plupart des couches de houille, la proportion des matières terreuses ne dépasse pas 15 pour 100. Si nous invoquons enfin le parallélisme remarquable que l'on observe dans les différents lits du terrain houiller, et la belle conservation qu'on y admire des empreintes des parties végétales les plus délicates, il restera démontré que ces formations se sont opérées avec une tranquillité parfaite: Nous sommes donc forcé de conclure que la houille résulte de la fossilisation des végétaux opérée sur place, c'est-à-dire dans les lieux mêmes où ces végétaux ont vécu[1].

---

1. Nous ne saurions d'après cela considérer que comme très-inexacte la donnée d'après laquelle M. Unger représente, dans une des planches de son *Monde primitif*, un *déluge houiller*. Une tranquillité parfaite caractérise, au

Pour comprendre entièrement le phénomène de la transformation en houille des forêts et des plantes herbacées qui remplissaient les marécages de l'ancien monde, il est une dernière considération à présenter. Pendant la période houillère, l'une des plus anciennes dans l'histoire du globe, la croûte terrestre, alors à peine consolidée, ne formait qu'une enveloppe très-mince, très-élastique, en raison de son immense étendue, et qui reposait sur la masse liquide intérieure. Cette croûte élastique s'enfonçait souvent : le poids des végétaux et des terres accumulés en certaines parties pouvait, à la rigueur, suffire pour déterminer cet affaissement. C'est par un de ces affaissements du sol que les forêts et les grandes masses végétales de l'époque houillère se trouvaient submergées, et que les herbes et arbustes, après avoir couvert un certain temps la surface de la terre, finissaient par être noyés sous les eaux. Après cette submersion, de nouvelles forêts se développaient dans le même lieu et sur le même sol. Par un nouvel affaissement, ces forêts s'enfonçaient à leur tour sous les eaux. C'est par la succession de ce double phénomène, l'enfouissement des plantes et la formation sur le même terrain de masses végétales nouvelles, que les énormes amas de plantes à demi décomposées qui constituent la houille se sont accumulés pendant une longue série de siècles.

La houille a-t-elle été produite par de grands végétaux, par exemple par les grands arbres des forêts de cette époque? Cela est peu probable. Plusieurs dépôts houillers ne contiennent aucun vestige des grands arbres de la période houillère, tels que les lépidodendrons ou les sigillarias, mais seulement des fougères et autres plantes herbacées. La grande végétation a donc été à peu près étrangère à la formation de la houille, ou du moins elle n'a joué dans cette fossilisation qu'un rôle accessoire. Il y avait pendant la période houillère, comme de nos jours, deux espèces de végétations simultanées : l'une formée d'arbres de haute futaie; l'autre herbacée, aquatique, se développant sur des plaines marécageuses. C'est cette dernière végé-

contraire, cette période, et c'est introduire une vue complétement en opposition avec les faits que de placer à cette époque un cataclysme géologique.

tation qui a surtout fourni la matière de la houille, de même
que ce sont les plantes herbacées des marais qui alimentent nos
tourbières actuelles, cette sorte de houille contemporaine.

Quel genre de modifications ont dû subir les végétaux de
l'ancien monde pour arriver à cet état de masse charbonneuse
et chargée de bitume, qui constitue la houille? Les plantes submergées durent présenter d'abord une masse légère et spon-
gieuse complétement analogue à la tourbe actuelle de nos terrains marécageux. En séjournant sous les eaux, ces masses végétales y subirent une pourriture partielle, une fermentation,
dont les diverses phases chimiques sont difficiles à définir. Ce
qu'on peut affirmer toutefois, c'est que la décomposition, la
fermentation des tourbes de l'ancien monde, s'accompagna de
la production de beaucoup de carbures d'hydrogène, gazeux ou
liquides. Telle est l'origine des carbures d'hydrogène qui im-
prègnent la houille, et celle des huiles goudronneuses dont sont
pénétrés les schistes bitumineux. Cette émission de gaz hydrogène bicarboné dut même se continuer après l'enfouissement des
couches de tourbe sous les terrains qui vinrent les recouvrir.

C'est la pression et le poids de ces terrains qui ont donné à
la houille la densité considérable qui la distingue et son état de
forte agrégation. La chaleur émanée du foyer intérieur du globe,
et qui se faisait encore sentir à sa surface, dut aussi exercer une
grande influence sur le résultat final. C'est à ces deux causes,
c'est-à-dire à la pression et au plus ou moins grand échauffe-
ment par le foyer terrestre central, que l'on attribue les différences qui existent dans la nature minéralogique des différentes
houilles, à mesure que l'on s'élève de la base du terrain houiller, vers les dépôts supérieurs. Les couches inférieures sont
plus sèches, parce que leur minéralisation a été complétée sous
l'influence d'une température plus élevée, et en même temps
d'une pression plus forte.

Une expérience qui a été faite à Saint-Étienne, en 1858,
met tout à fait en évidence le mode de formation de la houille :
on a réussi à produire artificiellement de la houille très-com-
pacte en exerçant sur du bois et autres matières végétales la
double influence de la chaleur et la pression.

L'appareil imaginé par M. Baroulier permet d'exposer des

matières végétales, enveloppées d'argile humide et fortement comprimées, à des températures longtemps soutenues, comprises entre 200 et 300°. Cet appareil, sans être absolument clos, met obstacle à l'échappement des gaz ou des vapeurs, de sorte que la décomposition des matières organiques s'opère dans un milieu saturé d'humidité, sous une pression qui s'oppose à la dissociation des éléments dont elles se composent. En plaçant dans ces conditions de la sciure de bois de diverses natures, on a obtenu des produits dont l'aspect et toutes les propriétés rappellent tantôt les houilles brillantes, tantôt les houilles ternes. Ces différences tiennent d'ailleurs aux conditions de l'expérience, ou à la nature même du bois employé, de sorte qu'elles paraissent expliquer la formation des houilles *striées*, ou composées d'une succession de veinules alternativement éclatantes et mates.

Quand on comprime des tiges et des feuilles de fougère entre des lits d'argile ou de pouzzolane, elles se décomposent par cette seule pression, et forment sur ces blocs un enduit charbonneux et des empreintes tout à fait comparables aux empreintes végétales des blocs de houille. Ces dernières expériences, qui ont été faites pour la première fois par un chimiste anglais, M. Tyndall, nous font comprendre le mode de formation de la houille aux dépens des végétaux de l'ancien monde.

Passons à la description du terrain houiller actuel.

Terrain houiller. — Ce terrain se compose de couches successives, plus ou moins puissantes, composées de grès divers nommés *grès houillers*, d'argiles ou de schistes, parfois bitumineux et inflammables, enfin de houille. Ces trois roches forment entre elles des *strates*, dont l'ensemble peut alterner jusqu'à cent cinquante fois. Le carbonate de fer peut être considéré comme roche constituante de ce terrain; il est tellement répandu, conjointement avec la houille, sur certains points de l'Angleterre, qu'il alimente la plus grande partie des hauts fourneaux de fer de la Grande-Bretagne.

La figure 81 donne une idée de la disposition habituelle de la houille, qui se trouve enclavée entre deux couches horizontales et parallèles d'argile schisteuse, mêlée de rognons de carbonate de fer. C'est une disposition très-fréquente dans les mines de

7

houille d'Angleterre. Le bassin houiller de l'Aveyron, en France, offre une disposition analogue.

Fig. 81. Terrain houiller.

La présence fréquente du carbonate de fer dans les gisements de houille est une des circonstances les plus heureuses pour l'industrie métallurgique. C'est grâce à la réunion, dans le même lieu, du minerai de fer et du combustible, que l'on peut établir, à peu de frais, les usines pour l'extraction de la fonte et du fer, et que, dans plusieurs bassins houillers, comme en Angleterre, et en France, à Saint-Étienne, à Alais, on se livre à la fois à l'exploitation de la houille et à la préparation de la fonte et du fer.

Voici quelle est, dans les divers pays du globe, l'étendue exacte des terrains houillers accessibles à l'exploitation de l'homme. Cette étendue est :

	Kilom. carrés.
Pour l'Amérique du Nord, de	500 000
Pour l'Angleterre, de	13 000
Pour la France, de	2 500
Pour la Belgique, de	1 275
Pour la Prusse rhénane et Sarrebruck, de	2 400
Pour la Westphalie, de	950
Pour la Bohême, de	1 000
Pour la Saxe, de	75
Pour les Asturies, en Espagne, de	500
Pour la Russie, au plus de	250

Le sol américain contient donc beaucoup plus de terrain houiller que l'Europe : il possède 1 kilomètre carré de terrain houiller pour 15 kilomètres carrés de surface. Hâtons-nous, toutefois, d'ajouter que les immenses richesses houillères de l'Amérique sont restées jusqu'ici fort peu productives. Voici, en effet, quel est le produit annuel que donne l'exploitation des houillères en Amérique et en Europe.

La quantité de houille extraite annuellement est :

Pour l'Angleterre, de.............. ...	65 000 000 tonnes.
Pour les États-Unis, de 8 à.	9 000 000 —
Pour la Belgique, de....	5 000 000 —
Pour la France, de.................	4 500 000 —

On trouve dans l'ouvrage de M. A. Burat, sur les *Minéraux utiles*, un relevé plus détaillé que le précédent, de la production houillère des diverses parties du globe. Le tableau qui suit est tiré de cet ouvrage.

BASSINS HOUILLERS PRINCIPAUX.		PRODUCTION ANNUELLE. Tonnes.
Îles Britanniques...	du pays de Galles.... du Derbyshire......... du Staffordshire .... de Newcastle........ de l'Écosse...	..... 65 000 000
France..........	du Nord et du P.-de-Calais de la Loire.......... de Saône-et-Loire.... de l'Allier........ ... du Gard............	...... 6 000 000
Belgique	du couchant de Mons. du Centre.......... de Charleroi......... de Liége...........	. .... 8 000 000
Prusse et Allemagne.	de Sarrebruck....... de la Rhur.......... de la Silésie......... de Tharand en Saxe..	.... 6 000 000
Autriche..........	de la Bohême	...... 900 000
Espagne . ...·	des Asturies......... de l'Andalousie	...... 500 000
États-Unis	des Alleghanys...... du Tennessee et de la Pensylvanie....... de l'Illinois	.... 10 000 000

Le bassin houiller de la Belgique et du nord de la France forme une zone presque continue depuis Liége, Namur, Charleroi et Mons, jusqu'à Valenciennes, Douai et Béthune. Les couches de houille y sont au nombre de cinquante à cent dix, et d'une épaisseur comprise entre 0ᵐ,25 et 2 mètres.

Les quelques bassins houillers qui sont dispersés au-dessous des terrains secondaires du centre et du midi de la France offrent des couches moins nombreuses, plus épaisses et moins régulièrement stratifiées. Les deux bassins de Saône-et-Loire, dont les principaux centres d'exploitation sont le Creuzot, Blanzy, Montchanin, Épinac, ne renferment pas plus de dix couches; mais, parmi ces couches, il en est qui atteignent 10, 30 et même 40 mètres d'épaisseur, comme à Montchanin. Le bassin houiller de la Loire est celui qui contient la plus grande épaisseur totale de couches de houille. Ces couches y sont au nombre de vingt-cinq.

Les principaux bassins de la France, après ceux du Nord, de Saône-et-Loire et de la Loire, sont les bassins de l'Allier, où se trouvent les couches puissantes exploitées à Commentry et Bezenet; le bassin de Brassac, qui commence au confluent de l'Allier et de l'Alagnon; le bassin de l'Aveyron, connu par les

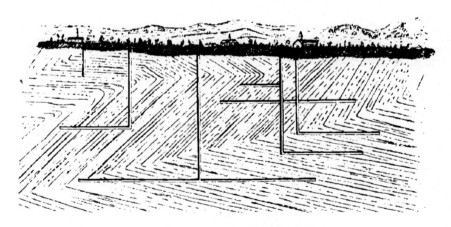

Fig. 82. Plissement des couches de houille.

exploitations de Decazeville et d'Aubin; le bassin du Gard et de la Grand'Combe. Outre ces bassins principaux, il en est un grand nombre de petits moins importants, et dont l'exploitation fournit annuellement à la France 6 à 7 millions de tonnes de houille.

Les couches de houille sont rarement dans la position où elles ont été produites, qui est l'horizontalité. Elles sont, en général, très-tourmentées, par suite des nombreuses dislocations qu'elles ont subies. On les voit rompues par des failles, contournées, parfois repliées sur elles-mêmes en zigzag. La figure 82 est un exemple des ploiements qui affectent tout l'ensemble des couches houillères du bassin de la Belgique et du nord de la France, ploiements qui permettent aux puits verticaux qui servent à l'extraction de la houille de traverser plusieurs fois les mêmes couches.

PÉRIODE PERMIENNE.

La terre continuant à se refroidir, des fractures se produisirent dans l'épaisseur de sa croûte consolidée. Par les larges ouvertures demeurées béantes à la suite de ces ruptures, les matières liquides ou demi-liquides, renfermées au-dessous de la couche consolidée, se firent jour et s'élevèrent lentement à l'extérieur, en formant des dômes, ou éminences, qui offraient assez exactement l'aspect d'un dé à coudre. Le *porphyre* est la substance qui fut ainsi mise à jour.

On nomme *porphyre* une variété de granit qui diffère de cette dernière substance, en ce que les éléments qui le composent, le quartz, le feldspath et le mica, sont noyés dans une pâte non cristalline, agglutinant, réunissant en une masse continue les cristaux de quartz, de feldspath et de mica, qui sont presque isolés dans le granit. La pâte des porphyres est essentiellement composée de feldspath et d'une quantité plus ou moins grande de silice, sur laquelle se dessinent ordinairement des cristaux feldspathiques plus ou moins volumineux. La variété de leurs caractères minéralogiques, l'admirable poli qu'ils peuvent acquérir et qui leur prête un aspect éminemment favorable à l'ornementation, donnent aux porphyres une importance industrielle et artistique qui serait plus grande encore si la difficulté de les tailler n'en rendait le prix très-élevé [1].

Les montagnes porphyriques qui, à la fin de la période de transition, s'élevèrent peu à peu de l'intérieur du globe, étaient encore brûlantes, et leur surface était par conséquent impropre

---

1. En France, les roches porphyriques percent sur divers points, mais elles ne sont abondantes que dans la partie nord-est du plateau central et dans quelques parties du midi. Elles forment des montagnes de forme conique, offrant presque toujours sur leurs flancs des dépressions considérables; dans les Vosges, elles atteignent jusqu'à 1000 et 1500 mètres d'élévation. Nous reviendrons du reste sur ce sujet à la fin du volume.

Fig. 83. Paysage idéal de l'époque permienne.

encore à la végétation. Elles se dressaient donc arides et nues, comme des rochers abrupts, sur la terre couverte en d'autres parties de la riche végétation de l'époque houillère.

Sur le dernier plan de la figure 83, qui représente une vue idéale de la terre pendant la période permienne, on voit une série de ces dômes porphyriques récemment soulevés. Du milieu de la mer s'élance une éruption de la même origine, mais exhalant d'autres produits : c'est une sorte de trombe de gaz d'eau et de vapeurs qui, soulevant la masse liquide, fait jaillir une colonne d'eau vaporisée. Arrivée à une certaine hauteur, cette vapeur d'eau se condense et retombe en pluie. Enfin, comme l'évaporation de si grandes masses d'eau s'accompagne nécessairement d'un énorme dégagement d'électricité, c'est au milieu des éclats de tonnerre et des brillantes lueurs des éclairs que se produisaient ces imposantes scènes du monde primitif.

Pendant la période permienne, les espèces végétales et animales étaient à peu près les mêmes que celles qui sont propres à la période houillère. M. Ad. Brongniart a trouvé les formes de la flore permienne intermédiaires entre les formes de la période carbonifère et celles de la période qui va suivre.

Comme plantes caractéristiques de la végétation permienne, nous citerons : parmi les fougères, le *sphenopteris dichotoma*, le *pecopteris Martinsii*, le *nevropteris tenuifolia*; parmi les équisétacées, le *calamites gigas*; parmi les lycopodiacées, le *lepidodendron elongatum*; parmi les asterophyllitées, l'*annularia floribunda*; parmi les conifères, les *walchia Schlotheimii* et *Sternbergii*; parmi les nœggerathiées, grands arbres d'une famille intermédiaire entre les cycadées et les conifères, le *nœggerathia expansa*, dont la figure 84 représente un rameau fossile. Les *psaronius* étaient de grands arbres, qui, avec le *nœggerathia*, composaient alors la haute végétation.

Les mers permiennes, outre les animaux en très-petit nombre qui sont caractéristiques de la période houillère, renfermaient surtout deux genres de reptiles probablement amphibies et assez semblables à nos crocodiles : c'étaient les *nothosaurus* et *protorosaurus*.

Dans ces mers étaient encore de nombreuses espèces de poissons ganoïdes et placoïdes (*palæoniscus*, *platysomus*, etc.); plusieurs espèces de mollusques et surtout des brachyopodes. Mentionnons les derniers *productus*, parmi lesquels les *productus horridus* (fig. 85) et *aculeatus* sont les plus caractéris-

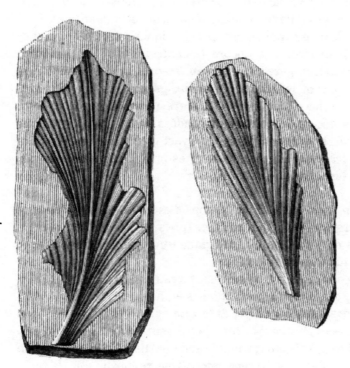

Fig. 84. Nœggerathia expansa.

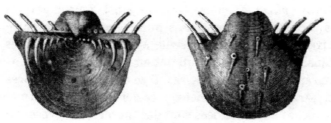

Fig. 85. Productus horridus.

tiques; des *spirifer*, notamment le *spirifer undulatus;* signalons enfin l'apparition de quelques huîtres, mais encore en très-petit nombre. Le *fenestrella* représente les mollusques bryozoaires. Il y avait aussi quelques zoophytes qui n'avaient pas apparu jusqu'alors.

La planche 83 (page 103) représente, avons-nous dit, une vue idéale de la terre pendant la période permienne. Au fond est un rideau de montagnes porphyriques récemment soulevées, et pour ainsi dire encore fumantes. A gauche, une éruption de matières gazeuses et d'eau vaporisée. Sur le rivage, à droite, s'élèvent les grands végétaux propres à cette période, c'est-à-dire les *psaronius*, avec leurs troncs élancés et leurs feuillages découpés, quelques cycadées et quelques fougères. Au bord de la mer, et mis à découvert par la marée basse, on aperçoit les mollusques et zoophytes propres à cette période, tels que les *productus* et les *spirifer*.

Terrain permien. — Nous venons d'esquisser la physionomie de la terre à l'époque permienne. Quels sont les gîtes, la puissance, la constitution minéralogique du terrain qui s'est formé sous les mers de cette période?

Les géologues ont divisé les terrains de cet âge en trois groupes, qui sont, en allant de bas en haut :

1° Le *nouveau grès rouge*; 2° le *zechstein*; 3° le *grès des Vosges*.

Le *nouveau grès rouge*, dont l'épaisseur moyenne est de 100 à 200 mètres, existe dans une grande partie de l'Allemagne, en Angleterre, dans les Vosges, etc.; il ne renferme que de rares fossiles : ce sont des troncs silicifiés de conifères, quelques empreintes de fougères et de calamites.

Le *zechstein* (*pierre de mine*), terrain ainsi appelé par les Allemands à cause des nombreuses mines que l'on rencontre dans ses diverses couches, ne présente en France que quelques lambeaux insignifiants; mais il atteint en Allemagne et en Angleterre une épaisseur de 150 mètres. Il se compose de calcaires magnésien, argilifère, bitumineux : ce dernier est noirâtre et fétide. Les roches subordonnées sont des marnes, du gypse, du sel gemme, enfin des schistes bitumineux inflammables, qui se rencontrent en grandes proportions dans le pays de Mansfeld en Thuringe, parmi les minerais de cuivre gris argentifère et plombifère qui sont l'objet d'une vaste exploitation. Le *zechstein*, que l'on désigne quelquefois en France sous le nom de *schiste cuivreux*, renferme les fossiles, animaux et végétaux, dont nous avons parlé plus haut.

Le *grès des Vosges*, habituellement coloré en rouge, et dont l'épaisseur peut aller jusqu'à 100 ou 150 mètres, compose toute la partie septentrionale des montagnes des Vosges, où il forme d'assez nombreuses sommités plates, qui sont les *témoins* d'un ancien plateau entamé par les eaux courantes. Il ne contient que quelques rares débris de végétaux.

La France, l'Angleterre, l'Allemagne ne présentent que des affleurements très-peu nombreux du terrain permien, si on les compare à l'immense étendue qu'il occupe dans la partie orientale de la Russie d'Europe. C'est du nom de la province de *Perm*, qui forme une grande partie de la Russie d'Europe, que l'on a tiré le nom de *permien*, pour la période et pour le terrain qui nous occupe. Ce terrain, qui se compose, dans cette partie de la Russie, d'une puissante alternance de calcaires, de marnes et de grès, renferme des productus, des fougères et même des reptiles et des poissons analogues à ceux du zechstein de l'Europe occidentale. On trouve dans le même terrain du gypse et du sel gemme, affleurant le sol, et que l'on exploite en grand.

Il ne nous reste, pour terminer ce qui concerne la période permienne, qu'à signaler l'étendue géographique des mers et des continents à cet âge du globe.

Les mers couvraient alors une partie de la place occupée aujourd'hui par la chaîne des Vosges; elles s'étendaient par la Bavière rhénane et le grand-duché de Bade, jusqu'en Saxe et en Silésie. Elles communiquaient d'un côté avec la mer triasique qui occupait le centre de l'Angleterre, et de l'autre avec la mer triasique de Russie.

· Dans le reste de l'Europe, les continents ont peu varié depuis les périodes primitives devonienne et houillère. En France, le plateau central formait une grande île qui s'étendait vers le sud, probablement jusqu'au delà des Pyrénées; une autre île se composait du massif breton. En Angleterre et en Russie, les continents s'élargissent considérablement vers l'est. Les points littoraux de la Thuringe et de la Saxe semblent prouver qu'il existait sur ces points des parties continentales immergées. Enfin, il paraît qu'à la fin de l'époque carbonifère le continent belge vosgien s'étendait depuis les départements du Pas-de-Calais et du Nord, en France, traversant toute la Belgique, probablement jusque bien au delà du Rhin.

ÉPOQUE SECONDAIRE

ÉPOQUE SECONDAIRE.

Nous allons entrer dans une époque nouvelle de l'histoire de notre globe, dans celle qui a reçu des géologues le nom de *secondaire*, et qui comprend les périodes *triasique*, *jurassique* et *crétacée*. Mais avant d'aborder l'étude de cette époque, il sera bon de jeter un coup d'œil en arrière, pour résumer les faits dont le lecteur vient d'acquérir la connaissance.

Plusieurs géologues donnent le nom *d'âge paléozoïque* (de παλεος, ancien, et ζωος, animal, pour rappeler que les plus anciens animaux ont alors apparu) à l'époque de *transition* que nous venons d'étudier. Cette époque constitue, en effet, un ensemble parfaitement tranché au point de vue géologique, et très-nettement caractérisé sous le rapport des êtres vivants.

C'est dans l'époque de transition, ou *âge paléozoïque*, que les plantes et les animaux apparurent pour la première fois sur notre globe un peu refroidi; et dès la fin de cette époque, toutes les classes d'animaux, marins ou terrestres, avaient des représentants sur la terre, à l'exception des mammifères et des oiseaux. C'est alors que dominaient dans la faune du monde, que *régnaient*, pour nous servir de l'expression consacrée, ces poissons connus sous le nom de *ganoïdes* (de γανος, écorce), à cause des écailles qui couvraient leur corps, et qui étaient souvent enveloppés d'une carapace aussi compliquée que bizarre; — ces *trilobites*, curieux crustacés qui naissent et disparaissent à jamais avec l'époque de transition; — une quantité immense de *mollusques* céphalopodes et brachiopodes; — ces *encrines*,

8

animaux rayonnés de l'organisation la plus curieuse, sortes de
fleurs minérales qui forment un des plus gracieux ornements
de nos collections paléontologiques.

La végétation, pendant l'époque de transition, était surtout
composée de plantes appartenant aux ordres inférieurs. Bien
qu'elle comptât quelques végétaux élevés dans l'organisation,
c'est-à-dire des dicotylédones, c'étaient des végétaux inférieurs,
les fougères, les lycopodes et les équisétacées, parvenus alors
à leur maximum de développement, qui dominaient toute la
végétation de cette époque.

Rappelons dans ce court résumé que, pendant l'époque dont
nous venons de tracer le tableau, ce que l'on nomme aujourd-
'hui les *climats* n'existait pas. Les mêmes plantes et les mêmes
animaux vivaient alors aux pôles comme dans la zone torride.
Puisqu'on trouve aujourd'hui dans les terrains de transition des
régions glaciales du Spitzberg et de l'île Melville les mêmes
fossiles que l'on rencontre dans ces terrains sous les brûlantes
latitudes de l'équateur, il faut en conclure que la température était, à cette époque, uniforme sur tout le globe, et que
la chaleur propre de la terre annulait et rendait inappréciable
l'influence calorifique du soleil.

Pendant cette première époque du monde animé, le refroidissement progressif du globe occasionna de fréquentes ruptures et dislocations du sol; la croûte terrestre, en s'entr'ouvrant, livra passage aux roches dites ignées, au granit et
ensuite au porphyre, qui surgirent lentement à travers ces
immenses fissures, et formèrent des montagnes granitiques et
porphyriques, ou simplement des filons, plus tard remplis
d'oxydes et de sulfures métalliques. Ces commotions géologiques qui durent provoquer, non sur l'étendue entière du globe,
mais seulement en certains lieux particuliers, de véritables cataclysmes, et anéantir une partie des êtres qui vivaient en ces
points du monde, paraissent avoir été plus fréquentes à la fin
de l'époque de transition, dans le moment qui forme le passage
entre cette époque et l'époque secondaire, c'est-à-dire entre la
période permienne et la période triasique.

Il entre dans notre plan de considérer à part les phénomènes
éruptifs, et de n'étudier qu'à la fin de cet ouvrage les forma-

tions dites *éruptives*, qu'il est avantageux, pour la clarté de l'exposition, de réunir en un seul et même groupe.

Les convulsions, les bouleversements qui agitaient la surface de la terre ne s'étendaient pas néanmoins à sa circonférence entière; ces effets étaient restreints et locaux. C'est donc à tort que l'on admettrait, avec plusieurs géologues modernes, que les dislocations du sol, que les agitations de la surface du globe se sont propagées dans les deux hémisphères, et ont eu pour résultat d'y détruire tous les êtres vivants. La faune et la flore de la période permienne, par exemple, ne diffèrent pas beaucoup de la flore et de la faune de la période houillère; ce qui montre bien qu'aucune révolution générale n'a séparé ces deux périodes. Ici, comme dans tous les cas analogues, il est inutile de recourir à aucun cataclysme pour expliquer le passage d'une période à l'autre. N'a-t-on pas vu de nos jours des espèces animales s'éteindre et disparaître sans la moindre révolution géologique? Sans parler des castors, si abondants il y a deux siècles sur les bords du Rhône et dans les Cévennes, et dont l'existence est maintenant inconnue dans ces contrées, on peut citer beaucoup d'exemples d'animaux perdus depuis des temps peu éloignés des nôtres. Tels sont les *dinornis* et l'*épiornis*, oiseaux colossaux de Madagascar, et le *dronte (di us)*, qui vivait encore à l'île de France en 1626. L'*ursus spelæus*, le *cervus megaloceros*, le *bos primigenius*, sont des variétés d'ours, de cerf et de bœuf contemporains de l'homme, et qui sont éteintes aujourd'hui. Nous ne connaissons plus le cerf à bois gigantesque que les Romains ont figuré sur leurs monuments, et qu'ils faisaient venir d'Angleterre à cause des qualités de sa chair. Le *sanglier d'Érymanthe*, si répandu dans l'antiquité, ne figure point parmi nos races actuelles, pas plus que les crocodiles *lacunosus* et *laciniatus*, reptiles trouvés par Geoffroy Saint-Hilaire dans les catacombes de l'ancienne Égypte. Plusieurs races animales figurées sur les mosaïques de Palestine, gravées et peintes avec des espèces actuellement vivantes, ne se retrouvent nulle part de nos jours. Ira-t-on supposer des révolutions géologiques pour expliquer toutes ces disparitions, qui ne sont évidemment que des extinctions naturelles? De ce qui se passe de nos jours, il faut évidemment conclure à ce qui s'est passé aux temps antérieurs à l'apparition de l'homme, et restreindre dans une juste mesure cette idée des cataclysmes successifs du globe, dont on a tant abusé après Cuvier, et d'après ce naturaliste, qui s'est montré admirable de génie dans l'anatomie comparée, mais bien inférieur à lui-même comme géologue.

PÉRIODE TRIASIQUE.

Cette période a reçu le nom de *triasique* parce que les terrains qui la représentent étaient autrefois divisés par les géologues en trois étages : les *grès bigarrés*, le *muschelkalk* et les *marnes irisées*. De ces trois groupes on n'en forme aujourd'hui que deux : la période *conchylienne* et la période *saliférienne*, qui sont parfaitement tranchées par la nature des couches superposées et les caractères paléontologiques.

Dans cette nouvelle phase de l'évolution du globe les êtres diffèrent beaucoup de ceux qui appartenaient aux époques primitives, à l'âge *paléozoïque*, comme l'appellent beaucoup de naturalistes. Les curieux crustacés que nous avons décrits sous le nom de *trilobites* ont disparu ; les mollusques céphalopodes et brachiopodes y sont peu nombreux, ainsi que les poissons ganoïdes et placoïdes, dont le règne est fini. Mais celui des *ammonites* commence. La végétation a subi des changements analogues. Les plantes acrogènes, qui étaient à leur maximum de développement dans les terrains paléozoïques, sont ici moins nombreuses, tandis que les conifères et les cycadées prennent une grande extension. Quelques genres d'animaux terrestres ont disparu, mais ils sont remplacés par des genres aussi nombreux que nouveaux. Nous voyons pour la première fois la tortue apparaître au sein des mers et sur le bord des fleuves. Les reptiles sauriens y prennent de grands développements; ils semblent préparer l'apparition de ces énormes sauriens qui se montreront dans la période suivante, et dont la charpente offre de telles proportions et une telle étrangeté, qu'elle saisit d'étonnement ceux qui contemplent ces restes gigantesques, et pour ainsi dire encore menaçants.

Passons en revue les deux sous-périodes dont la réunion compose l'âge triasique.

SOUS-PÉRIODE CONCHYLIENNE.

Les mers de la période *conchylienne* (ainsi nommée d'après la masse innombrable de coquilles que renferment la plupart des terrains qui représentent cette période) renfermaient, outre de très-nombreux mollusques et zoophytes, des reptiles sauriens de onze genres différents, des tortues, et six genres nouveaux de poissons revêtus de cuirasses.

Arrêtons-nous d'abord sur les mollusques et zoophytes qui peuplaient alors les mers. Parmi les coquilles caractéristiques de la période conchylienne nous citerons les *natica Gaillardoti, rostellaria, antiqua, lima lineata, ceratites nodosus* (fig. 86), *avicula socialis, terebratula communis, mytilus eduliformis, trigonia Goldfussii* et *gibbosa* (fig. 87), *possidonia minuta*.

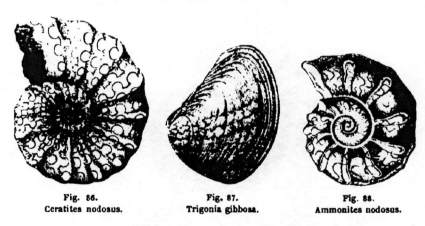

Fig. 86.
Ceratites nodosus.

Fig. 87.
Trigonia gibbosa.

Fig. 88.
Ammonites nodosus.

Les *ceratites*, dont on voit une espèce représentée ici (fig. 86), forment un genre très-voisin et comme le début des *ammonites*, ou *cornes d'Ammon*, qui ont joué un si grand rôle dans le monde primitif, et qui n'existent plus aujourd'hui, ni pour les espèces ni même pour le genre. C'est dans la période triasique qu'apparaissent les premières ammonites. La figure 88 en représente une espèce, l'*ammonites nodosus*.

Les ammonites étaient des mollusques céphalopodes à coquille circulaire, enroulée en spirale dans un plan multiloculaire,

présentant au-dessus de la dernière loge aérienne une cavité
assez grande, dans l'intérieur de laquelle était logé le corps de
l'animal[1]. Leurs cloisons intérieures étaient ramifiées à l'infini,
et elles présentaient un tube, ou siphon, partant de la première
cloison et se continuant jusqu'à la dernière, sans communiquer
avec l'intérieur des loges aériennes. Cette partie de l'ammonite
avait pour effet de rendre l'animal plus léger ou plus lourd par
la condensation intérieure de l'air, et par conséquent de lui
donner le moyen de s'élever au-dessus de l'eau ou de descendre
dans ses profondeurs.

Les coquilles étant le seul débris qui nous reste des ammonites, on n'a pas toujours une idée exacte de l'animal qui vivait
à son intérieur ou qui s'y trouvait superposé. Il sera donc utile
de mettre ici sous les yeux du lecteur l'image restaurée de
l'ammonite telle qu'elle était quand la chair du mollusque occupait ses cavités testacées. La figure 89 représente l'ammonite

Fig. 89. Ammonite restaurée.

vivante. On voit que ce curieux mollusque ressemblait au nautile de nos jours, et que le corps charnu de cet animal différait
seulement par sa forme de celui du nautile actuel. Comme le

1. Le nom d'*ammonite* est tiré de la ressemblance de ces coquilles avec les
espèces de cornes de bélier qui ornaient le frontispice des temples de Jupiter
Ammon, et les bas-reliefs des statues de ce dieu du paganisme

nautile, l'ammonite flottait à la surface des eaux, semblable à une petite nacelle : c'était un esquif animé. Quel curieux aspect devaient présenter les mers primitives couvertes d'une masse innombrable de ces mollusques de toute grandeur, qui voguaient avec prestesse à la poursuite de leur proie, sur la surface des flots !

Le genre *terebratula* est l'un des genres de mollusques bra-

Fig. 90. Terebratula diphya.   Fig. 91. Terebratula sella.

chiopodes les plus importants pour le géologue ; il a des représentants dans la nature actuelle. Sa valve supérieure porte un crochet plus ou moins recourbé, sous lequel est une petite ouverture ronde qui est séparée de la charnière par une ou deux petites pièces. On voit ici les *terebratula diphya* (fig. 90) et *sella* (fig. 91).

Les *mytilus*, ou moules, qui appartiennent en propre à la période conchylienne, sont des mollusques acéphales, à coquille allongée triangulaire, à crochets pointus et terminaux ; on en trouve beaucoup d'espèces dans les mers actuelles. Les *lima*, *trigonia*, *possidonia* et *avicula* sont des mollusques acéphales appartenant à la même période. Les genres *natica* et *rostellaria* font partie de la classe des mollusques gastéropodes.

Parmi les zoophytes échinodermes appartenant à la période conchylienne, nous citerons deux encrines, l'*encrinus entrocha* (fig. 92) et l'*encrinus moniliformis* ou *liliiformis*, dont les débris constituent dans certaines localités des couches entières de terrain.

Citons encore parmi les mollusques, le genre *cerithium* (fig. 93); l'*avicula subcostata*, l'*helcion lineata* (fig. 94); le *myophoria lineata* (fig. 95).

Parmi les échinodermes, citons, outre les encrines signalées plus haut, les premières *hemicidaris* (fig. 96); des spongiaires, comme le *stellispongia variabilis* (fig. 97).

Ajoutons que par la présence de quelques genres propres à

l'époque paléozoïque, qui disparaissent à jamais dans cette période, et par l'apparition de quelques autres espèces propres

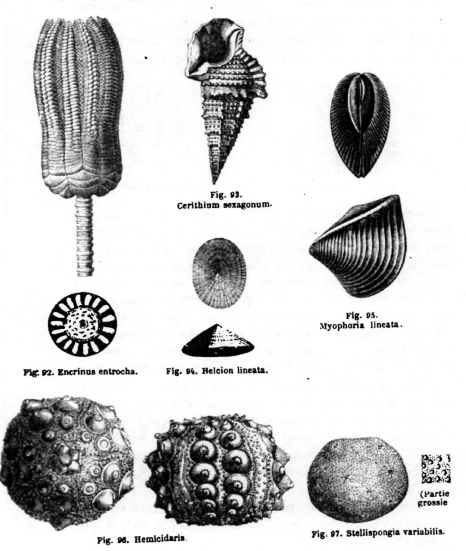

Fig. 93.
Cerithium sexagonum.

Fig. 95.
Myophoria lineata.

Fig. 92. Encrinus entrocha.   Fig. 94. Helcion lineata.

Fig. 96. Hemicidaris.   Fig. 97. Stellispongia variabilis.

(Partie grossie

à l'animalisation de l'époque jurassique, la faune conchylienne paraît être une faune de passage ou de transition d'une période à l'autre.

Les mers offraient alors quelques reptiles, probablement riverains (*phytosaurus*, *capitosaurus*), et divers poissons (*spharodus*, *picnodus*).

Nous ne dirons rien des tortues terrestres qui, pour la première fois, apparaissent à cette époque de l'histoire du monde, mais nous devons signaler avec quelque soin un reptile gigantesque sur lequel les opinions des géologues ont assez longtemps varié.

Sur les terrains argileux de l'époque conchylienne on trouve souvent des empreintes de pas d'animaux, telles que les représente la figure 98. Toutes présentent cinq doigts, disposés

Fig. 98. Empreintes fossiles de Cheiroterium ou de Labyrinthodon'

comme ceux de la main humaine. Ces *pistes* sont dues à un quadrupède dont les pieds de devant étaient plus grands que, ceux de derrière. On n'a retrouvé que la tête, le bassin et une partie de l'omoplate de cet animal, que l'on considère comme un gigantesque batracien. Il est à croire que sa tête n'était pas nue, mais protégée par un écusson osseux; ses mâchoires étaient

armées de dents coniques, très-fortes et d'une structure compliquée.

On donne les noms de *cheirotrrium* ou de *labyrinthodon* à ce
curieux animal représenté dans la figure 99.

Fig. 99. Labyrinthodon.

Un autre reptile de grandes dimensions, et qui semble nous
préparer à l'apparition des énormes sauriens qui vont se montrer dans la période jurassique, c'est le *nothosaurus*, espèce de
crocodile marin que l'on verra représenté plus loin (fig. 104).

D'après d'autres empreintes de pas qui se rencontrent dans
les mêmes terrains, la plupart des géologues admettent que les
oiseaux ont commencé d'apparaître pendant la période qui nous
occupe. La figure 100 représente ces empreintes; la figure 101
montre les empreintes d'un animal de plus grande taille, accompagnées d'empreintes physiques de pluie.

Nous ne partageons pas l'opinion qui attribue à des oiseaux
ces vestiges de pas. En effet, aucun débris de squelette d'oiseau
n'a jamais été rencontré dans les terrains conchyliens, et les

empreintes figurées ici sont tout ce qui peut être invoqué à
l'appui de cette hypothèse. Jusqu'au moment où l'on aura dé-

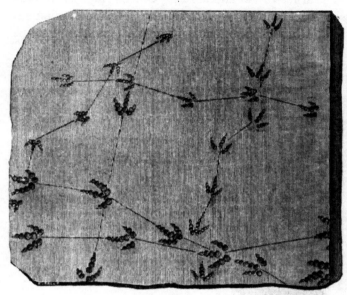

Fig. 100. Empreintes attribuées à des pas d'oiseau.

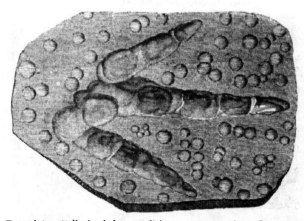

Fig. 101. Empreintes attribuées à des pas d'oiseau, avec empreintes de gouttes de pluie.

couvert dans les terrains conchyliens les restes osseux d'un
oiseau, il sera permis d'attribuer ces *pistes* à un reptile encore
inconnu, et dont les pattes auraient offert la disposition représentée dans les deux figures précédentes.

M. Ad. Brongniart place dans la flore de l'étage conchylien le commencement du règne des plantes dicotylédones gymnospermes. Le caractère de cette flore est d'être composée de fougères assez nombreuses, constituant des genres actuellement détruits et qui ne se retrouvent même plus dans les terrains

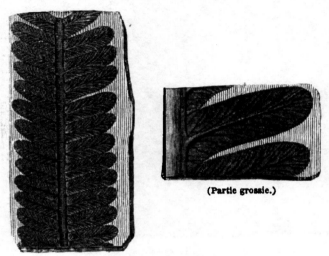

(Partie grossie.)

Fig. 102. Neuropteris elegans.

Fig. 103. Voltzia heterophylla.

plus récents : tels sont les *anomopteris* et les *crematopteris*. Les vrais *equisetum* y sont rares ; les calamites ou plutôt les *calamo-*

dendron y sont abondants. Les gymnospermes y sont représentés par les genres de conifères *voltzia* et *haidingera*, dont les espèces et les échantillons sont très-nombreux dans les terrains de cette période.

Les *haidingera* (de la tribu des abiétinées) étaient des plantes à feuilles larges, analogues à celles de nos *dammara* actuels, rapprochées et presque imbriquées comme celles de nos *araucaria*. Leurs fruits, qui sont des cônes à écailles arrondies, imbriquées et ne portant qu'une seule graine, paraissent établir des rapports assez positifs entre ces plantes fossiles et nos *dammara*.

Les *voltzia* constituent un genre éteint de la tribu des cupressinées, très-bien caractérisé parmi les conifères fossiles. Les feuilles alternes, en spirale, formant cinq à huit rangs, sessiles et décurrentes, ont beaucoup d'analogie avec celles des *cryptomeria*. Leurs fruits sont des cônes oblongs à écailles lâchement imbriquées, cunéiformes et ordinairement à trois ou cinq lobes obtus.

Parmi les espèces végétales tout à fait caractéristiques de cet étage, nous citerons : le *neuropteris elegans* (fig. 102), le *calamites arenaceus*, le *voltzia heterophylla* (fig. 103), l'*haidingera speciosa*.

C'est pour réunir dans un tableau idéalisé l'ensemble des plantes et des animaux propres à la sous-période conchylienne qu'a été composée la planche 104.

Cette vue d'une période ancienne du globe nous transporte au bord de l'Océan, au moment où les flots sont agités par un vent violent, ou un orage passager. Le reflux de la mer a laissé à découvert les animaux aquatiques, tels que de belles encrines, à la tige longue et flexueuse, les mytilus et les térébratules. L'énorme reptile qui se dresse sur un rocher et se prépare à se jeter sur cette proie, est le *nothosaurus*. Non loin de lui courent d'autres reptiles du même genre, mais d'une plus petite espèce. Sur la dune du rivage, s'élèvent les magnifiques arbres propres à la période conchylienne, c'est-à-dire les *haidingera*, au large tronc, aux rameaux et au feuillage inclinés, dont les cèdres de notre époque peuvent nous donner l'idée. Les élégants *voltzia*, groupe de conifères qui formaient les forêts de cette époque, se voient au second plan de ce rideau de verdure. Les grands amphibies qui vivaient dans ces forêts pri-

Fig. 104 Période Triconchya).lienne

mitives, et qui devaient leur donner un si étrange caractère, sont représentés par le *labyrinthodon*, qui descend vers la mer en laissant sur le sable du rivage ces curieuses traces qui se sont conservées jusqu'à nos jours, par suite de la consolidation de ces sables, vestiges des plus anciens âges du monde, que la science actuelle interroge avec curiosité.

Terrain conchylien. — Indiquons la composition minéralogique et l'extension géographique de l'étage qui s'est formé par les dépôts des mers pendant la sous-période conchylienne.

Cet étage se compose :

1° Des *grès bigarrés* qui contiennent beaucoup de végétaux, peu de débris animaux, et dans lesquels on trouve très-fréquemment les empreintes de pas du Labyrinthodon dont il a été question plus haut;

2° De couches de calcaire compacte, souvent grisâtre ou noirâtre, alternant avec des marnes et des argiles, et qui sont criblées d'une si grande quantité de coquilles que l'on a donné à ce groupe le nom allemand de *muschelkalk* (calcaire coquillier).

L'étage conchylien se montre aujourd'hui, en France, dans les Pyrénées, autour du plateau central, dans le Var, sur les deux versants des Vosges et en Normandie. Il s'étend du nord au sud dans toute la longueur de la Grande-Bretagne, en Écosse et en Irlande. Il est représenté dans toute l'Allemagne, en Belgique, en Suisse, dans les États sardes, en Espagne, en Pologne, dans le Tyrol, dans la Bohême, dans la Moravie, en Russie. M. d'Orbigny l'a vu couvrir de vastes surfaces sur les régions montueuses de la république de Bolivie, dans l'Amérique méridionale. On l'a signalé aux États-Unis, dans la Colombie, les grandes Antilles et au Mexique.

SOUS-PÉRIODE SALIFÉRIENNE.

Le terrain, d'une étendue assez médiocre, qui s'est formé pendant cette sous-période, porte le nom de *saliférien*, parce qu'il est caractérisé par des gisements considérables de sel marin. Quelle est l'origine de ces puissants dépôts de sel marin que l'on trouve dans ces terrains, alternant toujours, par couches minces, avec des argiles ou des marnes? On ne peut l'attribuer qu'à l'évaporation de grandes quantités d'eaux de mer fortuitement introduites dans des dépressions, des cavités ou des golfes, que des dunes venaient ensuite séparer de la haute mer. La planche 105 met parfaitement en évidence le fait naturel qui a dû se produire et se répéter sur d'immenses étendues de rivages, pendant la sous-période saliférienne, pour former les masses considérables de sel gemme que l'on trouve dans les terrains correspondant à cette période. A droite, est la haute mer, qu'une dune considérable sépare d'un bassin tranquille, à fond vaseux et argileux. A certains intervalles, et par des causes diverses, la mer, franchissant cette dune, vient remplir le bassin. On peut supposer encore qu'il existe là un golfe qui communiquait primitivement avec la mer : les vents ayant élevé cette dune de sables, le golfe s'est trouvé transformé en un bassin clos de toutes parts. Quoi qu'il en soit, les eaux de la mer une fois renfermées dans ce bassin sans issue et à fond argileux, s'y évaporent par l'effet de la chaleur solaire, et laissent, comme résidu de cette évaporation, un lit abondant de sel marin, mêlé aux autres sels minéraux qui accompagnent le chlorure de sodium dans l'eau de la mer, c'est-à-dire au sulfate de magnésie, au chlorure de potassium, etc. Cette couche de sel laissée par l'évaporation de l'eau, est bientôt recouverte par l'argile et la vase qui étaient suspendues dans l'eau bourbeuse du bassin, et il se forme ainsi une première couche alternante de sel marin et de marnes ou d'argiles. La mer venant de nouveau, toujours par la même cause et en vertu des mêmes dispositions locales, remplir ce bassin, ces nouvelles eaux s'évaporent, et une seconde couche de sel marin, bientôt recouverte

Fig. 105. Période saliférienne Trias).

d'un banc terreux, vient s'ajouter à la première. C'est par la succession régulière et tranquille de ce phénomène pendant de longs siècles, que s'est formé ce riche et abondant dépôt de sel gemme que l'on trouve enfoui dans les terrains secondaires, et qui est exploité dans divers de nos départements, dans le Doubs, dans les Vosges, dans la Haute-Saône, et dans plusieurs parties de l'Allemagne.

La planche 105 est à la fois une vue pittoresque de la terre pendant la période saliférienne, et une figure de démonstration destinée à expliquer l'origine du sel gemme dans les terrains secondaires. Une coupe théorique du sol faite au premier plan, laisse voir les couches de sel formées par le mécanisme géologique qui vient d'être analysé. Ces couches sont inclinées obliquement, par suite d'un mouvement du sol, postérieur à leur dépôt.

Nous n'avons rien de particulier à dire sur les animaux qui sont propres à la sous-période saliférienne. On ne trouve aucuns débris d'animaux fossiles mêlés aux couches de sel gemme et de marnes qui composent le terrain saliférien. Les animaux qui peuplaient les rivages des mers pendant la période saliférienne, étaient les mêmes que ceux de la période conchylienne, mais les animaux qui peuplaient ces mers, nous le répétons, ne se retrouvent pas dans les couches salines et minérales appartenant à cette époque. Aussi, dans la planche 105 qui représente cette époque, avons-nous placé seulement le *labyrinthodon*, dont les restes se rencontrent à la base de cette assise.

Les continents, encore peu montagneux, étaient coupés çà et là par de grands lacs, bordés par des rivages plats et uniformes. Les végétaux qui croissaient sur les bords de ces rivages, étaient assez abondants, et l'on en possède un assez grand nombre. La flore saliférienne se compose de fougères, d'équisétacées, de cycadées, de conifères, et de quelques plantes que M. Brongniart range parmi les monocotylédones douteuses. Parmi les fougères, nous citerons plusieurs espèces de *sphenopteris* et de *pecopteris*, et, entre autres, le *pecopteris stuttgartiensis*, arbre à tronc cannelé, qui s'élève sans pousser de rameaux jusqu'à une certaine hauteur, et porte une coupole de feuilles disposées gracieusement sur des verticilles de branches légères; l'*equisetites columnaris*, grande équisétacée analogue aux prêles de notre époque, mais de dimensions infiniment plus considérables. Sa longue tige en colonne, surmontée de fruits en tête allongée, dominait tous les autres végétaux des terrains marécageux.

Les *pterophyllum Jœgeri* et *Munsteri* représentaient les cycadées, le *taxonites munsterianus* représentait les conifères ; enfin, sur le tronc des calamites, grimpait une plante à feuilles elliptiques, à nervures recourbées, portées sur de longs pétioles, à fruits disposés en grappes : c'est le *presleria antiqua*, monocotylédone douteuse pour M. Brongniart, et que M. Unger range dans la famille des smilax, dont elle serait le premier représentant. Le même savant rapporte à la famille des joncs une plante marécageuse très-commune à cette époque, le *palæoxyris Munsteri*, que M. Brongniart range, avec le *presleria*, parmi les monocotylédones douteuses.

Les principaux végétaux qui appartiennent à cette époque se voient représentés sur la falaise qui termine à gauche la vue idéale de la sous-période saliférienne (fig. 105). Les arbres élégants et de haute taille sont les *calamites arenaceus :* au-dessous se voient les grands prêles de cette époque, les *equisetites columnaris*, espèces de cierges élancés, de consistance molle et parenchymateuse, qui, se dressant solitairement sur les rivages, devaient donner une étrange physionomie à ces plages inhabitées.

Terrain saliférien. — Ce terrain se compose d'un grand nombre de couches argileuses et marneuses, irrégulièrement colorées en rouge, en jaune bleuâtre ou verdâtre. Ce sont ces colorations diverses qui ont fait donner autrefois à cet étage géologique le nom de *marnes irisées*. Ces couches alternent souvent avec des grès, qui sont aussi diversement colorés. Comme roches subordonnées, on trouve dans ce terrain quelques gîtes de combustible (houille maigre, pyriteuse) et du gypse. Mais ce qui le caractérise avant tout, ce sont les puissantes couches de sel gemme qu'il renferme. Ces couches salifères, souvent de 7 et jusqu'à 10 mètres d'épaisseur, alternent avec des couches d'argile; l'ensemble de cette alternance atteint quelquefois une épaisseur de 150 mètres.

En Allemagne, dans le Wurtemberg, en France, comme à Vic et à Dieuze (Meurthe), le sel gemme du terrain saliférien est soumis à une exploitation industrielle. Dans le Jura, on extrait le sel d'eaux très-chlorurées qui sortent de cet étage.

Appartenant à des terrains situés assez profondément, ces gisements de sel gemme ne peuvent être exploités avec autant de facilité que ceux qui existent dans des terrains plus récents, c'est-à-dire dans les terrains tertiaires. Les assises de sel gemme de Vieclizka, en Pologne par exemple, peuvent être débitées à ciel ouvert ou par des galeries peu profondes, parce qu'elles se trouvent dans des terrains tertiaires situés à peu de profondeur; mais les gisements de sel des terrains *salifériens* sont placés trop bas pour qu'on puisse les atteindre par des galeries. On se contente presque toujours de forer de longs conduits, que l'on remplit ensuite d'eau; cette eau se charge de sel marin. On retire cette dissolution au moyen de pompes, et on la fait évaporer pour obtenir le sel cristallisé. Mais les longueurs et les frais d'une telle opération la rendent, en général, peu fructueuse.

Le terrain saliférien se montre, en Europe, sur beaucoup de points divers, et il n'est pas difficile d'en suivre les affleurements. En France, il apparaît dans les départements de l'Indre, du Cher, de l'Allier, de la Nièvre, de Saône-et-Loire. Sur le versant occidental du Jura, on en voit poindre un lambeau auprès de Poligny et de Salins. Sur le versant occidental des Vosges, il se montre dans le Doubs; puis il forme partout une lisière sur l'étage conchylien, dans la Haute-Saône, dans la Haute-Marne, dans les Vosges; il s'élargit beaucoup dans la Meurthe (Lunéville, Dieuze), dans la Moselle; il s'étend au nord à Bouzonville et dans le grand-duché du Rhin; à l'est, du Luxembourg jusqu'à Dockendorf. Quelques affleurements se voient sur le versant oriental des Vosges, dans le Bas-Rhin.

Le même étage se retrouve en Suisse et en Allemagne, dans le canton de Bâle, dans l'Argovie, dans le grand-duché de Bade, dans le Wurtemberg, dans le Tyrol, dans le Salzbourg. L'étage commence à l'orient du Devonshire, en Angleterre, et forme une bande plus ou moins régulière qui passe dans le Somersetshire, le Glomestershire, le Worcestershire, le Warwick, le

Leicestershire, le Nottingham et va s'achever dans le Yorkshire,
à la rivière de Tees. Un lambeau indépendant se voit dans le
Chestershire.

Nous avons représenté, sur une première carte, l'état de la
France après les dépôts formés par les mers primitives. Les
terrains déposés par les mers depuis cette époque, dans les
lieux qui devaient former la France, sont assez nombreux pour
que nous en donnions une représentation géographique. C'est
ce que l'on a fait sur la carte placée en regard de cette page, et
qui retrace l'état de nos continents après les dépôts laissés par
les mers triasiques. Les terrains qui forment les continents
alors émergés, en France, appartiennent aux terrains primitifs, permien, houiller et triasique.

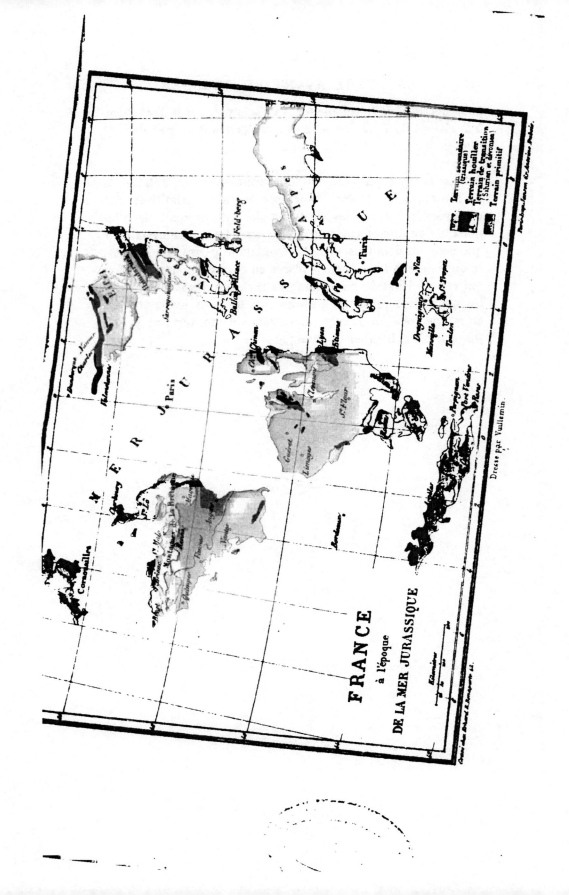

FRANCE
à l'époque
DE LA MER JURASSIQUE

Dressé par Vuillemin.

PÉRIODE JURASSIQUE.

Cette période, l'une des plus importantes dans l'histoire de notre globe, a reçu le nom de *jurassique*, parce que les montagnes du Jura, en France, sont en grande partie composées de terrains que les mers ont alors déposés.

La période jurassique offre un ensemble de caractères fort tranchés, tant pour les animaux que pour les plantes. Un grand nombre de genres d'animaux appartenant aux périodes précédentes ne se montrent plus ; beaucoup d'autres viennent les remplacer, et composent un groupe organique très-spécial, qui ne compte pas moins de quatre mille espèces.

Nous subdiviserons la période jurassique en deux sous-périodes : celle du *lias* et celle du *calcaire oolithique*. Après avoir fait l'histoire de ces deux âges du globe, nous décrirons les terrains sédimentaires qui se sont déposés à cette époque, et qui constituent la partie moyenne des terrains secondaires.

SOUS-PÉRIODE DU LIAS[1].

Des zoophytes, des mollusques, des poissons d'une organisation particulière, mais surtout des reptiles d'une grandeur et d'une structure extraordinaires, donnent aux mers de l'époque liasique un intérêt et des traits tout particuliers.

Parmi les zoophytes ou animaux rayonnés, nous citerons l'*asteria lombricalis* (fig. 106), et le *palæocoma Fustembergii* (fig. 107), qui constitue un genre peu éloigné de celui de nos *étoiles de*

---

1. *Lias* est le nom que les carriers anglais donnent à un calcaire argileux particulier au terrain jurassique.

mer, dont il rappelle les formes radiées. Le *pentacrinus fasciculosus* est un autre zoophyte de cette époque, qui décore avec

élégance les collections de paléontologie. Il appartient au genre des *crinoïdes*, qui est représenté dans l'époque actuelle par la *pentacrine tête de
Méduse*, rare et délicat zoophyte de
nos mers. La figure 108 représente
ce beau zoophyte fossile.

Les huîtres qui avaient vu le jour,
mais par un très-petit nombre d'espèces, dans la période précédente,

Fig. 106. Asteria lombricalis.

augmentent en nombre dans les mers liasiques. Citons comme
caractéristique de cette sous-période l'*ostrea arcuata* (fig. 109).

Les *ammonites*, genre si curieux de mollusques, tout à fait

Fig. 107. Palæozoma Fustembergii.

spécial au monde primitif et complétement disparu de nos
jours, s'étaient montrés, pour la première fois, dans la période
du trias. C'est dans la période jurassique que ces animaux

abondent, et présentent une variété infinie de dimensions et de formes, parmi lesquelles beaucoup sont d'une extrême élé-

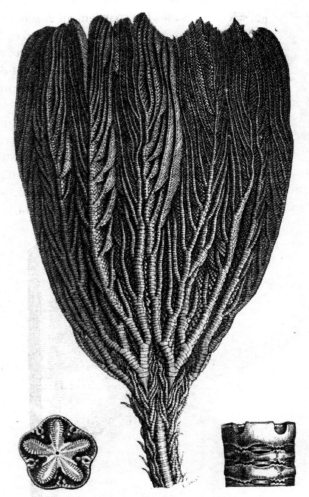

Fig. 108. Pentacrinus fasciculosus.

gance. Nous représentons ici quelques-unes des ammonites caractéristiques du lias : l'*ammonites bifrons* (fig. 110), l'*ammonites nodotianus* (fig. 111), l'*ammonites bisulcatus* (fig. 112), l'*ammonites margaritatus* (fig. 113), et l'*ammonites Bucklandi* (fig. 114).

Les bélemnites, mollusques céphalopodes d'une organisation très-curieuse, apparaissent en grand nombre et pour la pre-

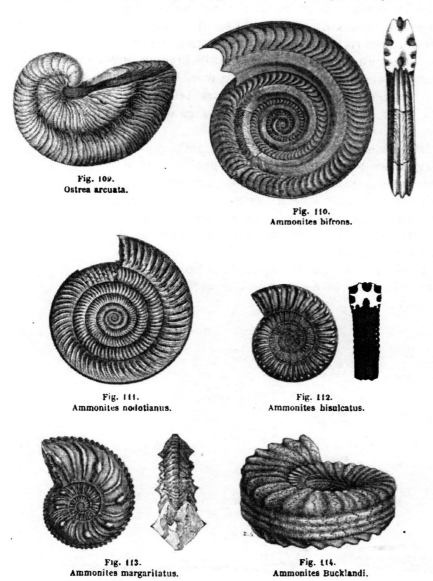

Fig. 109.
Ostrea arcuata.

Fig. 110.
Ammonites bifrons.

Fig. 111.
Ammonites nodotianus.

Fig. 112.
Ammonites bisulcatus.

Fig. 113.
Ammonites margaritatus.

Fig. 114.
Ammonites Bucklandi.

mière fois dans la période jurassique. On ne possède de ce mollusque qu'un osselet analogue à celui des seiches et des calmars, et que l'on pourrait, au premier abord, prendre pour une baguette pétrifiée. Ce simple et muet débris est bien loin de nous donner l'idée exacte de ce qu'était l'animal des temps primitifs qui a reçu le nom de bélemnite. Ce petit os allongé, le seul débris qui nous reste, n'était que la partie terminale enveloppée de chairs, du corps de la bélemnite. Différent en cela de l'ammonite, qui flottait à la surface de la mer, la bélemnite nageait au fond des eaux. On voit sur la figure 115 la bélemnite vivante, c'est-à-dire *restaurée*, selon le langage des paléontologistes.

On se forme une idée assez exacte de ce mollusque en se représentant notre seiche actuelle. La bélemnite, comme la seiche, sécrétait une matière noire, liquide, une sorte d'encre ou de *sépia*. On a retrouvé à l'état fossile, la poche contenant l'encre desséchée de la bélemnite, et un géologue a pu se donner la joie d'exécuter un dessin avec cette sépia, âgée de plus de dix millions d'années!

Parmi les bélemnites caractéristiques de la période du lias, nous citerons les *belemnites aculus, pistilliformis* (fig. 116) et *sulcatus* (fig. 117).

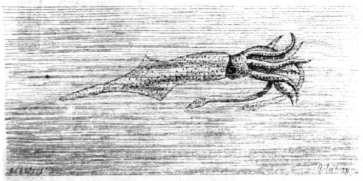

Fig. 115. Bélemnite restaurée.

Fig. 116. Belemnites pistilliformis.   Fig. 117. Belemnites sulcatus.

Citons encore, parmi les mollusques, le *plagiostoma giganteum* (fig. 118), mollusque acéphale dont la coquille, de grande dimension, était d'un poids considérable.

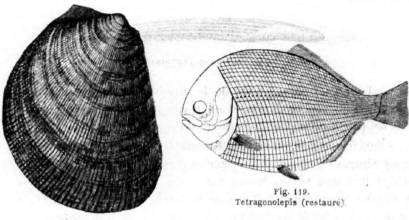

Fig. 119.
Tetragonolepis (restauré).

Fig. 118.
Plagiostoma giganteum.

Les mers liasiques contenaient un grand nombre de poissons dits *ganoïdes*, c'est-à-dire à écailles dures et brillantes. Le *lepidotus gigas* est un poisson de grande taille propre aux mers de cette époque. Un poisson plus petit, que nous représentons dans la figure 119, avec les écailles qui recouvraient son corps, était le *tetragonolepis* ou *œchmodus buchii*.

Fig. 120. Dent de l'Acrodus nobilis.

L'*acrodus nobilis* (fig. 120), dont on retrouve aujourd'hui les dents, vulgairement appelées en Angleterre *sangsues fossiles*, est un poisson dont on ne connaît pas le squelette entier. On ne connaît pas non plus exactement l'*hybodus reticulatus*. Les épines osseuses qui forment la partie antérieure de la nageoire dorsale de ce poisson, et que nous représentons dans la figure 121, ont longtemps piqué la curiosité des géologues, qui avaient donné à ces débris le nom d'*ichthyodorulites*, avant qu'il fût bien établi que ce n'était là qu'un fragment de la nageoire de l'*hybodus*.

Fig. 121. Portion de nageoire de l'*hybodus*, ou *ichthyodorulite*.

Toutefois, hâtons-nous de le dire, ce ne sont pas les êtres que nous venons de passer en revue qui fournissent les traits les plus saillants de la faune liasique. Il faut chercher ces traits dans d'énormes reptiles dont nous considérons aujourd'hui les formes étranges et les restes gigantesques avec une curiosité mêlée, en quelque sorte, de stupeur.

A aucune époque de l'histoire de la terre, les reptiles n'ont tenu une plus grande place et n'ont joué un rôle aussi important que dans la période jurassique. La nature semble avoir voulu, alors, porter cette classe d'animaux au dernier degré de perfection et lui accorder une organisation achevée. Les grands reptiles du lias sont des animaux aussi parfaits, aussi compliqués dans leur structure anatomique que les mammifères qui apparaîtront plus tard. Ces étranges et gigantesques sauriens disparaîtront pendant les périodes géologiques suivantes ; aussi nos reptiles, nos sauriens actuels ne sont-ils que l'ombre, la descendance abâtardie de ces puissantes races de l'ancien monde.

Pour n'avancer que des faits bien établis, nous ne considérerons ici que les reptiles fossiles les mieux connus, et qui ont été l'objet d'études répétées de la part des naturalistes : nous voulons parler des *ichthyosaures*, des *plésiosaures* et des *ptérodactyles*.

Les créatures extraordinaires qui portent le nom d'*ichthyosaure*[1] présentent des dispositions et arrangements organiques qui se rencontrent dispersés dans certains ordres ou dans certaines classes de nos animaux actuels, mais qui ne se voient jamais réunis dans aucun. En effet, les ichthyosaures possédaient à peu près le museau d'un marsouin actuel, la tête d'un

---

1. Ιχθιος σαυρος (*poisson-lézard*), pour rappeler que cet animal a les vertèbres d'un poisson et la tête d'un saurien ou lézard.

lézard, les dents d'un crocodile, les vertèbres d'un poisson, le sternum de l'ornithorinque et les nageoires de la baleine.

M. Bayle a donné l'idée la plus complète de l'*ichthyosaure*, en disant que c'était la baleine des sauriens, ou le cétacé des mers primitives. L'ichthyosaure était, en effet, un animal exclusivement marin, qui, sur le rivage, serait resté immobile comme une masse inerte : ses nageoires, semblables à celles de la baleine, le prouvent suffisamment. Comme la baleine, l'ichthyosaure respirait l'air atmosphérique, ce qui le forçait à s'élever à la surface de l'eau. Selon M. Bayle, il était même pourvu d'*évans*, par lesquels il rejetait en l'air des colonnes d'eau avalée.

Les dimensions de l'ichthyosaure variaient selon l'espèce. La plus grande espèce n'avait pas moins de 10 mètres de long [1].

C'est surtout d'après la structure de sa tête que l'on a vu dans l'*ichthyosaure* une sorte de lézard marin. La figure 122 repré-

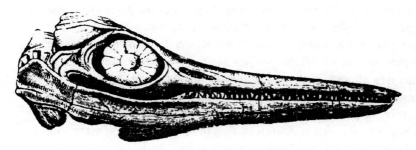

Fig. 122. Tête de l'Ichthyosaurus platyodon.

sente la tête de l'*ichthyosaurus platyodon*. Comme chez les sauriens, ses narines sont très-rapprochées de l'œil; mais, d'un autre côté, la forme et l'arrangement des dents le rapprochent du crocodile. Ces dents sont, en effet, coniques, mais non enchâssées dans des alvéoles profonds et séparés; elles sont seulement rangées dans une rigole longue et continue, creusée dans les os des mâchoires. Ces mâchoires avaient une ouverture énorme, car, chez certains individus, on les a trouvées

1. Les principales espèces sont l'*ichthyosaurus communis*, *platyodon*, *intermedius*, *tenuirostris*, *Cuvierii*.

armées de cent quatre-vingts dents. Ajoutons que de nouvelles dents pouvaient plusieurs fois remplacer celles que la voracité de l'animal lui avait fait perdre, car au-dessous de chaque dent se trouve toujours la dent de lait, c'est-à-dire le germe osseux d'une dent nouvelle.

Les yeux de ce colosse marin étaient beaucoup plus volumineux que ceux de tout animal qui vit de nos jours : leur volume excédait souvent celui de la tête d'un homme. Leur structure toute particulière constitue une des particularités les plus remarquables de l'organisation de l'ichthyosaure. Comme on le voit sur la figure 123, il existe à la partie externe de la cavité de l'orbite de l'œil de l'ichthyosaure une série circulaire de minces plaques osseuses entourant l'ouverture de la pupille. Ce système d'appareil qui se rencontre dans les yeux de plusieurs oiseaux, dans ceux des tortues et des lézards, sert à repousser en avant la cornée transparente, ou à la ramener en arrière, de façon à diminuer ou à augmenter sa courbure, et à permettre ainsi la perception successive des objets à de petites et à de grandes distances : c'est-à-dire à faire alternativement, et selon les besoins de l'animal, office de microscope ou de télescope. Les yeux de l'ichthyosaure étaient donc des appareils d'optique d'une prodigieuse puissance et d'une perfection singulière. Ils donnaient à l'animal le moyen de voir sa proie de près et de loin, comme aussi de la poursuivre au sein des ténèbres et des profondeurs des mers. Le curieux appareil de lames osseuses que nous venons de signaler dans l'orbite de l'ichthyosaure, donnait, en outre, à son vaste globe oculaire la force nécessaire pour supporter la pression considérable des hauts fonds des mers, et pour résister à l'assaut des vagues, lorsque l'animal, pour respirer, élevait sa tête au-dessus des flots.

Chez l'ichthyosaure, un cou gros et court supportait, à partir des yeux, un crâne volumineux, et se continuait en une colonne vertébrale, composée de plus de cent vertèbres. L'animal étant créé comme la baleine de nos jours, pour une locomotion rapide à travers les eaux, ses vertèbres n'avaient point la solide invariabilité des vertèbres du lézard et du crocodile, mais bien la structure et la légèreté de celles des poissons ; la section de ces vertèbres présentait deux cônes creux, réunis seulement par leur sommet au centre des vertèbres, ce qui permettait des mouvements très-multipliés de flexion.

Les côtes, minces, s'étendaient dans toute la longueur de la colonne vertébrale, depuis la tête jusqu'au bassin.

Les os du sternum, ou de cette partie de la poitrine qui supportait les rames ou nageoires de l'ichthyosaure, offraient les mêmes combinaisons que ceux de ce même sternum dans l'*ornithorinque*[1] de la Nouvelle-Hollande, cet autre phénomène de la nature vivante qui plonge au fond des eaux pour chercher sa nourriture et revient à leur surface respirer l'air atmosphérique, et pour lequel le Créateur semble avoir répété de nos jours les dispositions organiques qu'il avait créées une première fois pour l'ichthyosaure.

Afin que l'animal pût se mouvoir avec rapidité au sein des eaux, ses membres antérieurs et postérieurs étaient transformés en nageoires, ou rames. Les rames antérieures étaient de moitié plus grandes que les postérieures. La main pouvait contenir jusqu'à cent os, de forme polygonale, disposés en série représentant les phalanges des doigts. Cette main, jointe au bras, ressemble extrêmement aux nageoires sans doigts distincts du marsouin et de la baleine.

La queue, composée de 80 à 85 vertèbres, était munie de larges et fortes nageoires, placées verticalement comme chez tous nos poissons, et non horizontalement comme chez la baleine.

La figure 123, qui représente l'*ichthyosaurus communis*, met sous les yeux du lecteur toutes les particularités anatomiques du squelette de ce grand cétacé qui devait terriblement dépeupler les mers primitives.

La figure 124 représente l'*ichthyosaurus platyodon*.

Telles sont en définitive les parties constitutives du corps de l'ichthyosaure; telle est son architecture interne, énorme et compliquée. On ne saurait dire avec certitude si la peau de cet

---

1. L'ornithorinque offre le singulier amalgame d'un mammifère quadrupède à fourrure, dont la bouche est armée d'un bec comme celui du canard, et dont les quatre pieds sont palmés.

animal était nue, comme celle de la baleine et du lézard, ou

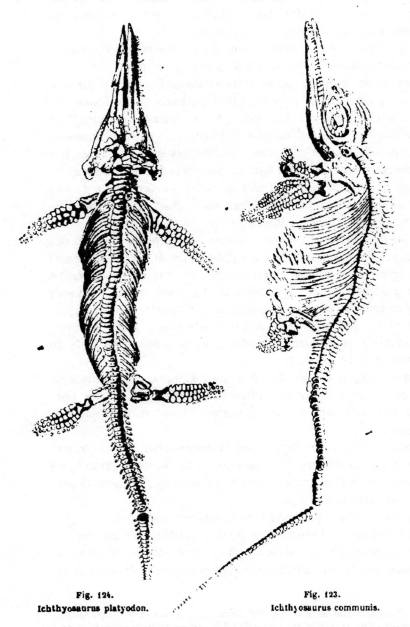

Fig. 124.
Ichthyosaurus platyodon.

Fig. 123.
Ichthyosaurus communis.

recouverte d'écailles, comme celle des grands reptiles de cette

époque. Comme les écailles des poissons, les cuirasses et armures cornées des reptiles du lias se sont conservées, et que l'on
n'a jamais trouvé ni écailles, ni armures défensives pour l'ichthyosaure, il est probable que sa peau était nue.

Il est curieux de voir à quel degré de perfection a été portée
de nos jours la connaissance des animaux antédiluviens. On sait
maintenant quelle était la nourriture ordinaire des ichthyosaures, et comment leur tube intestinal était construit. La
figure 125 représente le squelette d'un ichthyosaure trouvé
dans le terrain de lias de Lyme-Regis, en Angleterre. Il contient encore dans sa cavité abdominale, les *coprolithes*, c'est-à-

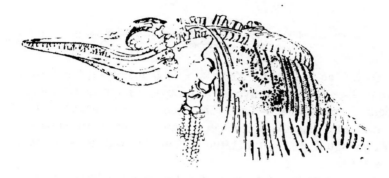

Fig. 125. Squelette d'Ichthyosaure contenant des écailles et des os
de poissons digérés, et à l'état de coprolithes.

dire le résidu de la digestion. Les parties molles du tube intestinal ont disparu, mais les *fecès* se sont conservées, et leur
examen nous renseigne sur le régime alimentaire de cet animal, qui a péri il y a plus de dix millions d'années.

On comprendra que ces coprolithes se soient si bien conservés,
si l'on réfléchit qu'une substance minérale indestructible par sa
nature, le phosphate de chaux, compose ces résidus, comme il
compose le résidu de la digestion de toute nourriture animale.
Ces coprolithes sont tellement abondants sur la côte de Lyme-
Regis, dans le terrain liasique où ont été trouvés les premiers
ichthyosaures, qu'ils forment, dans cette couche de terrain, des
amas entiers disséminés sur plusieurs kilomètres de longueur.
Les *coprolithes* de l'ichthyosaure contiennent des os et écailles

de poissons et de reptiles divers, assez bien conservés pour que l'on en détermine sans peine les espèces.

Il importe d'ajouter que parmi ces ossements on rencontre souvent des os d'ichthyosaure même. Dans des coprolithes de grands ichthyosaures on trouve des ossements de jeunes individus du même genre : c'est ce que montre la figure 126.

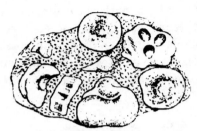

Fig. 126. Coprolithes de Lyme-Regis renfermant des os non digérés
d'un petit ichthyosaure.

La présence de ces débris d'animaux de la même espèce dans le canal digestif de l'ichthyosaure, prouve, comme nous avons eu déjà l'occasion de le faire remarquer, que ce grand saurien était l'un des êtres les plus voraces qui aient jamais existé, puisqu'il dévorait habituellement des individus de sa propre race.

La structure de la mâchoire de l'ichthyosaure porte à croire que, comme le crocodile, cet animal devait engloutir sa proie sans la diviser. Son estomac et son tube intestinal devaient donc former une poche d'un grand volume remplissant en entier la

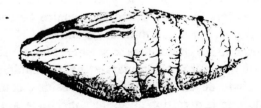

Fig. 127. Coprolithe de Lyme-Regis offrant l'impression de vaisseaux
et de replis du canal intestinal de l'ichthyosaure.

cavité abdominale, et répondant par son étendue au grand développement des dents et des mâchoires.

La·perfection avec laquelle le contenu des intestins grêles
s'est conservé à l'état fossile dans les coprolithes, fournit des
preuves indirectes que le tube intestinal de l'ichthyosaure ressemblait complétement à celui du requin ou du squale de nos
jours, poissons essentiellement voraces et vigoureux. L'intestin
grêle de ces poissons est contourné en spirale; or, cette disposition se retrouve exactement indiquée sur les coprolithes de
l'ichthyosaure, par les impressions qu'y ont laissées les replis
de cet intestin (fig. 127).

Certains lecteurs seront surpris peut-être que nous ayons
attiré leur attention sur un objet aussi infime en apparence que
la structure des intestins d'une race éteinte de reptiles. Justi-
fions-nous de ce reproche. Retrouver chez des êtres aussi antérieurs à l'apparition de nos races actuelles, le même système
d'organes qui est propre à nos animaux modernes, et cela
jusque dans des organes aussi périssables qu'un tube intestinal, entièrement composé de parties molles, non adhérentes
au squelette, n'est-ce pas rapprocher d'une manière bien inat-
tendue la création actuelle des créations éteintes? N'est-ce pas
rétablir, par la similitude des appareils organiques, la continuité d'une chaîne, en apparence brisée? N'est-ce pas constater
l'unité et la continuité visibles du plan dans l'œuvre de la
création, à travers tant de révolutions accomplies et de siècles
écoulés? Privilége admirable de la science, qui par l'examen
des parties les plus infimes de l'organisation, chez des êtres qui
vivaient il y a des millions et des millions d'années, donne à
notre esprit des enseignements solides, et à notre âme de véritables jouissances.

« Quand nous retrouvons, dit Buckland, dans le corps d'un ichthyosaure la nourriture qu'il venait d'engloutir un instant avant sa mort;
quand l'intervalle entre ses côtes nous apparaît encore rempli des débris de poissons qu'il a avalés il y a dix mille ans, ou un temps deux
fois plus grand, tous ces intervalles immenses s'évanouissent en
quelque sorte; les temps disparaissent et nous nous trouvons pour ainsi
dire mis en contact immédiat avec tous les événements qui se sont
passés à ces époques incommensurablement éloignées, comme s'il s'a-
gissait de nos affaires de la veille[1]. »

1. La géologie et la minéralogie dans leurs rapports avec la théologie naturelle, traduction française. Paris, 1838, tome I, p. 176.

Le nom de *plésiosaure* (du mot grec πλησίος, voisin; σαῦρος, lézard) rappelle que cet animal est *voisin*, par son organisation, des sauriens, et par conséquent de l'ichthyosaure dont nous venons de donner la description. Le *plésiosaure* offre la structure et l'ensemble d'organes les plus curieux que l'on ait rencontrés parmi les vestiges de l'ancien monde. Un auteur l'a comparé à un serpent caché dans la carapace d'une tortue. Remarquons toutefois qu'il n'y a pas ici de carapace. Le plésiosaure a la tête du lézard, les dents du crocodile, un cou d'une longueur démesurée, qui ressemble au corps d'un serpent, les côtes du caméléon, un tronc et une queue dont les proportions sont celles d'un quadrupède ordinaire, enfin les nageoires de la baleine. Jetons les yeux sur les restes de cet animal étrange que la terre nous a rendu et que la science fait revivre.

La tête du *plésiosaure* offre la réunion des caractères propres à celle de l'ichthyosaure, au crocodile et au lézard. Son long cou renferme un plus grand nombre de vertèbres que le cou du chameau, de la girafe, et même du cygne, celui de tous les oiseaux chez lequel le cou atteint, comparativement au reste du corps, la plus grande longueur.

Le tronc est cylindrique et arrondi, comme celui des grandes tortues marines; il n'était recouvert ni d'écailles ni de carapace, car on n'en a trouvé aucuns vestiges auprès de son squelette. Les vertèbres dorsales s'appliquaient les unes sur les autres par des surfaces plates, comme chez les quadrupèdes terrestres, ce qui ôtait à l'ensemble de sa colonne vertébrale presque toute flexibilité.

Chaque paire de côtes entourait le corps d'une ceinture complète, formée de cinq pièces comme chez le caméléon et l'iguane; de là sans doute, comme chez le caméléon, une grande facilité de contraction et de dilatation des poumons.

La poitrine, le bassin et les os des extrémités antérieures et postérieures concouraient à former un appareil qui permettait au plésiosaure de descendre et de s'élever dans les eaux à la façon des ichthyosaures et de nos cétacés. Aussi ses pattes étaient-elles converties en rames, plus grandes et plus puissantes que celles de l'ichthyosaure, et propres à compenser le

faible secours que l'animal pouvait tirer de sa queue. Cette
queue courte, comparativement à la longueur du reste du corps,
ne pouvait être un organe puissant d'impulsion, mais plutôt
une sorte de gouvernail susceptible de diriger la marche
de l'animal au sein des eaux.

La figure 128 représente l'espèce la plus connue du plésiosaure, le *plésiosaurus dolichodeirus*.

Fig. 128. Plesiosaurus dolichodeirus.

C'est en étudiant l'ensemble des caractères que nous venons
de passer en revue, qu'on est arrivé aux conséquences suivantes relativement aux habitudes du plésiosaure. C'était un
animal essentiellement marin. Cependant la longueur de son
cou était un obstacle à la rapidité de sa progression à travers
les eaux, et sa structure était, sous ce rapport, bien inférieure
à celle de l'ichthyosaure, si admirablement organisé pour fendre les vagues avec promptitude et vigueur. La ressemblance
de ses extrémités avec celles des tortues conduit à penser que,
comme ces derniers animaux, le plésiosaure descendait de
temps à autre sur le rivage; mais ses mouvements sur la terre
ferme ne pouvaient être que lents et difficiles. En raison de sa
respiration aérienne, il devait nager, non dans la profondeur,
mais à la surface des eaux, comme le cygne et les oiseaux aquatiques. Recourbant en arrière son cou long et flexible, il dar-
dait, de temps à autre, sa tête robuste et armée de dents tranchantes, pour saisir les poissons qui s'approchaient de lui.
Peut-être aussi se tenait-il d'habitude sur le rivage, dans les

eaux peu profondes de la mer et des étangs, caché au milieu des herbages, et maintenant, à l'aide de son long cou, sa tête à la surface de l'eau, pour guetter et saisir sa proie. Sa tête repliée en arrière pouvait, au commandement de la volonté, et grâce à la flexibilité du cou, partir subitement, comme le trait d'une arbalète, et s'abattre instantanément sur sa victime.

C'est dans le terrain de lias de Lyme-Regis que l'on a découvert, vers 1823, les premiers débris du *plesiosaurus dolichodeirus*. Depuis, on a rencontré d'autres individus dans les mêmes formations géologiques sur divers points de l'Angleterre, de l'Irlande, de la France et de l'Allemagne. On a signalé aussi dans le lias de Lyme-Regis une autre espèce de plésiosaure, le *plesiosaurus macrocephalus* (fig. 129).

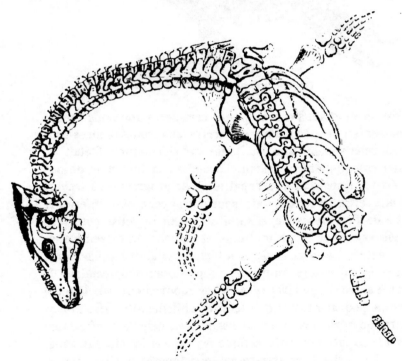

Fig. 129. Plesiosaurus macrocephalus.

Le plésiosaure était presque aussi énorme que l'ichthyosaure.

On a trouvé des individus dont le squelette avait 10 mètres de longueur.

On a réuni dans la figure 131 les deux grands reptiles marins du lias, l'ichthyosaure et le plésiosaure.

Cuvier a dit du plésiosaure qu'il offrait « l'ensemble des caractères les plus monstrueux que l'on ait rencontrés parmi les races de l'ancien monde. » Il ne faudrait pas prendre cette expression au pied de la lettre. Il n'y a pas de monstre dans la nature; dans aucune espèce animale vivante, les lois générales de l'organisation ne sont positivement enfreintes. C'est donc par une vue mal justifiée que l'on qualifierait de *monstres* les reptiles de grande taille qui habitaient les mers jurassiques. Ce qu'il faut plutôt voir dans cette organisation si spéciale, dans cette structure qui diffère si notablement de celle des animaux de nos jours, c'est le simple agrandissement d'un type, et quelquefois aussi le début et le perfectionnement successif des êtres. On verra, en parcourant la curieuse série des animaux des anciens âges, l'organisation et les fonctions physiologiques aller se perfectionnant sans cesse, et les genres éteints qui ont précédé l'apparition de l'homme, présenter, pour chaque organe, une modification toujours ascendante vers le progrès. La nageoire du poisson des mers devoniennes devient la rame natatoire de l'ichthyosaure et du plésiosaure; celle-ci devient bientôt la patte membraneuse du ptérodactyle et l'aile de l'oiseau. Vient ensuite la patte antérieure articulée du mammifère terrestre, qui, après avoir atteint un perfectionnement remarquable dans la main du singe, devient enfin le bras et la main de l'homme, instrument admirable de délicatesse et de puissance, appartenant à l'être éclairé et transfiguré par l'attribut divin de la raison.

En conséquence, écartons avec soin cette idée de monstruosité qui ne pourrait qu'égarer notre esprit. Ne considérons pas les êtres antédiluviens comme des erreurs ou des écarts de la nature; n'en détournons pas nos yeux avec dégoût; mais apprenons, au contraire, à y lire avec admiration le plan que s'est tracé dans l'œuvre de l'organisation, le sublime Créateur de toutes choses.

Ces réflexions vont nous servir à apprécier sous son vrai

jour l'un des plus singuliers habitants de l'ancien monde : nous
voulons parler du *ptérodactyle*[1].

La bizarre structure de cet animal a fait émettre par les naturalistes des opinions fort contradictoires. Les uns en ont fait
un oiseau, les autres une chauve-souris, les derniers un reptile
volant. Voilà de bien grandes divergences pour un animal dont
on possède le squelette parfaitement conservé dans toutes ses
parties. C'est que cet animal se rapproche, en effet, de l'oiseau
par la forme de sa tête et la longueur de son cou, de la chauve-
souris par la structure et la proportion de ses ailes, enfin des
reptiles par la petitesse du crâne et par l'existence d'un bec
armé d'au moins soixante dents pointues.

Le *pterodactylus macronyx* appartient au lias de Lyme-Regis.
Le *pterodactylus crassirostris* (fig. 130), que nous représentons
ici, appartient à la sous-période géologique suivante.

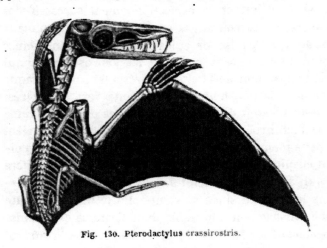

Fig. 130. Pterodactylus crassirostris.

La longue rangée de dents qui arme la mâchoire, le petit
nombre de vertèbres cervicales, l'étroitesse des côtes, la forme
du bassin, éloignent le ptérodactyle des oiseaux. Une courte
comparaison entre la structure de la tête et de l'aile des chauves-souris, et celle des mêmes parties dans le ptérodactyle,
empêche de le rapprocher des chauves-souris, c'est-à-dire des

1. De πτερόν , aile ; δάκτυλος , doigt : c'est-à-dire animal au doigt transformé en aile.

mammifères volants. Sa mâchoire, pourvue de dents coniques analogues à celles des sauriens, ses côtes étroites, la forme de son bassin, le nombre et les proportions des os de ses doigts, le rapprochent complétement des reptiles. Le ptérodactyle était donc un reptile pourvu d'une aile assez semblable à celle de la chauve-souris, et formée, comme chez ce mammifère, par une membrane qui reliait des doigts excessivement allongés.

Le ptérodactyle était un animal d'assez petit volume; les plus grands exemplaires ne dépassent pas la taille du cygne, les plus petits celle de la bécassine. D'un autre côté, sa tête était énorme, comparée au reste du corps. On ne saurait donc admettre que cet animal pût réellement voler, et, comme un oiseau, fendre les airs. L'appendice membraneux qui reliait ses doigts était plutôt un parachute qu'une aile. Il lui servait à modérer la rapidité de sa descente, quand il se précipitait sur sa proie, en tombant d'un lieu élevé. Essentiellement grimpeur, le ptérodactyle devait s'élever en grimpant à la manière d'un lézard, au haut des arbres ou des rochers, et s'abattre, de là, sur le sol ou sur les branches inférieures, en déployant son parachute naturel.

La station ordinaire du ptérodactyle se faisait sur ses deux pieds de derrière. Il se tenait debout, avec fermeté, les ailes pliées, et marchant sur ses deux pattes de derrière. Habituellement, il se perchait sur les arbres. Il grimpait le long des rochers et des falaises, en s'aidant des pieds et des mains, comme le font aujourd'hui les chauves-souris et les lézards. Il est probable que ce curieux animal possédait enfin la faculté de nager, si commune chez les reptiles. Milton a dit du démon, qu'il

> Va guéant ou nageant, court, gravit, rampe ou vole[1].

Ce mauvais vers du traducteur pourrait s'appliquer aussi au ptérodactyle.

On croit que les petites espèces de cet animal se nourrissaient d'insectes, mais que les grandes faisaient leur proie des poissons, sur lesquels le ptérodactyle pouvait se précipiter à la manière des hirondelles de mer.

Ce qui frappe surtout dans l'organisation de cet animal

[1]. Traduction de Delille.

Fig. 131. L'Ichthyosaure et le Plésiosaure (période du Lias).

étrange, c'est le bizarre assemblage de deux ailes vigoureuses implantées sur le corps d'un reptile. L'imagination des poëtes avait seule conçu jusqu'ici une telle association, en créant ce fameux *dragon* qui a joué un si grand rôle dans la fable et la mythologie païennes. Le dragon, ou le reptile volant de la fable, avait disputé à l'homme la possession de la terre; les dieux et demi-dieux comptaient parmi leurs plus fameux exploits leur victoire contre ce monstre puissant et redoutable. Des fictions païennes, le dragon passa dans la poésie grecque et latine, et, plus tard, dans celle de la Renaissance et des temps modernes. Quel rôle ne joue pas le fabuleux dragon dans les vers du Tasse et de l'Arioste! Consacré par la religion des premiers peuples, introduit de la mythologie païenne, dans la poésie grecque et latine, enfin dans les fictions poétiques des modernes, le dragon, selon une pensée fort juste de Lacépède, « a été tout, et s'est trouvé partout, hors dans la nature. »

Le ptérodactyle est le seul animal qui pourrait répondre au type fameux de la religion et de la poésie ancienne; mais on voit que ce type est bien amoindri dans le pauvre reptile grimpeur et sauteur de la période jurassique.

Parmi les animaux de notre époque on ne trouve qu'un seul reptile pourvu d'ailes, ou d'appendices digitaires analogues à l'aile membraneuse de la chauve-souris : c'est celui que les naturalistes modernes désignent, pour les motifs précédents, sous le nom même de *dragon*, qui vit dans les forêts des contrées les plus brûlantes de l'Afrique et dans quelques îles de l'océan Indien, surtout à Sumatra et à Java. Il poursuit avec adresse les insectes, en sautant de branche en branche, à l'aide de l'espèce de parachute qui résulte du prolongement de l'un de ses doigts revêtu d'une membrane.

Quelle étrange population que celle de notre globe à cette période de son enfance où les eaux étaient remplies de créatures aussi extraordinaires que celles dont nous venons de retracer l'histoire; où des reptiles monstrueux, comme l'ichthyosaure et le plésiosaure, remplissaient l'Océan, sur les flots duquel voguaient, comme de légers esquifs, d'innombrables ammonites dont quelques-unes avaient la dimension d'une roue de voiture, tandis que des tortues gigantesques et des crocodiles rampaient

aux bords des rivières et des lacs! Aucun mammifère ne trou-
blait encore de ses cris la tranquillité des vallons ou des forêts; rien n'interrompait le silence des airs, sinon le sifflement
des reptiles terrestres et le vol de quelques insectes ailés.

La terre s'était un peu refroidie pendant la période jurassique, les pluies avaient perdu de leur continuité et de leur
abondance, la pression atmosphérique avait sensiblement diminué. Toutes ces circonstances secondaient l'apparition et la
multiplication de ces innombrables espèces animales dont les
formes singulières se montrèrent alors à la surface du globe.
On ne peut se faire une idée de la quantité prodigieuse de mollusques et de zoophytes dont les débris sont ensevelis dans les
terrains jurassiques, et y forment à eux seuls des couches entières d'une grande étendue.

Les mêmes circonstances concouraient à favoriser la multiplication des plantes. Si les rivages et les mers de cette période
recevaient des redoutables êtres qui viennent d'être décrits, une
physionomie grandiose et terrible, la végétation qui couvrait les
continents avait aussi son aspect et son caractère particuliers.
Rien dans la période actuelle ne peut rappeler la riche végétation qui décorait les rares continents de cette époque. Une température encore très-élevée, une atmosphère constamment humide, et sans doute aussi une brillante illumination solaire,
provoquaient une végétation luxuriante, dont quelques îles tropicales du monde actuel, avec leur température brûlante et leur
climat maritime, peuvent seules nous donner l'idée, et même
nous rappeler les types botaniques. Les élégants *voltzia* de la
période houillère avaient disparu; mais il restait les prêles, dont
les troncs déliés se dressaient dans les airs en panaches élégants;
il restait encore des roseaux gigantesques, et des fougères, qui
avaient perdu, il est vrai, les énormes dimensions qu'elles présentaient dans les périodes antérieures, mais non les fines et
délicates découpures de leur feuillage aérien. ·

A côté de ces familles végétales, héritage transmis par les
siècles antérieurs, une famille tout entière, celle des cycadées,
se montre ici pour la première fois au jour. Les cycadées
comptent tout de suite des genres nombreux. Tels sont les
zamites, les pterophyllum, les nilsonia.

. Parmi les nombreuses espèces végétales qui sont caractéristiques de l'époque du lias, nous citerons les suivantes, en les rangeant par familles :

FOUGÈRES............ .. { *Odontopteris cycadea.*
{ *Thaumatopteris Munsteri.*
{ *Camptopteris crenata.*

CYCADÉES............. { *Zamites distans.*
{ *Zamites heterophyllus.*
{ *Zamites gracilis.*
{ *Pterophyllum majus.*
{ *Pterophyllum dubium.*
{ *Nilsonia contigua.*
{ *Nilsonia elegantissima.*
{ *Nilsonia Sternbergii.*

CONIFÈRES............ { *Taxodites.*
{ *Pinites.*

Les *zamites*, arbres d'un port élégant, semblent annoncer la naissance prochaine des palmiers, qui apparaîtront dans la période suivante.

Les zamites étaient des plantes très-voisines de nos zamias actuels, arbustes de l'Amérique tropicale, et surtout des îles de l'Inde occidentale. Ils étaient si nombreux en individus et en espèces, qu'ils formaient à eux seuls la moitié de la végétation pendant la période qui nous occupe. Le nombre de leurs espèces fossiles est plus grand que celui des espèces actuellement vivantes. Le tronc des zamites, simple et couvert de cicatrices laissées par les anciennes feuilles, supportait une épaisse couronne de feuilles, longues de plus de six pieds, et disposées en éventails en partant d'un centre commun.

Les *pterophyllum*, grands arbres couverts de bas en haut de larges feuilles pinnées, s'élevaient à une hauteur de plusieurs mètres. Leurs feuilles, minces et membraneuses, étaient munies de folioles tronquées au sommet, parcourues par de fines nervures, non convergentes, mais aboutissant au bord terminal tronqué.

Enfin, les *nilsonia* étaient des cycadées voisines des pterophyllum, mais à feuilles épaisses et coriaces et dont les folioles courtes, contiguës ou même en partie soudées à la base, étaient obtuses ou presque tronquées au sommet, et présentaient des nervures arquées ou confluentes vers le haut.

La planche 132 représente un paysage continental de la période du lias. Les arbres et arbustes caractéristiques de cette période sont l'élégant pterophyllum, qui se dresse à l'extrémité gauche du tableau ; les zamites, qui se reconnaissent à leur tronc large et très-bas, d'où rayonnent des feuilles inclinées en forme d'éventail. Les grandes prêles de cette époque s'unissent aux fougères arborescentes. On y voit encore des cyprès, conifères tout à fait voisins de ceux de notre époque. Parmi les animaux, le ptérodactyle est surtout représenté. L'un de ces reptiles se voit à l'état de repos, porté sur ses pattes de derrière ; l'autre est représenté, non pas volant à la manière d'un oiseau, mais se précipitant du haut d'un rocher, pour saisir au vol un insecte ailé, l'élégante *libellule* (demoiselle).

Terrain du lias. — Les terrains qui représentent actuellement la période liasique, forment la base du terrain jurassique et ont une épaisseur moyenne d'environ 100 mètres.

A la partie inférieure, on trouve des sables, des grès quartzeux, qui portent le nom de *grès du lias* et comprennent la plus grande partie du *quadersandstein* (pierre à bâtir des Allemands). Au-dessus, viennent des calcaires compactes, argilifères, bleuâtres ou jaunâtres. Enfin l'étage est terminé par des marnes, quelquefois arénifères, d'autres fois bitumineuses.

En France, le terrain du lias affleure dans le Calvados, la Bourgogne, la Lorraine, la Normandie, le Lyonnais, etc.

SOUS-PÉRIODE OOLITHIQUE.

Cette sous-période a reçu le nom d'*oolithique* parce que plusieurs des calcaires entrant dans la composition des terrains qui la représentent aujourd'hui, résultent presque entièrement de l'agrégation de petits grains ronds, concrétionnés, dont l'aspect rappelle les œufs de poissons (οον, œuf ; λιθος, pierre). Elle se subdivise en trois sous-périodes, que nous passerons successivement en revue, et qui portent les noms de périodes *oolithique inférieure, moyenne* et *supérieure*.

Fig. 132. Paysage de l'époque du lias.

Oolithe inférieure. — Le trait le plus saillant et le plus caractéristique de cette époque est certainement l'apparition, sur le
globe, d'animaux appartenant à la classe des mammifères. Mais
l'organisation toute spéciale de ces premiers mammifères va être
pour le lecteur un sujet d'étonnement, et prouver d'une manière
indubitable que la nature a procédé, dans la création des animaux, par des degrés successifs, par des transitions qui relient
d'une façon presque insensible les êtres à d'autres plus per-
fectionnés. Les premiers mammifères qui apparurent sur la
terre ne jouissaient pas de tous les attributs organiques propres
aux mammifères parfaits. Dans cette grande classe, les animaux
viennent au monde tout vivants, et non par des œufs, comme
les oiseaux, les reptiles et les poissons. Ce n'est pas ainsi qu'é-
taient organisés les premiers mammifères que Dieu jeta sur
notre globe : ils appartenaient à cet ordre tout spécial d'animaux, rares d'ailleurs, qui ne font pas leurs petits vivants, mais
qui accouchent d'une masse gélatineuse, laquelle tient à la
fois de l'œuf et du jeune animal. Cette masse membraneuse,
la mère la conserve pendant un certain temps dans une sorte
de poche creusée dans les parois de son abdomen; ce n'est
qu'après un séjour plus ou moins prolongé dans cette poche,
et sous l'influence de la chaleur maternelle, que l'animal parfait
déchire ses langes et apparaît au jour. C'est là un mode de
génération qui semble tenir le milieu entre la génération
ovipare et vivipare, entre la génération des oiseaux ou des
reptiles et celle des mammifères; et c'est un trait bien frappant pour l'histoire de la création animale, que de voir ces animaux apparaître dans la chronologie du globe, pour former,
pour ainsi dire, le trait d'union entre les reptiles et les mammifères. Les naturalistes ont toujours été fort embarrassés
pour classer les animaux pourvus de cette curieuse organisation. On voit avec quelle facilité on trouve leur place zoologique
quand on consulte l'histoire du monde primitif. Le lecteur
comprendra ainsi combien les différentes branches des sciences
naturelles servent à s'éclairer mutuellement, combien la paléontologie, par exemple, peut venir, comme dans le cas actuel,
efficacement au secours de la zoologie.

On nomme, dans la classification zoologique actuelle, *mam-*

mifères didelphes les animaux qui sont pourvus du mode d'organisation qui vient d'être décrit. Les mammifères didelphes naissent dans un état d'imperfection extrême, et, durant leur vie embryonnaire, ne tirent pas leur existence d'un placenta, comme cela a lieu chez les mammifères ordinaires : les parois de leur cavité viscérale sont soutenues par des os dits *marsupiaux*, qui sont fixés par leur extrémité postérieure au devant du bassin. Les sarigues, les kanguroos, les ornithorinques sont les représentants actuels de ce groupe.

On a donné le nom de *thylacotherium* ou d'*amphiterium*, et de *phascolotherium*, aux premiers mammifères didelphes, ou *marsupiaux*, qui ont apparu sur le globe, et que l'on a découverts dans le terrain oolithique inférieur. La figure 133 représente (de grandeur naturelle) la mâchoire inférieure du premier de ces animaux ; la figure 134 représente le second. Les mâchoires in-

Fig. 133. Thylacotherium Prevosti.

Fig. 134. Phascolotherium

férieures sont d'ailleurs tout ce que l'on a pu recueillir jusqu'ici de ces animaux fossiles.

Les animaux qui vivaient sur les continents pendant la sous-période oolithique étaient à peu près les mêmes que ceux de la sous-période du lias. Les insectes y étaient peut-être plus nombreux.

La faune marine comptait des reptiles, des poissons, des mollusques, des zoophytes. Parmi les premiers, nous citerons les *ptérodactyles* et un grand saurien, le *teleosaurus*, animal encore imparfaitement connu ; parmi les poissons, les genres *ganodus* et *ophiopsis*.

L'*ammonites Humphrysianus* (fig. 135), l'*ammonites bullatus* (fig. 136), l'*ammonites Brongniarti* (fig. 137), le *nautilus lineatus*, représentaient les mollusques céphalopodes ; les *terebratula digona* (fig. 138) et *spinosa*, les mollusques brachiopodes.

Le *pleurotomaria conoidea* (fig. 139), parmi les gastéropodes, et le *lima proboscidea*, qui appartiennent aux mollusques acéphales, sont des fossiles caractéristiques de cette époque, à

Fig. 135. Ammonites Humphrysianus.

Fig. 136. Ammonites bullatus.

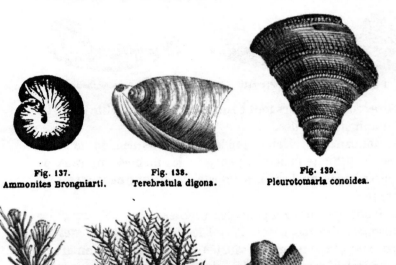

Fig. 137.
Ammonites Brongniarti.

Fig. 138.
Terebratula digona.

Fig. 139.
Pleurotomaria conoidea.

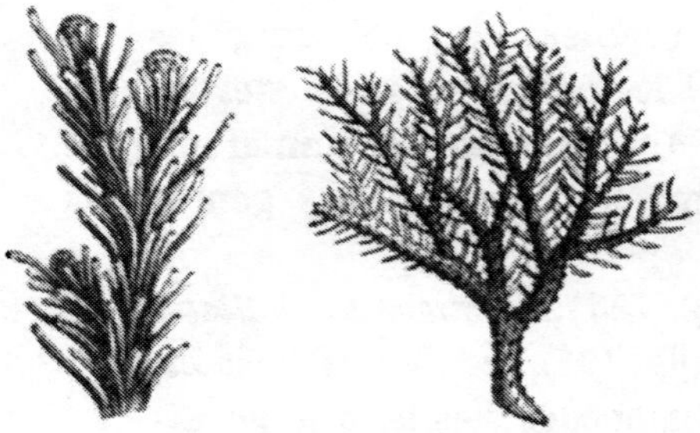

(Grossie.)   (Grandeur naturelle.)
Fig. 140. Entalophora cellarioides.

Fig. 141.
Eschara Ranviliana.

laquelle vivaient encore l'*entalophora cellarioides* (fig. 140), l'*es-*

chara Ranviliana (fig. 141), les *bidiastopora cervicornis* (fig. 142 , élégants et caractéristiques mollusques bryozoaires.

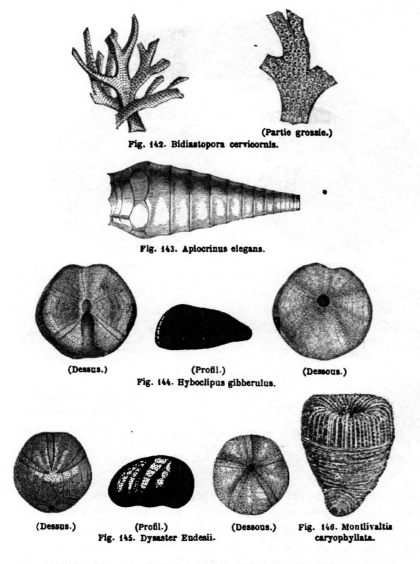

(Partie grossie.)

Fig. 142. Bidiastopora cervicornis.

Fig. 143. Apiocrinus elegans.

(Dessus.)   (Profil.)   (Dessous.)

Fig. 144. Hyboclipus gibberulus.

(Dessus.)   (Profil.)   (Dessous.)   Fig. 146. Montlivaltia

Fig. 145. Dysaster Eudesii.   caryophyllata.

Les échinodermes et les polypiers croissaient en grand nombre dans les mers de l'oolithe inférieure : l'*apiocrinus elegans* (fig. 143), l'*hyboclipus gibberulus* (fig. 144), le *dysaster Eudesii* (fig. 145), représentaient les premiers ; le *montlivaltia caryophyllata* (fig. 146), l'*anabacia orbulites* (fig. 147), le *cryptocœmia bacciformis* (fig. 148), l'*eunomia radiata* (fig. 149), représentaient les seconds.

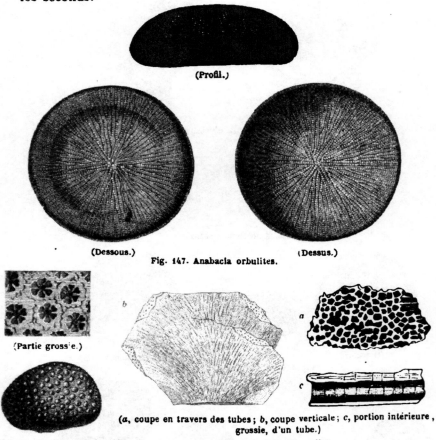

(Profil.)

(Dessous.)   (Dessus.)
Fig. 147. Anabacia orbulites.

(Partie grosse.)

(*a*, coupe en travers des tubes ; *b*, coupe verticale ; *c*, portion intérieure , grossie, d'un tube.)

Fig. 148. Cryptocœmia bacciformis.   Fig. 149. Eunomia radiata.

Cette dernière et remarquable espèce de zoophytes (*Eunomia radiata*) se présente à nous en masses de plusieurs mètres de circonférence, accumulation d'animaux qui a sans doute nécessité une longue suite de siècles. Cette réunion de zoophytes vivant sous les eaux, mais à une faible distance de leur niveau, a fini par constituer des bancs, ou plutôt des îlots, d'une étendue considérable, qui formaient à la surface de la mer de véritables récifs. Ces récifs se sont principalement formés à l'époque jurassique, et l'extrême abondance de ces masses au sein de la mer est même un des caractères de cette période géologique. Ce même phénomène continue d'ailleurs de nos jours, mais par d'autres zoophytes. On appelle *attoles* les bancs de rochers qui se produisent aujourd'hui, par suite de cette cause, dans les mers de l'Océanie.

La flore continentale de cette époque était fort riche. Les fougères continuaient d'y figurer, mais la taille et le port de ces plantes étaient sensiblement inférieurs à ce qu'ils avaient été dans les périodes antérieures. Nous citerons, parmi les fougères, les espèces suivantes, propres à la période oolithique :

Le *coniopteris Murrayana* (fig. 150), le *pecopteris Desnoyersi*

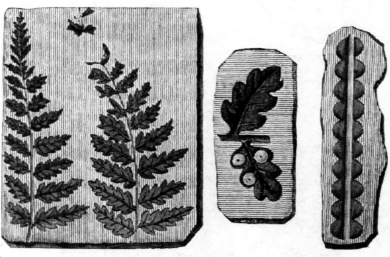

Fig. 150. Coniopteris
Murrayana.

Fig. 151. Pecopteris
Desnoyersi.

(fig. 151), le *pachypteris lanceolata* (fig. 152), le *phlebopteris Phillipsii* (fig. 153); parmi les lycopodiacées, le *lycopodites falcatus*.

La physionomie végétale de cette époque devait recevoir un caractère tout spécial de la présence de quelques arbres de la famille des *pandanées*, si remarquables par la disposition de leurs racines aériennes et par la magnificence des couronnes

feuillées qui terminent leurs rameaux. Ni les feuilles ni les racines de ces plantes n'ont été retrouvées à l'état fossile, mais on

(Partie grossie.)

Fig. 152. Pachypteris lanceolata.

Fig. 153. Phlebopteris Phillipsii.

possède leurs fruits, volumineux et sphériques, qui ne laissent
aucun doute sur la nature du végétal tout entier.

Les cycadées étaient représentées par les genres *zamites* et *otozamites*, par plusieurs espèces de *pterophyllum* (fig. 154).

Les conifères, cette grande famille de l'époque moderne à laquelle appartiennent les pins, sapins, etc., de nos forêts du Nord, existaient dès cette époque. Ces premiers conifères comptaient les genres *thuites*, *taxites*, *brachyphyllum*.

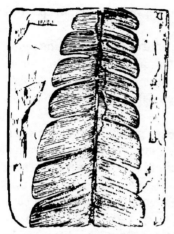

Fig. 154. Pterophyllum Williamsonis.

Fig. 155. Brachyphyllum.

Les *thuites* étaient de vrais thuyas, arbres de l'époque actuelle, qui sont toujours verts, à rameaux comprimés, à feuilles petites, imbriquées, serrées, offrant à peu près l'aspect du cyprès, mais s'en distinguant par plusieurs points de leur organisation; les *taxites* ont été rapprochés, avec quelques doutes, des ifs; enfin les *brachyphyllum* (fig. 155) étaient des arbres qui, par leurs caractères de végétation, paraissent se rapprocher de deux genres actuellement existants : les *arthrotaxis* de la Terre de Diémen et les *widdringtonia* de l'Afrique australe. Les feuilles des *brachyphyllum* sont courtes, charnues, insérées par une base large et rhomboïdale.

Terrain oolithique inférieur. — Les terrains qui représentent actuellement la période oolithique inférieure, et qui atteignent en Angleterre jusqu'à 180 mètres de puissance, forment un étage très-complexe.

La première assise du *terrain oolithique inférieur* se rencontre en Normandie, dans les Basses-Alpes, aux environs de Lyon, etc. Remarquable près de Bayeux par la variété et la beauté de ses fossiles, ce terrain se compose principalement de calcaires jaunâtres, brunâtres ou rougeâtres, chargés d'hydrate de fer, souvent oolithique, et reposant sur des sables calcaires. Ces dépôts sont surmontés d'alternances d'argile et de marne, bleuâtre ou jaunâtre, auxquelles on a donné le nom de *terre à foulon*, parce qu'elles servent à dégraisser les draps qui sortent des fabriques.

La seconde assise de l'oolithe inférieure, qui atteint une puissance de 50 à 60 mètres sur les côtes de la Normandie, et se développe aux environs de Caen et dans le Jura, a été divisée en quatre étages, que nous allons signaler successivement, en allant de bas en haut.

1° La *grande oolithe*. Elle consiste principalement en un calcaire oolithique très-caractérisé, mais à très-petits grains, blanc, tendre, très-développé et exploité à Bath, en Angleterre. Le *calcaire de Caen*, qui appartient au même groupe, est une pierre blanche assez tendre, imparfaitement oolithique en certaines parties, très-propre à la taille, et recherchée même en Angleterre pour les belles constructions. C'est au niveau de la grande oolithe qu'il faut rapporter les couches de Stonesfield, célèbres par la découverte qu'on y a faite des mammifères marsupiaux *amphiterium* et *phascolotherium*, de plusieurs sortes de reptiles, principalement des *ptérodactyles*, de plantes et d'insectes admirablement conservés.

2° L'*argile de Bradfort*, qui n'est qu'une marne bleuâtre contenant souvent beaucoup d'encrines, mais qui paraît n'avoir qu'une existence locale.

3° Le *marbre de forêt* (*forest marble*), qui se compose de calcaire coquillier, exploité dans la forêt de Wichwood, et de sable marneux et quartzeux.

4° Enfin, le *cornbrash* (terre à blé), formé de pierrailles calcaires ou de grès calcarifères qui encombrent les champs cultivés en céréales : de là son nom.

Oolithe moyenne. — La flore continentale de cette époque se composait de fougères, de cycadées, de conifères et même de palmiers. Les premières étaient représentées par le *pachypteris microphylla*, les secondes par le *zamites Moreani;* les *brachyphyllum Moreanum* et *majus* paraissent avoir été des conifères caractéristiques de cette époque. Quant aux palmiers, on a retrouvé seulement leurs fruits à l'état fossile, ce qui laisse planer une certaine incertitude sur leur existence à cette période.

Les continents de cette époque renferment en outre de nombreux vestiges de la faune qui les animait. Les insectes y apparaissent pour la première fois : les punaises parmi les hémiptères, les abeilles parmi les hyménoptères, les papillons parmi les lépidoptères, les libellules (fig. 156) parmi les névroptères.

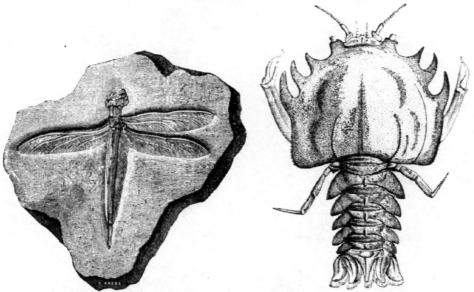

Fig. 156. Libellula.　　　　　　　Fig. 157. Eryon arctiformis.

Au sein des mers ou sur les rivages, vivaient encore les ichthyosaures qu'on ne retrouvera plus aux époques suivantes; le *pterodactylus crassirostris*, les *pleurosaurus* et les *geosaurus*, êtres imparfaitement connus.

Outre de nombreux poissons, les mers renfermaient encore des crustacés, des cirrhipèdes, des mollusques, des zoophytes.

Parmi les crustacés, l'*eryon arctiformis* (fig. 157) appartenait à la famille des crustacés, dont la langouste est le type. L'*apty-*

chus sublævis (fig. 158) représentait des cirrhipèdes ayant de grands rapports avec les mollusques et les articulés, et dont font partie nos anatifes et nos balanes actuels : les *aptychus* de

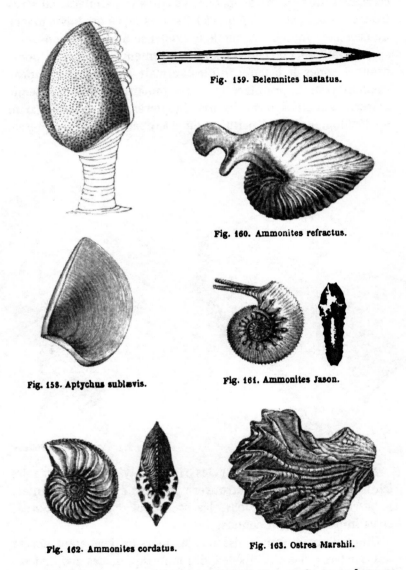

Fig. 159. Belemnites hastatus.

Fig. 160. Ammonites refractus.

Fig. 158. Aptychus sublævis.

Fig. 161. Ammonites Jason.

Fig. 162. Ammonites cordatus.

Fig. 163. Ostrea Marshii.

l'oolithe moyenne étaient des anatifes à deux valves seulement, tandis que les anatifes modernes en ont cinq. Parmi les mol-

lusques étaient des ammonites, des bélemnites, des huîtres, etc.
Nous citerons comme caractéristiques les espèces suivantes :

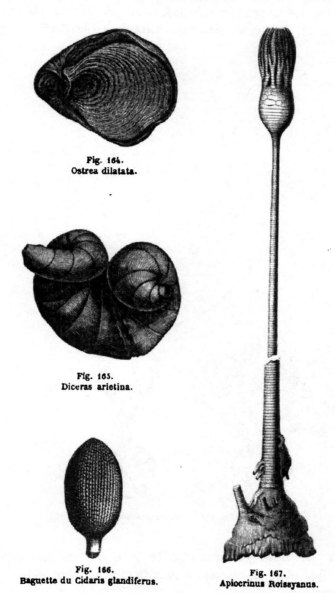

Fig. 164.
Ostrea dilatata.

Fig. 165.
Diceras arietina.

Fig. 166.
Baguette du Cidaris glandiferus.

Fig. 167.
Apiocrinus Roissyanus.

belemnites hastatus (fig. 159), *ammonites refractus* (fig. 160),
ammonites Jason (fig. 161), *ammonites cordatus* (fig. 162), *ostrea*

Marshii (fig. 163), *ostrea dilatata* (fig. 164), *diceras arietina* (fig. 165), *nerinea hieroglyphica*.

Parmi les zoophytes échinodermes : le *cidaris glandiferus* (fig. 166), l'élégant *apiocrinus Roissyanus* (fig. 167), le gra-

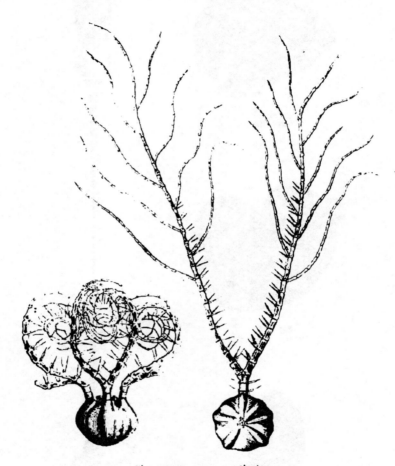

Fig. 168. Saccocoma pectinata.

cieux *saccocoma pectinata* (fig. 168), le *millericrinus nodotianus* (fig. 169), le *comatula costata* (fig. 170), l'*hemicidaris crenularis* (fig. 171).

Parmi les spongiaires : le *cribrospongia reticulata* (fig. 172).

Les polypiers étaient à cette époque d'une abondance extrême.

C'est principalement pendant la période oolithique que se sont formés ces petits îlots de polypiers que l'on rencontre assez souvent dans les profondeurs de la terre et que nous signalons

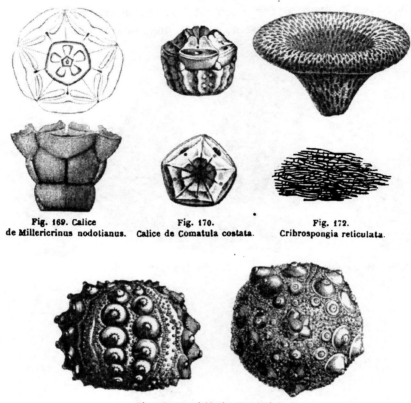

Fig. 169. Calice
de Millericrinus nodotianus.

Fig. 170.
Calice de Comatula costata.

Fig. 172.
Cribrospongia reticulata.

Fig. 171. Hemicidaris crenularis.

plus haut, à propos de leur présence dans le terrain oolithique inférieur. C'étaient de petites constructions calcaires formées dans les mers anciennes par l'agrégation continue des habitations de divers polypiers. Le même phénomène, comme nous l'avons déjà dit, se produit encore de nos jours. C'est surtout dans les mers de l'Océanie que l'on rencontre aujourd'hui ces récifs de coraux ou de madrépores qui affleurent le niveau de l'eau, et qui sont le résultat de la vie d'une masse de polypiers. La formation de ces bancs madréporiques ou coralliens

a dû exiger un temps très-considérable. Ils sont juste à la
hauteur du niveau de l'eau, car les animaux qui habitaient et
fréquentaient ces roches calcaires vivaient dans les eaux et
auraient péri dans l'air atmosphérique. Dans les terrains ooli-
thiques, on trouve assez fréquemment des bancs de ces zoophytes
qui ont 4 à 5 mètres d'épaisseur, sur des longueurs de plusieurs

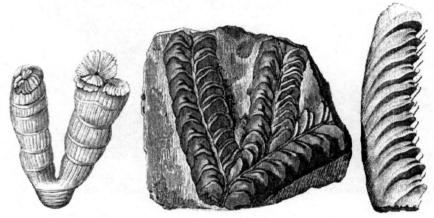

Fig. 173. Thecosmilia annularis. Fig. 174. Phytogyra magnifica.

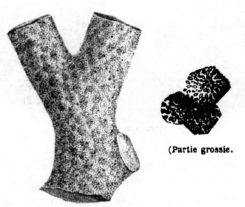

(Partie grossie.

Fig. 175. Dendrastræa ramosa.

lieues. Ces bancs conservent encore pour la plupart la position
relative qu'ils occupaient dans la mer lorsqu'ils étaient en voie
de formation.

Voici les figures de quelques-uns des zoophytes appartenant
à l'époque oolithique :

Thecosmilia annularis (fig. 173); *thamnastræa, phylogyra magnifica* (fig. 174); *dendrastræa ramosa* (fig. 175).

Terrain oolithique moyen. — Les terrains qui représentent actuellement la sous-période oolithique moyenne peuvent se diviser en trois assises : l'assise callovienne, l'assise oxfordienne et l'assise corallienne.

L'assise callovienne (dont Kalloway est le type anglais), d'une épaisseur de 150 mètres environ, se compose surtout de puissantes couches de marne d'un bleu noirâtre. On trouve cette assise très-développée dans le département du Calvados, en France. C'est l'*argile de Dives* qui forme le sol de la vallée d'Auge, renommée par ses gras pâturages et ses magnifiques bestiaux ; elle est comme pétrie de mollusques fossiles. La même couche est aussi la base de ces magnifiques rochers, bizarrement découpés sur les côtes de la Manche, et qu'on nomme les *vaches noires*. Cette dernière localité est célèbre par ses belles ammonites transformées en pyrite.

L'assise oxfordienne constitue aux environs d'Oxford, en Angleterre, la base des collines. On la trouve très-développée en France, à Trouville (département du Calvados) et à Neuvisy (département des Ardennes). Son épaisseur est d'environ 100 mètres. Elle se compose d'un calcaire bleuâtre ou blanchâtre, souvent argileux, rarement oolithique, et de marne argileuse, souvent bleuâtre.

L'assise corallienne ou *coral-rag* tire son nom de ce fait que le calcaire qui en constitue la principale partie, se compose spécialement de l'agrégation de nombreux débris de coraux et de polypiers entiers ou roulés, et quelquefois de masses énormes de polypiers en place. On la trouve surtout en France, dans les départements de la Meuse, de l'Yonne, de l'Ain, de la Charente-Inférieure.

Oolithe supérieure. — Des mammifères marsupiaux vivaient à cette dernière section de la sous-période oolithique, comme dans la première. Ils appartiennent au genre *spalacotherium.* Outre les plésiosaures et les téléosaures, vivaient encore sur les plages maritimes, un crocodilien, le *macrorhynchus,* les genres *cetiosaurus, stenosaurus* et *streptospondylus,* et parmi les tortues, des *emys* et *platemys*. De même encore qu'à l'époque de l'oolithe inférieure, vivaient alors des insectes dont quelques-. uns volent aujourd'hui dans nos prairies ou à la surface des eaux.

Les mers renfermaient quelques poissons appartenant aux genres *asteracanthus*, *strophodus*, *lepidotus*, *microdon*. Les mollusques céphalopodes y étaient peu nombreux; les genres dominants appartenaient aux lamellibranches et aux gastéropodes; ils se tenaient près des côtes de la mer. Plus de récifs madréporiques ou coralliens; à peine quelques zoophytes à l'état fossile viennent-ils témoigner de l'existence de ce groupe d'animaux.

Voici quelques fossiles caractéristiques de la faune marine et de la même époque :

Ammonites decipiens, *ammonites giganteus*, *natica elegans*, *natica hemispherica*, *ostrea deltoidea* (fig. 176), *ostrea virgula* (fig. 177), *trigonia gibbosa* (fig. 178), *pholadomya multicostata*, *pholadomya acuticostata* (fig. 179), *terebratula selta* (fig. 180), *hemicidaris purbeckensis*.

Des tortues, des poissons, des paludines, des physes, des unios, des planorbes, des cypris, petits crustacés bivalves, composaient la faune d'eau douce.

La végétation de cette époque était représentée, sur le continent, par des fougères, des cycadées, des conifères; dans les étangs, par des *zostera* et par des *chara*, dont on a retrouvé les sporanges ou *gyrogonites*.

Les *chara* sont des plantes cryptogames aquatiques submergées, qui se fixent dans la vase par des radicelles très-fines; leurs tiges sont cylindriques, dépourvues de feuilles, rameuses, articulées, à rameaux disposés par verticilles au niveau des articulations et portant les appareils de la fructification. Leurs fruits (*sporanges*), ovoïdes ou globuleux, sont entourés de cinq bandes disposées en spirale qui forment à leur sommet une petite couronne. Chaque fruit ne renferme qu'une graine ou spore. Les *zostères* sont des plantes monocotylédones de la famille des naïades, qui vivent dans les sables vaseux des plages maritimes et y forment, par leurs feuilles longues, étroites et rubanées, de vastes prairies du plus beau vert; à la marée basse, ces masses de verdure apparaissent quelquefois à découvert. Elles servent de retraite à un grand nombre d'animaux marins et de nourriture à quelques-uns.

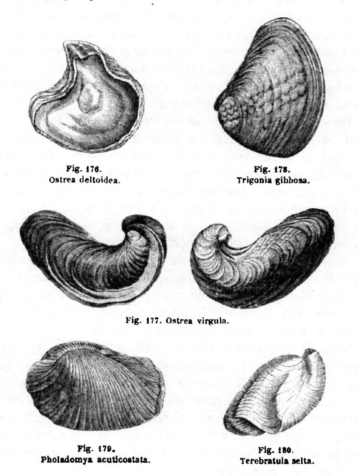

Fig. 176.
Ostrea deltoidea.

Fig. 178.
Trigonia gibbosa.

Fig. 177. Ostrea virgula.

Fig. 179.
Pholadomya acuticostata.

Fig. 180.
Terebratula selta.

Terrain oolithique supérieur. — Les terrains qui représentent actuellement la sous-période oolithique supérieure se divisent en deux assises : l'assise *kimmeridgienne* et l'assise *portlandienne*.

La première est spécialement composée de nombreuses couches d'argile bleuâtre ou jaunâtre, qui passent à l'état de marne et de schiste bitumineux. Très-développée près de Kimmeridge, en Angleterre, ce qui lui a valu son nom, elle existe en France : à Tonnerre (Yonne), au Havre, à Honfleur, à Mauvage (Meuse). Elle est riche en fossiles; c'est là le niveau des *ostrea deltoidea* et *virgula*.

La seconde assise est composée d'un calcaire sub-oolithique que l'on exploite dans l'île de Portland, pour les constructions de Londres. Elle existe en France, près de Boulogne (Pas-de-Calais), à Cirey-le-Château (Haute-Marne), à Auxerre (Yonne). Ces localités sont les types de cet étage. On y a découvert cinquante-neuf espèces de mollusques.

On a récemment réuni à cette assise un ensemble de couches qui se montrent exceptionnellement à Portland et dans les falaises de la péninsule de Purbeck (Dorsetshire). Ces couches sont alternativement des formations marines et d'eau douce, et ce sont les débris fossiles qu'on y a retrouvés qui ont servi à reconstituer surtout la faune et la flore d'eau douce que nous avons signalées plus haut. Les dépôts lacustres sont principalement composés de calcaires pétris de *cypris*.

Le trait le plus important de ce terrain, qui est comme la tête de cette longue et multiple série de couches constituant la formation jurassique, c'est la présence d'une terre végétale très-bien conservée. L'épaisseur de cet humus, tout à fait analogue à notre terre végétale actuelle, est de 30 à 45 centimètres. De couleur noirâtre, il contient une forte portion de lignite terreux. On y trouve enfouis des troncs silicifiés de conifères et des débris de plantes analogues aux *zamia* et aux *cycas*. Ces plantes ont dû être fossilisées sur l'emplacement même où elles ont végété. Les troncs d'arbres sont en position verticale, et leurs racines, fixées au sol, sont aussi espacées les unes des autres que celles des arbres de nos forêts. Autour des débris on trouve une grande quantité de matière charbonneuse. Ce sol, connu sous le nom de *couche de boue* (*dist-bed*), est horizontal dans l'île de Portland; mais on le retrouve non loin de là, dans certaines falaises, avec une inclinaison de 45°,

Fig. 181. Humus géologique.

et les troncs n'en restent pas moins parallèles entre eux

C'est là un bel exemple d'un changement de position de couches primitivement horizontales. La figure 181 représente cette espèce d'*humus géologique*. « Chaque *lit de bouc*, dit M. Lyell, rappelle sans doute bien des milliers d'années, car c'est à peine si les plus vieilles forêts des tropiques laissent sur le sol qui les a portées quelques centimètres de terre végétale comme monument de leur existence. »

Cette couche de terre végétale, ces débris encore entiers de végétaux rappellent complétement la houille et ne sont qu'un état moins avancé de cette fossilisation végétale qui, accomplie pendant la période houillère sur des amas immenses de plantes et durant un temps infiniment long, nous a laissé les précieux dépôts houillers.

Nous avons représenté, sur la planche 182, une vue idéale de la terre pendant la période oolithique. La partie continentale nous présente les types réunis des arbres propres à cette période, les *zamites* avec leur tronc large et bas, d'où partent des feuilles en éventail; ils rappellent, par leur port et leur forme, nos zamias actuels des contrées tropicales; un pterophyllum avec sa tige couverte, du bas jusqu'au sommet, de ses branches finement découpées; des conifères assez semblables à nos cyprès actuels, et des fougères arborescentes. Sur l'un de ces arbres s'aperçoit le *phascolotherium*, assez semblable à nos sarigues : c'est le premier mammifère qui ait animé les parages de l'ancien monde. Le dessinateur a dû agrandir ici les dimensions de la sarigue fossile, pour faire saisir les formes de cet animal. Il faut donc réduire, par la pensée, cinq à six fois le volume de ce mammifère, qui n'était guère plus gros qu'un chat.

Un ptérodactyle (le *pterodactylus crassirostris*), un squelette d'ichthyosaure, rappellent que les reptiles tenaient encore une grande place dans la création animale de cette époque. Enfin quelques insectes, en particulier les libellules (demoiselles), volent dans ce paysage primitif. Sur la mer, nage, comme un cygne gigantesque, le terrible plésiosaure.

Ce qui différencie ce paysage de celui de la sous-période précédente, c'est un groupe de magnifiques arbres, les pandanées, qui sont remarquables par leurs racines aériennes, leurs longues feuilles et leurs fruits globuleux.

Fig. 182. Vue idéale de la terre pendant la période oolithique.

FRANCE
à l'époque
DE LA MER CRÉTACÉE

Kilomètres

Dressé par Vuillemin.

Terrain jurassique
Terrain triasique
Terrain houiller
Terrain de transition
(Silurien et dévonien)
Terrain primitif

Paris

Dunkerque

Boulogne

Cherbourg

Bordeaux

Marseille

Turin

Nice

Toulon

St Tropez

Draguignan

Perpignan

Cornouailles

St Malo

Mer de la Bretagne

Rennes

Angers

Nantes

Niort

La Rochelle

Limoges

Tulle

St Flour

Lyon

St Etienne

CÉVENNES

Strasbourg

Ballon d'Alsace Feld-berg

Bourgogne

Loire

VOSGES

ALPES

M E R

C R É T A C É E

Nous représentons sur la carte placée en regard de cette page l'étendue des continents qui existaient en France après les dépôts que laissèrent les mers jurassiques. Nous ajouterons seulement quelques indications sur la distribution actuelle du terrain jurassique à la surface du globe.

En France, les montagnes du Jura sont presque entièrement formées de ce terrain, dont les divers étages y sont complétement représentés. C'est même cette circonstance qui a fait donner, par M. de Humboldt, le nom de *jurassique* à la partie de l'écorce terrestre dont nous venons d'esquisser l'histoire. Le lias supérieur domine surtout dans les Pyrénées et dans les Alpes.

Le terrain jurassique existe en Espagne, dans plusieurs parties de l'Italie septentrionale, en Russie, notamment dans le gouvernement de Moscou, et en Crimée. C'est en Allemagne qu'il occupe la plus grande place. Une assez faible assise de calcaire oolithique nous offre, à Solen-Hofen, un gisement géologique célèbre contenant des plantes, des poissons, des insectes, des crustacés, avec quelques ptérodactyles, admirablement conservés. Les belles carrières de pierres lithographiques de Papenheim, si renommées en Europe, appartiennent au terrain jurassique. On a récemment signalé l'existence de ce terrain dans l'Inde. Il contribue à la formation du massif de l'Himalaya et entre dans la constitution de la chaîne des Andes, en Amérique.

PÉRIODE CRÉTACÉE.

On donne le nom de *crétacée* à cette nouvelle période de l'histoire du globe parce que les terrains que la mer a déposés à
cette époque sont presque entièrement composés de craie (carbonate de chaux).

Ce n'est pas pour la première fois que la chaux apparaît
dans la constitution de notre planète. On a vu, dès la période
devonienne, la chaux intervenir parmi les matériaux terrestres;
le terrain jurassique est formé de chaux dans la plupart de ses
assises, et ces assises sont énormes autant que nombreuses.
Par conséquent, lors de la période appelée *crétacée* par les géologues, la chaux n'était pas une matière nouvellement venue
sur le globe. Si l'on a été conduit à accorder ce nom à cette
période, c'est simplement peut-être parce que les géologues
français ont été plus particulièrement frappés de l'abondance de
la chaux dans le bassin parisien.

Nous avons déjà, à propos du terrain devonien, cherché à
établir l'origine de la chaux, qui forme aujourd'hui une masse
énorme de terrains, et entre pour une part très-considérable
dans la formation de l'écorce terrestre. Il nous paraît utile,
à propos de la période crétacée, de reproduire, pour la développer davantage, cette même explication.

Nous avons déjà dit que la chaux a été introduite sur le
globe par des eaux thermales qui jaillirent en grande abondance par les fissures, dislocations et fractures du sol, déterminées elles-mêmes par le refroidissement progressif du
globe. Le centre de la terre est le grand réservoir et le lieu
d'origine de tous les matériaux qui forment aujourd'hui son
écorce. De même que l'intérieur du globe nous a fourni les
matières solides éruptives très-diverses, telles que les granits,
les porphyres, les trachytes, les basaltes, les laves, il a éga-

lement lancé à la surface du sol des eaux bouillantes chargées de bicarbonate de chaux, souvent même accompagnées de silice. Les *geysers* de l'Irlande, qui lancent à une hauteur considérable des jets d'eau bouillante, tenant de la silice en dissolution, nous offrent un exemple, encore en action de nos jours, de ces eaux thermales qui autrefois apportaient des masses énormes de silice de l'intérieur du globe. Les eaux minérales actuelles, comme celles du mont Dore, de Vichy, etc., nous donnent l'exemple d'eaux thermales empruntant la chaux au même centre commun. Agrandissez ce phénomène, aujourd'hui réduit à des proportions insignifiantes, et vous aurez l'explication de l'origine des masses de chaux qui existent sur notre globe. Si le terrain calcaire sur lequel s'élève la ville de Vichy, par exemple, a été formé par les sources minérales qui sourdent aux alentours de cette ville, on n'aura pas de peine à admettre que ce même phénomène s'étant produit aux époques primitives de notre globe, sur une étendue immense, les eaux bouillantes chargées de bicarbonate de chaux dissous, et qui s'échappaient par les fractures provenant des dislocations du sol, aient fourni à la terre la chaux qui existe dans son écorce solide.

Mais comment cette chaux dissoute, à l'état de bicarbonate, dans les eaux thermales venues de l'intérieur de la terre, a-t-elle fini par composer des terrains? C'est ce qu'il reste à faire comprendre.

Aux époques primitives, la mer couvrant la surface presque entière du globe, les sources thermales chargées de sels calcaires se déchargeaient nécessairement au milieu de ses eaux. Ces sources thermales venant sourdre dans le bassin des mers, se réunissaient aux flots de l'immense Océan primordial. Les eaux de la mer devinrent ainsi sensiblement calcaires; elles contenaient, on peut le croire, 1 ou 2 pour 100 de chaux. Les innombrables animaux qui vivaient dans les mers primitives, en particulier les zoophytes, ainsi que les mollusques au test solide, s'emparèrent de cette chaux pour former leur enveloppe minérale. Dans ce milieu liquide, essentiellement calcaire, les foraminifères, les coraux, les polypiers, les rudistes pullulaient, et formaient des populations innombrables. Que devenait, après leur mort, le corps de ces animaux grands et petits, mais ordinairement d'une petitesse microscopique? La matière ani-

male destructible disparaissait, au sein de l'eau, par la putréfaction ; il ne restait que la matière inorganique indestructible,
c'est-à-dire le carbonate de chaux, qui formait le test de leur
enveloppe. Ces dépôts calcaires s'accumulaient en épaisses
couches sur le bassin des mers ; ils s'agglutinaient bientôt en
une masse unique, et formaient au fond un lit continu. Ces
couches se superposant, s'augmentant par la suite des siècles,
ont constitué nos terrains calcaires actuels.

Ce que l'on vient de lire n'est pas, comme plus d'un lecteur
pourrait en concevoir la crainte, une conception faite à plaisir
par l'imagination en quête d'un système. Le temps est passé où
la géologie pouvait être considérée comme le roman de la nature. Tout ce qu'elle avance n'a plus aucun caractère de conception arbitraire, mais est la seule expression des faits observés.
Sans doute on est frappé de surprise en apprenant que toutes
les roches, tous les terrains, toutes les roches calcaires, toutes
les pierres employées à la construction de nos maisons et de nos
villes, sont des dépôts des mers de l'ancien monde, et ne consistent qu'en une aggrégation de coquilles, de mollusques ou de
débris de test de foraminifères et autres zoophytes. Mais que
l'on prenne la peine de regarder, que l'on ait recours à l'observation, et tous les doutes ne tarderont pas à disparaître. Examinez la craie au microscope, vous la trouverez composée de la
réunion de nombreux débris de spongiaires, de zoophytes, de
petites ammonites, de coquilles, et surtout de foraminifères tellement petits que leur petitesse a même dû les rendre indestruc-
tibles. Cent cinquante de ces petits êtres étant placés bout à
bout, ne formeraient pas la longueur d'un millimètre.

Les figures suivantes (fig. 183, 184, 185, 186) représentent
les formes multipliées et élégantes que l'on découvre dans la
craie soumise à l'inspection microscopique. Ces figures, empruntées à l'ouvrage du savant micrographe Ehrenberg (*Micro-
géologie*), reproduisent l'aspect que présente au microscope la
craie réduite en poudre et étalée sur le porte-objet du microscope. Les échantillons de craie, soumis à l'inspection microscopique, sont ici au nombre de quatre : les craies de Meudon,
de Gravesend, en Angleterre, de l'île Moën (Danemark), et de
Cattolica, en Sicile. Dans ces divers calcaires on discerne des co-

Fig. 183. Craie de Meudon.

Fig. 184. Craie de Gravesend.

Aspect de la craie au microscope, d'après Ehrenberg (Micrographie géologique).

Fig. 185. Craie de l'île Moën (Danemark).

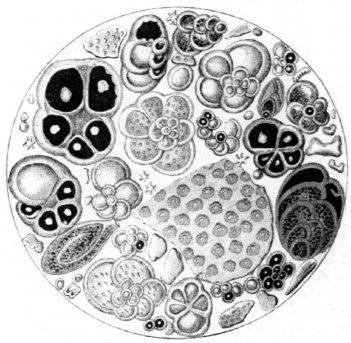

Fig. 186. Craie de Cattolica (Sicile).
Aspect de la craie au microscope, d'après Ehrenberg (Micrographie géologique).

quilles d'ammonites, de foraminifères et autres zoophytes. Sur deux de ces figures on a représenté l'aspect d'une même tranche de craie vue par transparence ou réflexion, et vue dans son épaisseur par l'éclairage superficiel.

Le seul recours à l'observation suffit donc pour établir la réalité de l'explication qui précède concernant la formation des terrains crayeux, ou crétacés. Ajoutons, pour lever les derniers doutes, qu'au sein d'une mer de l'Europe moderne, dans la mer Baltique, on voit se passer l'ensemble du curieux phénomène que nous venons de décrire. Depuis des siècles, le fond de la mer Baltique ne cesse de s'élever, par suite du dépôt constant qui s'y fait, d'un amas de test et de coquilles calcaires. La mer Baltique sera un jour comblée par ces dépôts, et ce phénomène moderne, que nous prenons pour ainsi dire sur le fait, met sous nos yeux l'explication positive de la manière dont les terrains crétacés se sont formés dans l'ancien monde.

Après cette explication du mode de formation des terrains crétacés, examinons l'état de la nature vivante durant cette importante période de l'histoire de la terre.

L'état de la végétation pendant la période crétacée est comme le vestibule de la végétation des temps actuels. On y trouve, avec beaucoup d'espèces propres aux périodes anciennes, un certain nombre d'espèces appartenant aux temps modernes. Placée à la fin de l'époque secondaire, cette végétation prépare et sert comme de transition à celle de l'époque tertiaire, qui, comme on le verra, tend à se confondre avec celle de nos jours.

Les paysages du monde primitif nous ont montré jusqu'ici des formes végétales à jamais éteintes ; elles offraient à nos regards quelque chose d'étrange et d'inconnu. Mais pendant la période dont nous allons tracer l'histoire, le règne végétal commence à se façonner sous un aspect moins mystérieux : des formes familières à nos yeux, des cimes arrondies, des ombrages aimés, se montrent à nos regards. Les palmiers apparaissent, et dans leurs diverses espèces nous en reconnaissons qui diffèrent peu des palmiers de nos contrées tropicales. Les dicotylédones augmentent en nombre ; parmi eux se montrent des espèces identiques à celles de nos jours. Au milieu des fougères, des cycadées, qui ont considérablement perdu en nombre et en importance, nous voyons, à n'en pas douter, croître les arbres dicotylédones de nos climats tempérés : ce sont des aunes, des charmes, des érables et des noyers. Arbres de nos pays, nous vous saluons avec joie !

Mais si la végétation de la période crétacée se rapprochait sensiblement de celle de nos jours, on ne saurait en dire autant de sa population animale. Le moment n'est pas encore venu où nous verrons des mammifères analogues à ceux de notre époque animer les forêts et les plages de l'ancien monde. Les premiers et imparfaits mammifères, c'est-à-dire les marsupiaux, qui s'étaient montrés pendant la période précédente, n'existent même plus, et aucun autre mammifère n'est venu les remplacer. Plus de sarigue grimpant, avec ses petits, aux branches des zamites ! La terre appartient encore aux reptiles, qui réveillent seuls, par leurs sifflements sinistres, la solitude des bois et le silence des vallées. Les reptiles qui remplissaient les mers pendant la période jurassique tenaient des crocodiles par leur organisation ; les reptiles de cette période ressemblent aux lézards : voilà le seul perfectionnement. Ils sont portés sur des pattes plus hautes, ils ne rampent plus sur le sol : tel est le seul progrès qui semble les rapprocher des mammifères.

Ce n'est pas sans surprise que l'on constate l'immense développement, les dimensions extraordinaires que présentait à cette époque l'espèce des lézards. Ces animaux, qui, de nos jours, ne dépassent pas un mètre de longueur, pouvaient atteindre, pendant la période crétacée, une longueur de 20 mètres. Inoffensifs aujourd'hui, ils étaient à cette époque voraces et destructeurs. Le lézard marin, que nous étudierons sous le nom de *mosasaure*, était alors le fléau des mers : il avait remplacé l'ichthyosaure de la période jurassique. Depuis la période du lias jusqu'à celle de la craie, les ichthyosaures et les plésiosaures furent les tyrans des eaux. Ils terminent leur existence au commencement de la période crétacée, et sont remplacés par le *mosasaure*, à qui échoit la redoutable fonction de maintenir dans de justes limites l'exubérante production des tribus de poissons et de crustacés qui peuplaient les mers. Nous verrons les énormes lézards marins de cette période disparaître à leur tour, et être remplacés, dans les mers de l'époque tertiaire, par les cétacés, par nos baleines. A partir de ce moment, on ne trouvera plus de reptiles habitant les mers ; ils prendront le rôle très-secondaire que nous leur voyons jouer dans la création actuelle.

Vu l'étendue considérable des mers, les poissons étaient nécessairement nombreux à cette époque. Des brochets, des saumons, des diodons et des zées, analogues aux espèces de nos jours, vivaient dans les mers crétacées. Ils fuyaient devant des requins et des squales voraces, qui apparurent alors pour la première fois.

Ces mêmes mers étaient encore remplies d'un grand nombre de polypiers, d'oursins, de mollusques, de crustacés différents de ceux qui existaient à l'époque jurassique. A côté des gigantesques lézards, pullulaient des animalcules, les foraminifères, dont les restes minéraux sont répandus aujourd'hui à profusion dans la craie, sur une surface et une épaisseur immenses. Les débris calcaires de ces animalcules, par leur nombre incalculable, ont couvert une partie de la surface terrestre.

Pour donner une idée de l'importance de la période crétacée sous le rapport des êtres organisés, il nous suffira de dire qu'on a trouvé dans les terrains qui la représentent actuellement, 268 genres d'animaux jusqu'alors inconnus, et plus de 5000 espèces d'êtres vivants spéciaux. La puissance ou l'épaisseur des terrains formés pendant cette période est de 4000 mètres environ.

Nous diviserons la période crétacée en deux sous-périodes, d'après leur ordre d'ancienneté et les espèces animales qui leur sont propres : les périodes crétacées inférieure et supérieure.

PÉRIODE CRÉTACÉE INFÉRIEURE.

De nombreux reptiles, quelques oiseaux, parmi lesquels de grands échassiers appartenant aux genres *palœornis* et *cimoliornis*, des mollusques nouveaux en quantités considérables, et des zoophytes extrêmement variés, composaient la riche faune terrestre de la craie inférieure. Jetons un coup d'œil sur les plus importants de ces animaux, qui ne subsistent aujourd'hui pour nous que par quelques fragments mutilés, véritables médailles de l'histoire de notre globe, médailles à demi effacées par les siècles, et qui consacrent seules le souvenir des âges disparus.

Découvert en 1832 dans la forêt fossile de Tilgate, l'*hyléosaure* (lézard des bois) paraît avoir eu environ 8 mètres de longueur. Ce qu'on a trouvé de cet énorme saurien se réduit à une série d'os longs et pointus, qui devaient former sur son échine une frange dure et à demi ossifiée, semblable aux épines cornées qui surmontent le dos de ces reptiles des temps actuels qui ont reçu le nom d'*iguanes*. Des fragments de grandes plaques osseuses que l'on a trouvées mêlées aux mêmes débris, étaient probablement logés dans la peau de cet animal, et donnaient une certaine résistance à son enveloppe extérieure.

Le *mégalosaure* était un énorme lézard, porté sur des pattes un peu élevées; sa longueur allait jusqu'à 14 à 16 mètres. Cuvier considérait ce reptile comme tenant tout à la fois, par sa structure, de l'iguane et du *monitor*, reptile actuel propre aux régions de l'Inde. Le mégalosaure était un saurien terrestre. La structure compliquée et merveilleusement agencée de ses dents prouve qu'il était essentiellement carnivore. Il se nourrissait de reptiles de taille médiocre, tels que les crocodiles, les tortues. que l'on trouve à l'état fossile dans les mêmes couches.

La figure 187 représente la pièce osseuse la plus importante

Fig. 187. Mâchoire du Mégalosaure.

que l'on possède de ce reptile : c'est un fragment de mâchoire inférieure qui supporte plusieurs dents. La forme de cette mâchoire montre que la tête se terminait en avant par un museau droit, mince et aplati sur les côtés, comme celui du *gavial* ou crocodile de l'Inde.

Les dents du mégalosaure étaient admirablement en rapport avec la fonction de destruction dévolue à cette bête redoutable; elles paraissent tenir à la fois du couteau, du sabre et de la scie. Verticales d'abord, elles prenaient, avec l'âge de l'animal, une courbure en arrière qui leur donnait la forme d'une serpette. Après avoir insisté sur quelques autres particularités des robustes dents du mégalosaure, Buckland nous dit :

« Avec des dents ainsi construites, de façon à couper de toute la longueur de leur bord concave, chaque mouvement des mâchoires produit l'effet combiné d'un couteau et d'une scie, en même temps que le sommet opère une première incision comme le ferait la pointe d'un sabre à double tranchant. La courbure en arrière que prennent les dents à leur entier accroissement rend toute fuite impossible à la proie une fois saisie, de la même manière que les barbes d'une flèche rendent son retour impraticable. Nous retrouvons donc ici les mêmes arrangements que l'habileté humaine a mis en œuvre dans la fabrication de plusieurs des instruments qu'elle emploie. »

L'*iguanodon* était un lézard plus gigantesque encore que le mégalosaure ; c'est le plus colossal de tous les sauriens qui aient vécu à la surface du globe primitif : il avait jusqu'à 16 mètres de long. La forme et la disposition de ses dents, jointes à l'existence d'une corne osseuse surmontant l'extrémité de son museau, le rapprochent, ou pour mieux dire l'identifient, comme espèce, avec notre iguane actuel, le seul reptile qui soit pourvu d'une corne sur le nez. Il n'y a donc aucun doute sur l'entière ressemblance de ces deux êtres. Mais, tandis que notre iguane actuel est long d'un mètre, son congénère fossile avait seize fois cette dimension. On ne peut se défendre d'un sentiment d'étonnement quand on voit, par un exemple si frappant et si net, la disproportion de taille qui existe entre les énormes reptiles des créations anciennes et ceux de l'époque actuelle.

L'iguanodon portait, avons-nous dit, une corne sur son museau. L'os de sa cuisse dépassait en grosseur celui des plus grands éléphants : il avait un mètre et demi de long et 8 centimètres de circonférence. La forme des os de ses pieds démontre qu'il était organisé pour une locomotion terrestre ; enfin, celle de son système dentaire, qu'il était herbivore.

Les dents (fig. 188), qui sont les organes les plus importants et les plus caractéristiques de l'animal tout entier, ne sont point logées, chez l'iguanodon, dans des alvéoles distincts, comme chez les crocodiles, mais fixées à la face interne de l'os dentaire, c'est-à-dire à l'intérieur du palais, comme cela a lieu chez les lézards. La place qu'occupent les bords tranchants et en forme de scie de ces dents, leur mode de courbure, les points où elles deviennent plus larges ou plus étroites, en font des espèces de pinces ou de cisailles tout à fait propres à couper et à déchirer les plantes coriaces et résistantes dont on a retrouvé les débris ensevelis avec les restes de l'animal[1].

Fig. 188.
Dent de l'Iguanodon.

Passons à la faune marine de la période crétacée inférieure.

Outre de nombreux poissons, parmi lesquels on peut citer, comme nouveau, le genre *odontaspis*, les mers crétacées inférieures étaient remarquables, au point de vue zoologique, par le grand nombre d'espèces et la multiplicité de formes génériques qu'affectent les mollusques céphalopodes. Les ammonites y prennent des dimensions gigantesques, et l'on y remarque des espèces nouvelles de ces animaux, distinguées par leurs sil lons transverses espacés ; des *ancyloceras* de 2 mètres de développement, et des genres singuliers, comme les *scaphites*, les *toxiceras*, les *crioceras*. D'autres mollusques jusqu'alors inconnus, beaucoup d'échinodermes nouveaux, de zoophytes et d'amorphozoaires, donnaient à ces mers une richesse animale et un facies d'ensemble tout particuliers. Il faut y signaler encore l'apparition de mollusques brachiopodes cirrhidés, connus sous le nom de *rudistes*, et qui jouent un rôle très-important pendant la période crétacée.

1. On voit sur la planche 189 l'Iguanodon restauré.

Fig. 107. L'Iguanodon et le Mégalosaure. Période crétacée inférieure.)

La planche 189, qui met en scène la lutte d'un iguanodon et d'un mégalosaure, au milieu d'une forêt de l'époque crétacée inférieure, permet aussi de faire comprendre le caractère de la végétation pendant cette période. Cette forêt nous présente réunies les formes végétales exotiques et celles de nos pays. A gauche du paysage, on aperçoit un groupe d'arbres qui ressemblent aux dicotylédones de nos forêts : ce sont les élégants *credneria*, dont le rang botanique n'est pas encore bien fixé, car on n'a pas retrouvé leurs fruits : on a cru toutefois pouvoir les placer à la suite des amentacés arborescents. Un autre arbre dicotylédone qui agite près du *credneria* son feuillage éploré, est un véritable saule, analogue à ceux de nos jours : c'est le *salicites petzeldianus*. Un groupe d'arbres se compose de fougères et de zamites; un autre, de palmiers. On reconnaît plus loin des aunes, des charmes, des érables et des noyers, d'espèces analogues à celles de nos jours.

Terrain crétacé inférieur. — Les terrains que les mers ont déposés pendant la période qui nous occupe, c'est-à-dire les terrains *crétacés inférieurs*, peuvent être distingués en deux étages : l'*étage néocomien*, le plus inférieur, et l'*étage glauconieux*, qui lui est superposé.

Étage néocomien. — Le nom de *néocomien* donné à cet étage vient du mot *Neocomum*, dénomination latine de la ville de Neuchâtel, en Suisse, où ce terrain est parfaitement développé et où il a été reconnu et établi pour la première fois.

Avant d'indiquer les espèces caractéristiques de la faune marine néocomienne, jetons un coup d'œil sur quelques-uns des genres que nous y faisons figurer, comme les *scaphytes*, les *crioceras*, les *ancyloceras*, les *toxoceras*, les *baculites* et les *turrilites*, qui sont des mollusques céphalopodes.

Les *scaphytes* ont une coquille formée d'une spirale régulière enroulée sur le même plan, à tours contigus, croissant régulièrement jusqu'au dernier tour, qui se détache des autres et se projette en une crosse plus ou moins allongée.

Les *crioceras* peuvent être considérés comme des ammonites à tours de spire non contigus et disjoints.

Les *ancyloceras* sont aux crioceras ce que les scaphytes sont aux ammonites, c'est-à-dire que leur coquille, formée d'une spirale régulière enroulée sur le même plan et à tours non contigus et disjoints, croît régulièrement jusqu'au dernier tour, qui se sépare des autres et se projette en une crosse souvent très-longue.

Les *toxoceras* avaient une coquille arquée et non en spirale.

Les *baculites* ont une coquille qui diffère de celle de tous les autres céphalopodes en ce qu'elle est allongée, conique et parfaitement droite à tous les âges.

Fig. 190. Ancyloceras gigas.

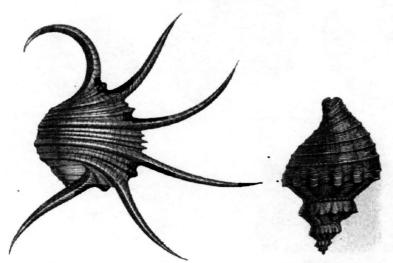

Fig. 191. Pterocera oceani.   Fig. 192. Fusus neocomiensis

La coquille des *turrilites* est régulière, en spirale, enroulée obliquement et formée de tours contigus.

Nous ne pousserons pas plus loin l'analyse des genres propres

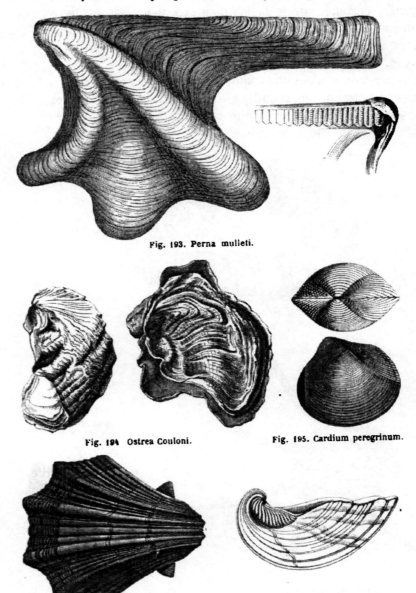

Fig. 193. Perna mulleti.

Fig. 194 Ostrea Couloni.

Fig. 195. Cardium peregrinum.

Fig. 196. Janira atava.

à l'étage néocomien, et nous renverrons le lecteur à l'examen des figures qui représentent quelques-unes des espèces caractéristiques.

Parmi les mollusques céphalopodes, citons les espèces suivantes : *ammonites radiatus*, *crioceras duvalii*, *ancyloceras duvalianus*, *ancyloceras giganteus* (fig. 190).

Parmi les gastéropodes : le *pterocera oceani* (fig 191), le *fusus neocomiensis* (fig. 192).

Parmi les acéphales : les *perna mulleti* (fig. 193), *ostrea Couloni* (fig. 194), *cardium peregrinum* (fig. 195), *janira atava* (fig. 196), *pholadomya elongata*.

Parmi les brachiopodes : le *rhynchonella sulcata* (fig. 197), les *caprotina ammonia*, *caprotina Lonsdalii*, le *radiolites neocomiensis*.

Fig. 197. Rhynchonella sulcata.

Parmi les échinodermes : le *spatangus retusus*, le *nucleolites Olfersii*, le *pygaulus Moulinsii*.

Parmi les amorphozoaires : le *cupulospongia cupuliformis*.

L'étage néocomien se trouve, en France, en Champagne, dans les départements de l'Aube, de l'Yonne, des Hautes-Alpes. Il existe très-développé en Suisse (à Neuchâtel), en Allemagne et en Angleterre.

Il faut nous arrêter un instant pour signaler ici, au milieu de la formation marine de l'étage néocomien, une formation accidentelle d'eau douce, qui a pris en Angleterre, où on la rencontre, une certaine importance, en raison des précieux fossiles qu'elle a fournis. Nous voulons parler de la *formation wealdienne*.

On trouve cette formation d'eau douce dans certaines parties des comtés de Kent, de Surry et de Surrex, connues sous le nom de *Weald*. Là vivaient, à l'époque crétacée, à l'embouchure d'un fleuve ou d'une rivière qui se jetait dans la mer, quelques animaux composant une petite faune fluviatile ou lacustre, que l'on retrouve aujourd'hui à l'état fossile dans ce terrain. C'étaient de petits crustacés du genre *cypris*, des mollusques gastéropodes du genre *melania*, *paludina*, des mollusques acéphales *cyrena*, *unis*, *mytilus*, *cyclas*, *ostrœa*.

L'*unio waldensis* (fig. 198), les *cypris spinigera* (fig. 199), les *cypris waldensis* (fig. 200) peuvent être considérés comme des fossiles caractéristiques de cette petite faune locale.

La puissance de ce dépôt lacustre est d'environ 300 mètres. Il

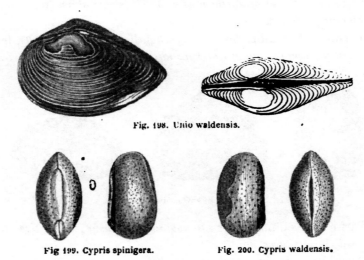

Fig. 198. Unio waldensis.

Fig 199. Cypris spinigera.   Fig. 200. Cypris waldensis.

se compose d'une part d'argiles, de marnes et de bancs de calcaire remplis et comme pétris de paludines : on les exploite comme marbre (Weald-Clay); d'autre part de sables, de grès calcarifères et d'argiles (Hastings-Sand).

Comme nous l'avons dit, on considère ces couches comme un dépôt de *delta* formé à l'embouchure d'une rivière qui se jetait dans la mer crétacée.

Étage glauconieux. — Le nom de cet étage se tire du minéral nommé *glauconie*, composé de grains verdâtres de silicate de fer, qui est souvent mêlé aux calcaires de ce terrain.

Les espèces animales fossiles qui servent à reconnaître cet étage sont très-variées. Parmi ses nombreux types, nous citerons les crustacés appartenant aux genres *arcania* et *coristes*; beaucoup de mollusques nouveaux, *buccinum*, *solen*, *echino-*

pora, pterodonta, voluta, chama; une très-grande quantité de mollusques brachiopodes formant des bancs sous-marins très-développés; des échinodermes inconnus jusqu'alors, et surtout un grand nombre de zoophytes.

Voici un certain nombre d'espèces caractéristiques :

MOLLUSQUES CÉPHALOPODES.

Conoteuthis Dupinianus; — *Rhynchoteuthis Astieriana* (fig. 201);

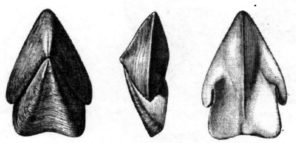

Fig. 201. Rhynchoteuthis Astieriana.

Fig. 202. Ancyloceras Matheronianus.

Fig. 203. Turrilites catenatus.

— *Ammonites nisus;* — *Ammonnites Deluci;* — *Ammonites rhotomagensis;* — *Ancyloceras Matheronianus* (fig. 202); — *Turrilites catenatus* (fig. 203).

GASTÉROPODES.

Rostellaria carinata; — *Solarium ornatum* (fig. 204); — *Ptero-donta inflata* (fig. 205); — *Avellana cassis* (fig. 206).

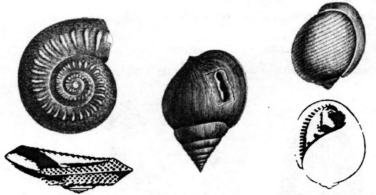

Fig. 204. Solarium ornatum.   Fig. 205. Pterodonta inflata.   Fig. 206. Avellana cassis.

ACÉPHALES.

Fig. 207. Ostrea aquila.   Fig. 208. Ostrea columba.

Fig. 209. Inoceramus sulcatus.

Thetis lævigata; — *Ostrea aquila* (fig. 207); — *Ostrea carinata;*

— *Ostrea columba* (fig. 208); — *Nucula bivirgata*; — *Inoceramus sulcatus* (fig. 209); — *Cardium hillanum*.

BRACHIOPODES.

Terebratella astieriana (fig. 210); — *Terebratula biplicata*; — *Sphærulites agariciformis*.

Fig. 210. Terebratella astierania.

ÉCHINOIDES.

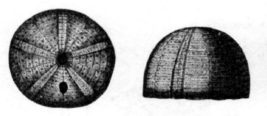

Fig. 211. Discoidea cylindrica.

Fig. 212. Goniopygus major.

Discoidea cylindrica (fig. 211); — *Discoidea subuculus*; — *Pygaster truncatus*; — *Goniopygus major* (fig. 212).

POLYPIERS.

Tetracœnia Dupiniana (fig. 213); — *Cyathina Bowerbankii* (fig. 214).

Fig. 213. Tetracœnia Dupiniana.

Fig. 214. Cyathina Bowerbankii.

FORAMINIFÈRES.

Chrysalidina gradata (fig. 215); — *Cuneolina pavonia* (fig. 216).

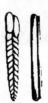

Fig. 215. Chrysalidina gradata.   Fig. 216. Cuneolina pavonia.

AMORPHOZOAIRES.

Siphonia pyriformis (fig. 217).

L'étage glauconieux est formé de trois assises :

L'*assise inférieure* se rencontre particulièrement en France, dans les départements de Vaucluse, à Apt; de la Haute-Marne, de l'Yonne, des Basses-Alpes. Elle se compose, ici, d'argiles grises, que l'on exploite pour la fabrication des tuiles; là, de

14

calcaires argileux, bleuâtres, feuilletés, qui se délitent à l'air;
ailleurs, d'argiles noires, feuilletées noires ou noirâtres. Dans
l'île de Wight, elle offre des grès fins, gris, un peu argileux;
dans certaines parties du pays de Bray, des grès ferrugineux
rougeâtres.

L'*assise moyenne* est spécialement développée dans les départements du Pas-de-Calais, des Ardennes, de
la Meuse, de l'Aube, de l'Yonne, de l'Ain. Elle
se montre sous plusieurs formes minéralogiques
distinctes, parmi lesquelles deux sont domi-
nantes : les grès verdâtres et les argiles noirâtres
ou grises.

L'*assise supérieure*, représentée typiquement
dans les départements de la Sarthe, de la Seine-
Inférieure, de la Charente-Inférieure, de l'Yonne
et du Var, est très-variable sous le rapport minéralogique. Elle se compose de sables quartz-
zeux, d'argiles, de grès, de calcaires. On a trouvé
dans cette assise, à l'embouchure de la Charente, une couche bien remarquable qui a été
décrite depuis longtemps sous le titre de forêt
sous-marine. On y voit, avec des arbres énormes, pourvus de leurs branches mais couchés

Fig. 217. Siphonia pyriformis.

horizontalement, beaucoup de matières végétales et de rognons
de succin ou de résine fossile.

« Avec ces produits évidemment terrestres, dit Alcide d'Orbigny,
on a trouvé des algues marines. D'un autre côté, tous les arbres sont
percés de nombreux tarets et de pholades, et ils se trouvent dans les
mêmes couches que diverses huîtres marines. On doit donc croire que
les arbres ont été flottés longtemps dans les eaux et qu'ils se sont déposés ensuite avec d'autres débris terrestres, simultanément avec des
débris marins côtiers, au niveau supérieur des marées, sur une côte
maritime. »

SOUS-PÉRIODE CRÉTACÉE SUPÉRIEURE.

Pendant cette phase de l'évolution terrestre, les continents,
à en juger par les bois fossiles qu'on rencontre dans les ter-

rains qui la représentent aujourd'hui, devaient avoir une végétation très-riche, identique d'ailleurs avec celle que nous avons fait connaître pour la sous-période précédente.

La faune terrestre, composée de quelques nouveaux reptiles riverains et d'oiseaux du genre des bécasses, n'est certes point arrivée dans son ensemble jusqu'à nous. Les restes de la faune marine sont, au contraire, assez nombreux et assez bien conservés pour nous donner une grande idée de sa richesse et lui assigner un facies caractéristique.

La mer crétacée supérieure était hérissée de nombreux récifs sous-marins qui occupaient de vastes étendues, récifs formés de rudistes et d'une immense quantité de coraux variés, qui accompagnent partout ces derniers. Les polypiers sont, en effet, ici à l'une des époques principales de leur existence, et présentent un remarquable développement de formes, de même que les bryozoaires et les amorphozoaires, tandis qu'au contraire le règne des céphalopodes se termine.

On retrouve aujourd'hui de beaux types de ces récifs anciens encore en place, et tels qu'ils se sont formés sous l'influence des courants sous-marins qui accumulaient, en certains points, les amas de ces animaux divers. Rien n'est plus curieux que cet assemblage de rudistes encore perpendiculaires, isolés ou en groupes, que l'on aperçoit, par exemple, au sommet de la montagne des *Cornes* dans les *Corbières*, sur les bords de l'étang de Bère, en Provence. On en voit d'autres aux environs de Martigue, à la Cadière, à Figuières, et surtout au-dessus de Beausset, près de Toulon.

« Il semble, dit Alcide d'Orbigny, que la mer vient de se retirer et de montrer encore intacte la faune sous-marine de cette époque telle qu'elle a vécu. En effet, ce sont des groupes énormes d'hippurites en place, entourés des polypiers, des échinodermes, des mollusques, qui vivaient réunis dans ces colonies animales, analogues à celles qui vivent sur les récifs de coraux des Antilles et de l'Océanie. Pour que cet ensemble nous ait été conservé, il faut qu'il ait été d'abord recouvert subitement de sédiments qui, en se détruisant aujourd'hui par suite des agents atmosphériques, nous découvrent cette nature des temps passés dans les plus secrets détails. »

Dans la période jurassique, nous avons déjà rencontré ces

îles, ou récifs constitués par l'accumulation de coraux et autres zoophytes : ils y forment même tout un terrain, le terrain corallien. Le même phénomène se reproduisant dans les mers crétacées, donna naissance aux mêmes formations calcaires. Nous n'avons pas besoin de revenir sur ce que nous avons déjà dit à ce sujet en décrivant la période jurassique. Les îles coralliennes ou madréporiques de l'époque jurassique, et les récifs de rudistes, d'hippurites, etc., de l'époque crétacée, ont la même origine, et les *attolls* de l'Océanie reproduisent de nos jours un phénomène tout semblable.

Jetons un coup d'œil sur les espèces animales qui caractérisent la sous-période crétacée supérieure. Nous nous bornerons à en donner le tableau, accompagné de quelques figures.

MOLLUSQUES CÉPHALOPODES :

Nautilus sublævigatus ; — Nautilus Danicus ; — Ammonites rusticus ; — Belemnitella mucronata (fig. 218); — *Voluta elon-*

Fig. 218. Belemnitella mucronata.

GASTÉROPODES

Fig. 219. Voluta elongata, Sow.

Fig. 220. Phorus canaliculatus.

gata (fig. 219); — *Phorus canaliculatus* (fig. 220); — *Nerinea bisul-*

cata (fig. 221); — *Pleurotomaria Fleuriausa*; — *Pleurotomaria Santonensis* (fig. 222); — *Natica supracretacea*.

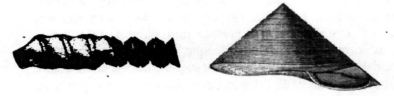

Fig. 221. Nerinea bisulcata.   Fig. 222. Pleurotomaria Santonensis.

ACÉPHALES :

Trigonia scabra (fig. 223); — *Inoceramus problematicus*; — *Inoceramus Lamarkii*; — *Clavagella cretacea*; — *Pholadomya æquivalvis* (fig. 224); — *Spondylus spinosus* (fig. 225); — *Ostrea vesicularis*; — *Ostrea larva*; — *Janira quadricostata*; — *Arca Gravesii*.

Fig. 223. Trigonia scabra.   Fig. 224. Pholadomya æquivalvis.

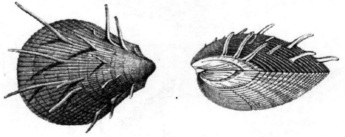

Fig. 225. Spondylus spinosus.

BRACHIOPODES, RUDISTES :

Crania Ignabergensis (fig. 226); — *Terebratula obesa*; — *Hip-*

purit(s Toucasianus (fig. 227); — *Hippurites organisans;* — *Ca-*

Fig. 226. Cran'a Ignabergensis.

Fig. 227. Hippurites Toucasianus.   Fig. 228. Caprina Aguilloni.

prina Aguilloni (fig. 228); — *Radiolites radiosus;* — *Radiolites acuticostus.*

BRYOZOAIRES :

Reticulipora obliqua (fig. 229).

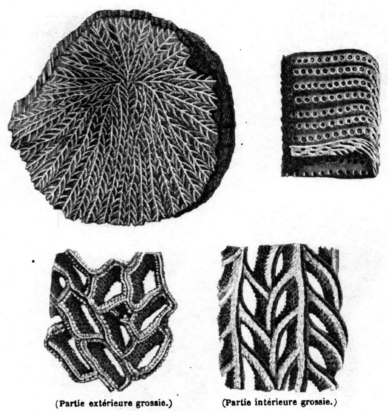

(Partie extérieure grossie.)   (Partie intérieure grossie.)

Fig. 229. Reticulipora obliqua.

ÉCHINODERMES :

Fig. 230. Galerites albogalerus:

Ananchytes ovata; — Micraster cor anguinum; — Hemiaster

bucardium; — *Galerites albogalerus* (fig. 230); — *Hemiaster Fourneli*; — *Cidaris Forchammeri*; — *Palæocoma Fustembergii* (fig. 231.)

Fig. 231. Palæocoma Fustembergii.

POLYPIERS :

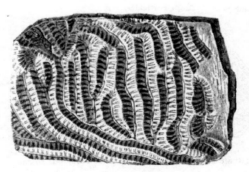

Fig. 232. Meandrina Pyrenaica.

Cycollites elliptica; — *Thecosmilia rudis*; — *Enallocœnia ramosa*.

— *Meandrina Pyrenaica* (fig. 232); — *Synhelia Sharpeana* (fig. 233).

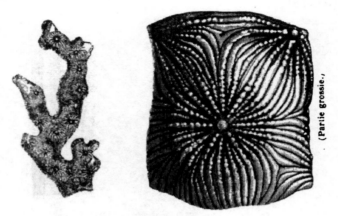

(Partie grossie.)

Fig. 233. Synhelia Sharpeana.

FORAMINIFÈRES :

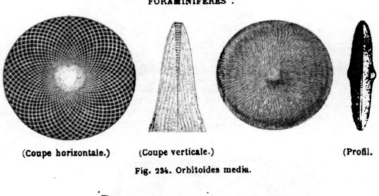

(Coupe horizontale.)   (Coupe verticale.)   (Profil.

Fig. 234. Orbitoides media.

Fig. 235. Lituola nautiloidea.   Fig. 236. Flabellina rugosa.

Orbitoides media (fig. 234); — *Lituola nautiloidea* (fig. 235); — *Flabellina rugosa* (fig. 236).

Coscinopora cupuliformis (fig. 237); — *Camerospongia fungiformis* (fig. 238).

Fig. 237. Coscinopora cupuliformis.   Fig. 238. Camerospongia fungiformis

Parmi les êtres nombreux qui peuplaient la mer crétacée supérieure, il en est un qui, par son organisation, ses proportions et l'empire despotique qu'il devait exercer au sein des eaux, est certainement le plus digne de notre attention. Nous voulons parler du *mosasaure,* qui a été longtemps connu sous le nom de *grand animal de Maëstricht,* parce qu'on a trouvé ses débris près de cette ville, dans les dépôts les plus modernes du terrain crétacé.

C'est en 1780 que l'on découvrit dans les carrières de Maëstricht la tête du grand saurien que chacun peut voir aujourd'hui au Muséum d'histoire naturelle de Paris. Cette pièce célèbre dérouta toute la science des naturalistes à une époque où la connaissance des êtres anciens était encore dans son enfance. Les uns y voyaient la tête d'un crocodile, d'autres celle d'une baleine; les mémoires et les brochures pleuvaient sans faire jaillir la lumière. Il fallut tous les efforts d'Adrien Camper, joints à ceux de notre immortel Cuvier, pour assigner sa véritable place zoologique à l'*animal de Maëstricht.*

La controverse sur ce beau fossile a trop occupé les savants de la fin du dernier siècle et du commencement du nôtre pour que nous ne la rappelions pas ici.

Maëstricht est une ville de la Hollande, bâtie aux bords de la Meuse. Aux portes de cette ville, dans les collines qui bordent le côté gauche, ou occidental de la Meuse, au milieu d'un massif calcaire qui correspond à l'étage de notre craie de Meudon et renferme les mêmes fossiles, il existe une carrière de pierre à bâtir qui s'étend jusqu'à la ville de Liége. Cette carrière est remplie de produits marins fossiles, souvent d'un grand volume.

De tous ces débris fossiles, ceux·qui durent attirer le plus les yeux des ouvriers occupés à l'extraction de la pierre, et mériter l'attention des étrangers, ce furent assurément les os du gigantesque animal dont il va être question. L'un des curieux qu'attiraient habituellement dans cette carrière la vue et la découverte de ces étranges vestiges, était un officier de la garnison de Maëstricht, nommé Drouin. Il achetait aux ouvriers les ossements, à mesure que la pioche les dégageait de la carrière, et il finit par se former ainsi une collection que l'on citait avec admiration dans Maëstricht. En 1766, le *Musée britannique*, ayant eu vent de cette curiosité, l'acheta, et la fit transporter à Londres.

Excité par la bonne fortune de Drouin, le chirurgien de la garnison, nommé Hoffmann, se mit en devoir de recueillir à son tour un musée semblable, et il eut bientôt formé une collection beaucoup plus riche encore que celle de Drouin. C'est en 1780 que notre officier acheta aux ouvriers la magnifique tête fossile, longue à elle seule de 2 mètres, qui devait tant exercer la sagacité des naturalistes.

Hoffmann, toutefois, ne jouit pas longtemps de sa précieuse trouvaille : le chapitre de l'église de Maëstricht fit valoir, avec plus ou moins de fondement, certains droits de propriété, et, en dépit de toute réclamation, la tête du *grand crocodile de Maëstricht*, comme on l'appelait déjà, passa aux mains du doyen du chapitre, nommé Goddin.

Ce dernier jouissait en paix de son trophée antédiluvien lorsqu'un incident imprévu vint bientôt changer les choses.

Cet incident n'était rien moins que le bombardement de Maëstricht, en 1793, suivi, en 1794, de la prise de cette ville par Kléber, à la tête de l'armée du Nord.

L'armée du Nord ne s'était pas mise en campagne pour conquérir des crânes de crocodile, mais il y avait, dans son état-major, un savant qui s'était réservé cette pacifique conquête. Ce savant, c'était Faujas de Saint-Fond, qui fut le prédécesseur de Cordier dans la chaire de géologie au Jardin des plantes. Faujas de Saint-Fond s'était fait attacher à l'armée du Nord en qualité de *commissaire des sciences*, et nous soupçonnons qu'en sollicitant cette mission, notre naturaliste couchait quelque peu en joue la fameuse tête du crocodile de la Meuse.

Quoi qu'il en soit, Maëstricht étant tombé aux mains des Français, Faujas n'eut rien de plus pressé que de réclamer pour la France le précieux fossile, qui fut emballé avec tous les soins dus à une relique âgée de plusieurs milliers de siècles, et expédié à notre Muséum d'histoire naturelle.

Dès l'arrivée du fossile, Faujas s'en empara, et entreprit sur le crocodile de Maëstricht un travail qui, dans sa pensée, devait le couvrir de gloire. Il commença la publication d'un ouvrage intitulé : *la Montagne de Saint-Pierre de Maëstricht*, contenant la description de tous les objets fossiles trouvés dans la carrière flamande, et surtout celle du *grand animal de Maëstricht*. Il voulait à toute force prouver que cet animal était bien un crocodile.

Malheureusement pour la gloire de Faujas, un savant de la Hollande avait pris les devants dans la même étude. C'était Adrien Camper, fils du grand anatomiste de Leyde, Pierre Camper, mort en 1789. Avant la prise de Maëstricht et l'enlèvement du fossile par le commissaire français, Pierre Camper avait acheté, aux héritiers du chirurgien Hoffmann, diverses parties du squelette de l'animal retiré de la montagne Saint-Pierre. Il avait même publié, en 1786, dans les *Transactions philosophiques de Londres*, un mémoire dans lequel il classait cet animal parmi les baleines ; mais comme on le rangeait alors, d'un avis unanime, parmi les crocodiles, et qu'aucun doute ne s'était encore élevé sur cette origine, l'assertion du célèbre anatomiste parut une étrangeté, et ne convainquit personne.

A la mort de son père, Adrien Camper reprit l'examen du squelette de l'*animal de Maëstricht*, et dans un travail que Cuvier cite avec admiration, il fixa les idées restées jusque-là si flottantes. Adrien Camper prouva que ces pièces ne provenaient ni d'un poisson, ni d'une baleine, ni d'un crocodile, mais bien d'un genre particulier de reptiles sauriens qui avait de grands rapports avec l'iguane, d'une part, et le monitor, de l'autre. Si bien qu'avant que Faujas de Saint-Fond eût achevé la publication de son ouvrage sur la *Montagne de Saint-Pierre*, le travail d'Adrien Camper avait paru et changé toutes les idées à cet égard.

Ce qui n'empêcha pas Faujas de continuer d'appeler son animal le *crocodile de Maëstricht*, et même d'annoncer, quelque temps après, que « M. Adrien Camper s'était rangé à cette opinion. » — « Cependant, ajoute Cuvier, il y a aussi loin du crocodile à l'iguane, et ces deux animaux diffèrent autant l'un de l'autre par les dents, les os et les viscères, qu'il y a loin du singe au chat ou de l'éléphant au cheval. »

Ce travail de Faujas de Saint-Fond est d'ailleurs rempli de vues inexactes et de fausses analogies. Cuvier, dans son beau mémoire sur l'animal qui nous occupe, traite fort mal ce naturaliste, qu'il affecte de nommer avec ironie « cet habile homme. » Cuvier, dont le génie ne répugnait pas, à ce qu'il paraît, aux jeux de mots, appelait souvent, dans ses entretiens familiers, le prédécesseur de Cordier « M. Faujas *sans fond.* »

Le beau mémoire de Cuvier sur le *grand animal de Maëstricht*, en confirmant toutes les vues d'Adrien Camper, a restitué d'une manière invariable l'individualité de cet être surprenant, qui a reçu plus tard le nom de *mosasaure*, c'est-à-dire *saurien* ou *lézard de la Meuse*. Il résulte des études de Camper et de Cuvier, que ce reptile de l'ancien monde formait un genre intermédiaire entre la tribu des sauriens à langue extensible et fourchue, qui comprend le *monitor* et les lézards ordinaires, et les sauriens à langue courte et dont le palais est armé de dents, tribu qui embrasse les *iguanes* et les *anolis*. Il ne tenait aux crocodiles que par les liens généraux qui réunissent entre elles toutes les familles des sauriens.

La longueur totale de cet animal était de 8 mètres ; sa mâchoire seule avait 1 mètre. L'ensemble de son squelette est celui d'un monitor, mais les caractères ostéologiques se sont modifiés pour constituer celui d'un animal marin.

On se fait difficilement l'idée d'un lézard organisé pour vivre et se mouvoir avec énergie et rapidité au sein des eaux; mais l'étude du squelette de cet animal va nous révéler ce mécanisme anatomique.

Les vertèbres du mosasaure sont concaves en avant et convexes en arrière; elles s'adaptent au moyen d'une articulation orbiculaire, qui leur permet d'exécuter aisément des mouvements de flexion dans tous les sens. Depuis le milieu du dos jusqu'à l'extrémité de la queue, ces vertèbres sont dépourvues de ces apophyses articulaires qui sont indispensables pour assurer la solidité du tronc chez les animaux terrestres : elles ressemblent, sous ce rapport, aux vertèbres des dauphins. Cette organisation était tout à fait propre à rendre la natation facile. La queue, comprimée dans le sens latéral, en même temps qu'épaisse dans le sens vertical, constituait un aviron droit, court et solide, d'une grande puissance. Un *os en chevron* était solidement fixé au corps de chaque vertèbre caudale, de la même manière que dans les poissons, ce qui avait pour but de donner une plus grande vigueur à la queue. Enfin les extrémités de l'animal n'étaient pas conformées en façon de pattes, mais en rames pareilles à celles de l'ichthyosaure, du plésiosaure et de la baleine.

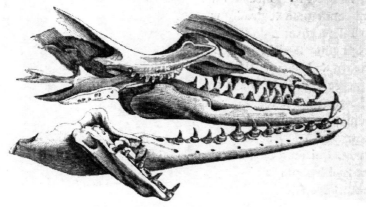

Fig. 239. Tête du Mosasaurus Camperi.

Si le lecteur jette les yeux sur la figure 239, il y verra que les mâchoires du mosasaure sont armées de dents nombreuses,

Fig. 240. Vue idéale de la terre pendant la période crétacée supérieure.

entièrement pleines et soudées à leurs alvéoles par une base osseuse, large et solide ; et, de plus, qu'un appareil dentaire particulier, quoique de même organisation, occupe la voûte palatine, comme cela a lieu chez certains serpents et certains poissons où ces dents, dirigées en arrière comme les barbes d'une flèche, s'opposent à ce que la proie puisse leur échapper. Cette disposition prouve la destination destructive de ce saurien vorace.

Sans doute les dimensions de ce lézard aquatique ont de quoi nous surprendre ; sa taille était bien monstrueuse pour un reptile. Mais nous avons déjà vu l'ichthyosaure avoir les dimensions de notre baleine, l'iguanodon et le mégalosaure agrandissant dans des proportions décuples les formes de notre iguane actuel. Nous trouverons, dans l'époque tertiaire, un cerf (le sivatherium) grand comme un éléphant, et un paresseux (le mégatherium) grand comme un rhinocéros. Dans toutes ces formes colossales, nous ne devons voir autre chose que l'agrandissement d'un type, qu'une différence dans les dimensions. Mais les lois qui président à l'organisation chez tous ces êtres restent les mêmes. Ces animaux gigantesques n'étaient point des erreurs de la nature, des *monstruosités*, comme on est trop souvent tenté de les appeler, mais bien des types uniformes par leur structure, et accommodés par leurs dimensions, au milieu dans lequel Dieu les avait jetés.

La planche 240 représente une vue idéale de la terre pendant la période crétacée supérieure. Dans la mer, nage le mosasaure ; des mollusques et autres animaux propres à cette période se voient sur la plage, couverte d'une végétation maritime.

Nous avons dit que la flore terrestre de la sous-période crétacée supérieure était identique à celle de la craie inférieure. La flore marine de ces deux époques comprenait quelques végétaux d'organisation inférieure, c'est-à-dire des algues, des conferves, des naïadées. Signalons, parmi les algues, les espèces suivantes : *Confervites fasciculata, chondrites Mantelli, sargasistes Hynghianus.* Et parmi les naïadées : *Zosterites Orbigniana, zosterites lineata,* etc.

Les *confervites* sont des fossiles rapportés, mais avec quelque doute, aux algues filamenteuses qui comprennent le grand

15

groupe des conferves. Ces plantes étaient formées de filaments simples ou rameux, diversement entre-croisés ou subdivisés, et offrant des traces de cloisons transversales.

L s *chondrites* étaient des algues fossiles à fronde épaisse, rameuse, pinnatifide ou dichotome, à divisions cylindroïdes lisses, voisines des *chondruns*, *Dumontia* et *Halymenia*, parmi les genres vivants.

Enfin les *sargassites* ont été vaguement rapportés au genre *sargassum*, si abondant dans les mers équatoriales. Ces algues se distinguent par une tige filiforme, rameuse, portant des appendices foliacés, réguliers, souvent pétiolés et tout à fait semblables à des feuilles et des vésicules globuleuses pédicellées.

Terrain crétacé supérieur. — Les terrains qui représentent actuellement la période crétacée supérieure se divisent assez naturellement en trois assises.

La première, ou l'assise *turonienne*, tire son nom de *Turonia*, Touraine, parce que cette province possède le plus beau type de ce terrain, depuis Saumur jusqu'à Montrichard. La composition minéralogique de cette assise nous présente des craies marneuses, grises et fines (à Vitry-le-Français); de la craie entièrement blanche, à grains très-fins, un peu argileuse et pauvre en fossiles (dans l'Yonne, l'Aube, la Seine-Inférieure); des *craies tufau* grenues, blanches ou jaunâtres, remplies de paillettes de mica et renfermant des ammonites (dans la Touraine et une partie de la Sarthe); des calcaires blancs, gris, jaunes ou bleuâtres, renfermant des hippurites et des radiolites.

La deuxième asisse, ou assise *sénonienne*, tire son nom de l'antique *Senones*. La ville de Sens est, en effet, située précisément au milieu de la partie de cet étage la mieux caractérisée. Épernay, Meudon, Sens, Vendôme, Royan, Cognac, Saintes, Maëstricht, sont des types de cet étage sénonien dont la puissance, dans le bassin de Paris, s'élève à près de 500 mètres, comme l'ont prouvé les débris rapportés par la sonde pendant le forage du puits artésien de Grenelle. L'étage sénonien forme, sur beaucoup de nos pays, l'horizon crétacé le plus vulgaire par sa nature minéralogique : on le trouve, en effet, sous la forme de craie blanche, fine, marneuse ou non, souvent remplie par des bancs de rognons siliceux dans tout le nord et l'est du bassin anglo-parisien, en France, en Angleterre, au sud de la Russie. Mais à la partie occidentale du bassin anglo-parisien (à **Tours**, à **Saint-Christophe**, département de Loir-et-Cher), cet étage est formé de craie jaune ou *chloritée*, remplie de polypiers et de débris de coquilles; dans les **Basses-Pyrénées** et les **Basses-Alpes**, d'une craie marneuse grise; dans les **Corbières**, soit d'argile noirâtre, soit de grès ferrugineux, etc. On voit que sa structure minéralogique ne laisse pas que d'être assez variable.

La troisième assise, ou assise *danienne*, qui occupe le sommet de l'échelle des formations crétacées, est particulièrement développée dans l'île de Seeland (Danemark), où elle est représentée par un calcaire compacte, légèrement jaunâtre, exploité pour les constructions de la ville de Taxoé. Elle est à peine représentée dans le bassin de Paris, à Meudon et à Laversines (Oise), par un calcaire blanc, souvent grumelé, connu sous le nom de *calcaire pisolithique*. C'est dans cet étage qu'on a trouvé, outre d'autres espèces de mollusques et de polypiers, le *nautilus Danicus*.

On est disposé à rapporter au type danien le calcaire sableux jaunâtre de Maëstricht. Outre des mollusques, des polypiers, des bryozoaires, il renferme des débris de poissons, de tortues et de crocodiles. Mais ce qui a rendu cette roche à jamais célèbre, c'est la présence du *grand animal de Maëstricht*, de ce mosasaure dont nous avons fait plus haut l'histoire.

Après la période géologique dont nous venons de tracer la physionomie naturelle, l'Europe était loin d'offrir la configuration qu'elle présente maintenant.

La carte placée en regard de cette page représente les continents qui existaient en France après les dépôts laissés par les mers crétacées, c'est-à-dire pendant les mers tertiaires. On voit que la France consistait alors en une presqu'île formée par la Bretagne, la basse Normandie, le Maine et la Vendée, et réunie par le Poitou au plateau central qui, depuis les Cévennes, s'étendait jusqu'aux Ardennes et s'adossait aux Vosges. L'emplacement de la Flandre, de la Picardie, de la Champagne, des environs de Paris, de la haute Normandie et de la Touraine étaient encore sous les eaux. La mer s'étendait aussi sur la région qui forme aujourd'hui le midi de la France. Une bande de terrain jurassique réunissait, au nord, la France à l'Angleterre. On a représenté sur la carte cette relation de territoire par une ligne ponctuée. Nous verrons plus tard cette ligne de jonction disparaître, et la France s'isoler de l'île anglaise par la submersion de cette langue de terre.

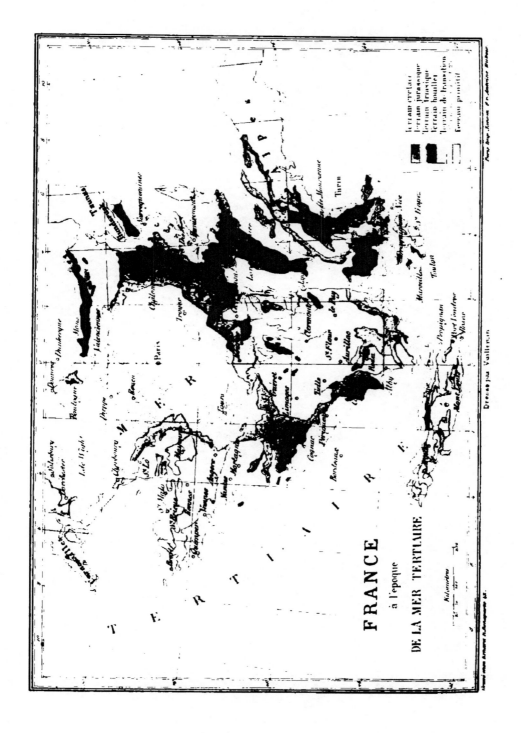

FRANCE
à l'epoque
DE LA MER TERTIAIRE

ÉPOQUE TERTIAIRE.

Une création organique nouvelle va se montrer à l'époque tertiaire; presque tous les animaux vont changer. Ce qu'il y a de plus remarquable dans cette génération renouvelée, c'est l'apparition de la grande classe des mammifères. Ils n'arrivent pas en petit nombre, ni à intervalles éloignés : dans le même moment, on voit vivre sur le globe une grande quantité de ces êtres, encore inédits. Une partie des mammifères qui virent le jour pour la première fois à l'époque tertiaire appartiennent à des races maintenant disparues, et qui étaient aussi curieuses par leurs proportions énormes que par la singularité de leurs formes ; mais plusieurs sont encore vivantes : ce sont des races contemporaines de l'homme, races qu'il redoute ou qu'il utilise. Des reptiles nouveaux, et parmi ces êtres des salamandres grandes comme des crocodiles, s'ajoutent à la classe des mammifères. Apparurent ensuite les oiseaux, mais bien moins nombreux que les mammifères : ceux-ci chanteurs, ceux-là rapaces, d'autres domestiques, ou plutôt qui paraissent attendre le joug et la domestication de l'hôte suprême de la terre. Les mers étaient peuplées d'un nombre considérable d'êtres de toutes classes, presque aussi variés que de nos jours. Une flore diversifiée, et dont la plupart des formes rappellent celles de la végétation actuelle, complétait la physionomie continentale du globe.

Pendant l'époque tertiaire l'influence de la chaleur centrale du globe cessa de se faire sentir, par suite de l'épaisseur toujours croissante de sa croûte solide. Les climats purent ainsi se dessiner sur les diverses latitudes par l'influence de la chaleur solaire. La température de la terre était alors à peu près celle de notre zone torride actuelle. Des pluies abondantes versaient sur le continent d'énormes quantités d'eaux qui se rassemblèrent en grands fleuves. Ce fut alors que des dépôts des eaux douces commencèrent à se former en grand nombre, et que les fleuves, par leurs atterrissements, purent déposer de nouveaux terrains. C'est, en effet, à partir de cette époque que l'on voit se succéder des couches alternantes contenant des êtres organiques marins et des êtres propres aux eaux douces. C'est alors que le continent et les eaux prirent les places respectives que nous leur voyons, et que la surface de la terre reçut sa forme actuelle.

L'époque tertiaire embrasse trois périodes bien distinctes. Les noms d'*éocène, miocène* et *pliocène* ont prévalu pour la désignation de ces périodes. Voici l'étymologie de ces trois noms : *éocène* (εώ, aurore ; xαινο:, récent) ; *miocène* (uειον, moins ; xαινος, récent) ; *pliocène* (πλειος, plus ; xαινος, récent) ; ce qui veut dire, à peu près, que ces trois périodes sont plus ou moins éloignées de *l'aurore* des temps actuels. En grec, comme en français, ces dénominations, d'un sens forcé et incorrect, sont ridicules, mais l'usage les a consacrées.

PÉRIODE ÉOCÈNE.

Pendant cette période, la terre ferme a gagné en étendue sur le domaine des mers. Sillonnés de fleuves et de rivières, les continents offrent, çà et là, de grands lacs. Les paysages de cette époque offraient le curieux mélange que nous avons signalé dans la période précédente, c'est-à-dire la végétation des temps primitifs unie à celle de nos jours. A côté des *bouleaux*, des *aunes*, des *chênes*, des *charmes*, des *ormes* et des *noyers*, se dressaient de hauts palmiers, d'espèces aujourd'hui disparues, comme les *flabellaria* et les *palmacites*. Il existait beaucoup d'arbres verts (conifères) qui appartenaient la plupart à des genres aujourd'hui subsistants, comme les *sapins*, les *pins*, les *ifs*, et surtout des *cyprès*, des *thuyas*, des *genévriers*, etc.

Les *cupanioides*, parmi les sapindacées; les *cucumites*, parmi les cucurbitacées, espèces analogues à nos bryones pour le port, grimpaient le long du tronc des arbres, et formaient autour de leurs rameaux des guirlandes aériennes.

Les fougères étaient représentées par les genres *pecopteris*, *tæniopteris*, *asplenium*, *polypodites*.

Des mousses, des hépatiques formaient une humble mais élégante et vivace végétation, à côté des plantes terrestres, souvent ligneuses, que nous venons de signaler.

Des *prêles* et des *chara* croissaient dans les marais, les rivières et les étangs.

Ce n'est pas sans quelque surprise que l'on voit apparaître ici un certain nombre de plantes de notre époque, qui semblent avoir le privilége de servir d'ornement et de décors aux tranquilles cours d'eau. Citons, parmi ces gracieuses contemporaines, la *macre* ou *châtaigne d'eau* (*trapa natans*), qui étale sur l'eau ses belles rosettes de feuilles vertes et dentelées, et dont les pétioles se renflent dans leur milieu, comme de petits ballons, pour soutenir et faire flotter les feuilles ; son fruit est une noix dure, coriace, à quatre cornes épineuses, et qui renferme une graine farineuse bonne à manger ; — les *potamots* (*potamogeton*), dont les feuilles plus ou moins larges, souvent linéaires ou capillaires, forment d'épaisses touffes de verdure qui offrent aux poissons une nourriture et un abri ; — les *nymphéacées*, qui épanouissent à côté de feuilles larges, arrondies, échancrées à leur base et appliquées à la surface de l'eau, tantôt les fleurs jaunes du *nénufar*, tantôt les fleurs blanches du *nymphæa*.

Voici les noms de quelques espèces végétales caractéristiques de la période éocène :

CRYPTOGAMES .

Champignons : *pezizites candidus.*
Hépatiques : *marchantites Sezannensis ;* — *jungermannites contortus.*
Mousses : *muscites serratus ;* — *muscites confertus.*
Fougères : *pecopteris Humboldtiana ;* — *asplenium Wegmanni ;* — *polypodites thelypteroides.*
Équisétacées : *equisetum stellare.*
Characées : *chara helicteres ;* — *chara tuberculosa.*

MONOCOTYLÉDONES :

Naïadées : *caulinites Parisiensis ;* — *caulinites nodosus ;* — *caulinites Brongniartii ;* — *potamogeton naiadum ;* — *potamogeton multinervis.*
Palmiers : *flabellaria Parisiensis ;* — *flabellaria rhapifolia ;* — *flabellaria maxima ;* — *palmacites echinatus ;* — *palmacites annulatus.*

DICOTYLÉDONES :

Conifères : *thuytes Ungerianus ;* — *cupressites Brongniartii ;* — *callitrites crassus ;* — *frenelites elongatus ;* — *abietites obtusifolius ;* — *pinites Defrancii ;* — *taxites acicularis.*
Betulacées : *alnus succineus ;* — *betulinum Parisiense.*
Cupulifères : *quercus Meyerianus ;* — *carpinites dubius.*
Juglandées : *inglans ventricosa.*

Ulmacées : *ulmus Brongniartii.*

Œnothérées : *trapa Arethusæ.*

Cucurbitacées : *cucumites variabilis.*

Sapindacées : *cupanioides.*

Des mammifères, des oiseaux, des reptiles, des poissons, des insectes, des mollusques forment la faune continentale de l'époque éocène. Dans les eaux des lacs, profondément sillonnées à leur surface, par le passage de volumineux pélicans, vivent des mollusques, comme des physas, des lymnées, des planorbes, et nagent des tortues, comme les tryonix et les émides. Des bécasses font leur retraite parmi les joncs qui bordent le rivage. Des hirondelles de mer voltigent au-dessus des eaux, ou courent sur la grève; des chouettes se cachent dans les troncs caverneux des vieux arbres; de gigantesques busards planent dans les airs pour épier leur proie; tandis que de lourds crocodiles se traînent lentement dans les hautes herbes des marais. Tous ces animaux, propres aux continents, ont été retrouvés sur le sol de la France à côté de troncs renversés de palmiers. La température de notre pays était donc beaucoup plus élevée qu'elle ne l'est aujourd'hui. Les mammifères qui vivaient alors sous la latitude de Paris, n'habitent maintenant que les contrées les plus chaudes du globe.

Tous les genres de mammifères connus de nos jours se montrent dès l'époque tertiaire. On y voit des singes, des chéiroptères (chauves-souris), des carnassiers, des marsupiaux, des rongeurs. Citons comme espèces : les singes macaque et *pithecus antiquus,* les chauves-souris, les chiens, les coatis, qui habitent aujourd'hui le Brésil et la Guyane ; les ratons de l'Amérique du Nord ; les genettes, les marmottes, les écureuils ; les opossums, ayant quelques rapports avec l'opossum des deux Amériques.

Nous ne présenterons pas ici les figures de tous les vertébrés fossiles dont nous venons d'énumérer les genres ; nous nous contenterons de citer comme exemples les plus remarquables : parmi les oiseaux, le curieux fossile connu sous le nom d'*oiseau de Montmartre* (fig. 241); parmi les mammifères, la chauve-souris fossile désignée sous le nom de *vespertilio Parisiensis* (fig. 242); parmi les reptiles, le crocodile qui porte le nom

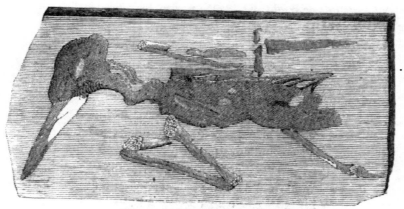

Fig. 241. Oiseau de Montmartre.

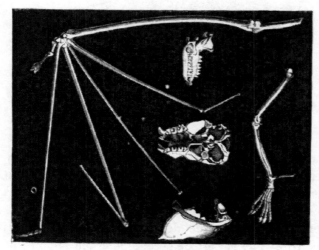

Fig. 242. Vespertilio Parisiensis.

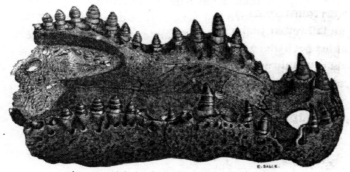

Fig. 243. Mâchoire de l'alligator (de l'île de Wight).

d'alligator de l'île de Wight (fig. 243) ; parmi les tortues, le *trionyx* (fig. 244).

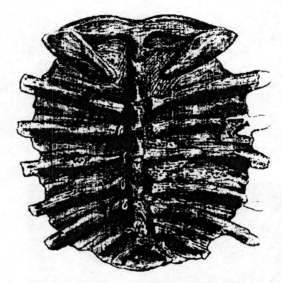

Fig. 244. Trionyx, ou tortue de l'époque tertiaire.

Il est un ordre de mammifères qui dominent d'une manière toute particulière pendant la période qui nous occupe : ce sont les pachydermes[1], qui figurent en grand nombre par des espèces et même des genres aujourd'hui éteints.

La prédominance numérique des pachydermes parmi les mammifères fossiles de la période éocène, le grand nombre de leurs espèces, qui est bien supérieur au nombre des espèces que nous connaissons aujourd'hui dans l'ordre des pachydermes, sont un fait remarquable et sur lequel Cuvier a beaucoup insisté. Parmi les pachydermes fossiles de l'époque tertiaire, on trouve un grand nombre de formes intermédiaires que l'on chercherait en vain aujourd'hui dans nos pachydermes vivants; ces genres sont séparés de nos jours par des intervalles plus étendus que ceux d'aucun autre genre de mammifères. Il est bien

1. Du grec παχυς, épais; δέρμα, cuir.

curieux de retrouver ainsi dans les animaux du monde ancien, les anneaux, aujourd'hui brisés, de la chaîne de ces êtres.

Arrêtons-nous un instant sur ces pachydermes, qui ont eu pour tombeau les lieux qui forment aujourd'hui les carrières à plâtre des environs de Paris. Montmartre et Pantin furent leur dernier refuge. Chaque bloc qui sort des carrières de Montmartre ou de Pantin renferme quelque fragment d'un os de ces mammifères, et combien de millions d'ossements n'ont-ils pas été détruits avant que l'attention se soit portée sur cet objet! C'est l'étude des débris organiques qui remplissaient les plâtres de Montmartre qui a le plus contribué à la création de la science des êtres fossiles. C'est là, en effet, que s'est exercé surtout le génie de Cuvier. Les cabinets d'histoire naturelle de Paris s'étaient peu à peu remplis d'innombrables fragments d'animaux inconnus, extraits des carrières à plâtre. Cuvier se décida à aborder leur étude. Mais comment, sur la grande quantité d'os dont se compose un squelette, venir à bout de choisir avec certitude ceux qui appartiennent à chaque genre et à chaque espèce? C'est pourtant ce que fit Cuvier, qui parvint à reconstruire leurs squelettes entiers avec tant de sûreté et de précision, que les découvertes postérieures d'autres fragments de ces mêmes animaux n'ont fait que confirmer ce qu'avait deviné son génie. Les palæothériums et les anoplothériums ,sont les premiers mammifères fossiles qui furent restaurés par notre immortel naturaliste. Les études de Cuvier sur les mammifères fossiles contenus dans les carrières à plâtre de Montmartre ont donné le signal, en même temps que le modèle, des recherches innombrables qui furent bientôt entreprises dans toute l'Europe pour la restauration des animaux de l'ancien monde, recherches qui, dans notre siècle, ont tiré la géologie de l'état d'enfance où elle languissait depuis si longtemps, malgré les magnifiques et persévérants travaux des Sténon, des Werner, des Hutton et des Saussure.

Les pachydermes fossiles les mieux connus de la période éocène sont les *palæotherium*, les *anoplotherium* et les *xiphodon*.

Les *palæotherium* et les *xiphodon* étaient des herbivores qui vivaient par grands troupeaux dans les vallées. Ils paraissent

avoir été intermédiaires, par leur organisation, entre le rhinocéros, le cheval et le tapir. Il en existait de plusieurs
espèces et de taille très-variable.

Rien de plus aisé que de se représenter le *palæotherium magnum* (fig. 245) dans l'état de vie. Le nez terminé par une trompe

Fig. 245. Le grand Palæotherium.

musculeuse et charnue, assez courte et qui ressemble à celle
du tapir ; l'œil petit et peu intelligent ; la tête énorme ; le corps
trapu ; les jambes courtes et massives ; le pied porté sur trois
doigts encroûtés dans des sabots ; la taille d'un grand cheval :
tel était le grand *palæotherium*, dont les paisibles troupeaux ont
dù peupler pendant de longues années les vallées basses des
environs de Paris.

Le *petit palæotherium* ressemblait à un tapir. Plus petit qu'un
chevreuil, à jambes grêles et légères, il était très-commun à
l'aris, où il broutait l'herbe des prairies sauvages.

Une autre espèce de *palæotherium* encore plus petite ne dépassait pas la grandeur d'un lièvre et avait la légèreté de cet animal. Le *palæotherium minimum* habitait les buissons fourrés des environs de Paris et de l'Auvergne[1].

Tous ces animaux se nourrissaient de graines, de fruits, de tiges vertes ou souterraines, de racines charnues. Ils se tenaient ordinairement dans le voisinage des eaux douces.

Les *anoplotherium*[2] (fig. 246) avaient les dents molaires pos-

Fig. 246. Anoplotherium commun.

térieures analogues à celles du rhinocéros, les pieds terminés par deux grands doigts comme ceux des ruminants, et le tarse des doigts à peu près comme chez les chameaux.

L'*anoplotherium commune* avait la taille d'un âne; sa tête était légère; mais, ce qui le distinguait le plus, c'était une énorme queue, longue au moins d'un mètre et très-grosse, surtout à l'origine. Cette queue lui servait de gouvernail et de rame lorsqu'il passait à la nage un lac ou une rivière, non pour y saisir le poisson, car il était herbivore, mais pour y chercher les racines et les tiges succulentes des plantes aquatiques.

« D'après ses habitudes de nageur et de plongeur, dit Cuvier, l'anoplothérium devait avoir le poil lisse comme la loutre; peut-être même

---

1. On connaît les *palæotherium magnum, medium, curtum, latum, minus, minimum*.
2. De ανοπλος, sans défense; θεριον, animal.

sa peau était-elle demi-nue. Il n'est pas vraisemblable non plus qu'il ait
eu de longues oreilles, qui l'auraient gêné dans son genre de vie aquatique, et je penserais volontiers qu'il ressemblait à cet égard à l'hippopotame et aux autres quadrupèdes qui fréquentent beaucoup les eaux. »

Il existait des anoplothériums de petite taille : l'*anoplotherium
leporinum* ou *lièvre*, dont les pattes étaient disposées pour une
course rapide ; l'*anoplotherium minimum* et *obliquum*, de taille
plus petite encore, et dont le dernier ne dépassait pas celle du
rat. Comme les rats d'eau, ces petites espèces habitaient les
bords des ruisseaux et des petites rivières.

Le *xiphodon gracile* (fig. 247) avait un peu moins d'un mètre de

Fig. 247. Xiphodon gracile.

hauteur au garrot ; il avait la taille d'un chamois, mais plus de
légèreté dans les formes. Sa tête était moins grosse que celle
de ce dernier animal. Autant les allures de l'anoplothérium
commun étaient lourdes et traînantes, autant le xiphodon était
gracieux et agile. Léger comme la gazelle et le chevreuil, il
courait rapidement autour des marais et des étangs. Il y pais-
sait les herbes aromatiques des terrains secs, ou broutait les
pousses des jeunes arbrisseaux.

« Sa course, dit Cuvier, n'était point embarrassée par une longue
queue ; mais, comme tous les herbivores agiles, il était probablement
un animal craintif, et de grandes oreilles très-mobiles, comme celles du

cerf, l'avertissaient du moindre danger. Nul doute enfin que son corps ne fût couvert d'un poil ras ; et par conséquent il ne manque que sa couleur pour le peindre tel qu'il animait jadis cette contrée, où il a fallu en déterrer, après tant de siècles, de si faibles vestiges. »

Les plâtrières des environs de Paris renferment encore des débris d'autres espèces de pachydermes : le *chœropotamus* ou *cochon de fleuve* (χειρος ποταμος), qui a de l'analogie avec le pécari actuel, quoique beaucoup plus grand ; — l'*adapis*, qui rappelle, par sa forme, le hérisson, dont il a trois fois la taille, et qui semble établir une certaine liaison entre les pachydermes et les carnassiers insectivores ; — le *lophiodon*, encore plus voisin des tapirs que l'anoplothérium, et dont la taille variait suivant les espèces, depuis celle du lapin jusqu'à celle du rhinocéros ; etc. Les restes connus de ces derniers animaux sont trop incomplets pour que l'on puisse avancer quelque chose de certain sur leur organisation et leurs mœurs.

Il est intéressant de se représenter les vastes pâturages de l'ancien monde occupés par cette quantité d'herbivores de toute taille. Dans les lieux mêmes où s'élève aujourd'hui Paris, et qui appartiennent aux terrains tertiaires, les plaines et les bois étaient remplis de ces animaux, gibier sur lequel nos chasseurs parisiens n'ont plus à compter, mais qui devait singulièrement animer la terre à cette époque lointaine. L'absence des grands carnivores explique la prompte multiplication de ces agiles et gracieux habitants des bois, dont la race pullulait alors, mais qui dut promptement s'anéantir sous la dent des carnassiers voraces qui virent bientôt le jour.

Jetons maintenant un coup d'œil sur la faune marine de la période éocène.

C'est à cette époque que les mers se sont peuplées pour la première fois, de cétacés, ou mammifères marins. Les genres *dauphin* et *balænodon* appartiennent à la période qui nous occupe.

La science est très-peu avancée dans la connaissance des espèces ossiles appartenant au genre des dauphins et des *baleines*.

Quelques ossements de dauphins trouvés en différents lieux de la France, ont appris seulement que les espèces anciennes diffèrent de celles de nos jours.

La même remarque peut être faite pour le narval, ce cétacé si remarquable par sa longue dent en forme de corne, animal qui fut de tout temps un objet de curiosité.

Les baleines que l'on trouve dans les terrains correspondant à la période éocène, différaient peu des baleines actuelles; mais les observations que l'on a pu faire sur ces gigantesques débris des animaux de l'ancien monde sont trop peu nombreuses pour que l'on ait pu en tirer une conclusion précise. Il est certain, toutefois, que les baleines fossiles diffèrent de la baleine actuelle par certains caractères tirés des os du crâne.

La découverte d'un énorme fragment de baleine fossile, faite à Paris, en 1779, dans la cave d'un marchand de vin de la rue Dauphine, fit une certaine sensation. La science prononça sans trop d'hésitation, sur la véritable origine de ces ossements, mais le public avait quelque peine à comprendre l'existence d'une baleine dans la rue Dauphine.

C'est en faisant pratiquer des fouilles dans sa cave que le marchand de vin fit la découverte dont il s'agit. On rencontra sous la pioche, enfouie dans une argile jaunâtre, une énorme pièce osseuse. L'extraction complète de ce morceau eût présenté de grandes difficultés. Peu désireux de pousser plus loin ses recherches, notre homme se contenta de faire enlever, à l'aide du ciseau, une portion de cet os monstrueux. La pièce ainsi détachée pesait à elle seule 227 livres. Elle fut exposée chez le marchand de vin, où un grand nombre de curieux vinrent la voir.

Un naturaliste de cette époque, Lamanon, qui l'examina, conjectura qu'elle appartenait à la tête d'un cétacé. Quant à la pièce elle-même, elle fut achetée pour le musée de Teyler, à Harlem, où elle est encore.

Il n'existe au Muséum d'histoire naturelle de Paris qu'une copie de l'os du cétacé de la rue Dauphine, qui a reçu le nom scientifique de *balænodon Lamanoni*. L'examen de cette copie conduisit Cuvier à reconnaître que cet os a appartenu à une espèce de baleine antédiluvienne, qui différait non-seulement des espèces vivantes, mais encore de toutes les espèces connues jusqu'ici.

Depuis l'observation de Lamanon, d'autres ossements de baleine ont été découverts dans le sol de différents pays, mais les études de ces fossiles ont toujours laissé à désirer. En 1806, une baleine fossile fut déterrée à Monte-Pulgnasco par M. Cortesi; une autre fut trouvée en Écosse. En 1816, on découvrit également de nombreux os du même animal dans une petite vallée formée par un ruisseau se rendant à la Chiavana, l'un des affluents du Pô. Mais aucune étude rigoureuse ne fut entreprise au sujet de ces ossements.

Cuvier a établi parmi les cétacés fossiles, un genre particulier qu'il désigne sous le nom de *Ziphius*. Les animaux qui portent ce nom ne peuvent s'identifier ni aux baleines, ni aux cachalots, ni aux hyperoodons. Ils tiennent dans l'ordre des cétacés la place que les palæothériums et anoplothériums occupent dans l'ordre des pachydermes, ou celle que le megathérium et le megalonyx occupent dans l'ordre des édentés. Comme ces derniers animaux, les *Ziphius* sont des restes d'une nature détruite, et dont on chercherait vainement aujourd'hui les originaux.

La nouveauté, la richesse et la variété que présentait la création animale à l'époque tertiaire, et qui ressort manifestement de la rapide revue que nous venons de faire de la classe des mammifères, se remarquent aussi dans les autres classes d'animaux : la classe des poissons nous offre, à cette époque, les premiers *pleuronectes* (poissons plats); les crustacés, les premiers crabes. On voit en même temps apparaître une multitude de mollusques nouveaux (*oliva, triton, cassis, harpa, crepidula*, etc.). Les formes inconnues des *schizaster* se font remarquer parmi les échinodermes; les zoophytes abondent, surtout les *foraminifères*, qui semblent compenser par leur nombre l'infériorité de leurs dimensions. C'est alors que vivaient, au sein des mers et loin des rivages, les *nummulites*, êtres inférieurs dont les enveloppes calcaires jouent un rôle considérable comme élément de quelques terrains tertiaires. Les coquilles agglomérées des nummulites composent aujourd'hui des roches très-importantes. Les *calcaires à nummulites* forment dans la chaîne

des Pyrénées des montagnes entières ; en Egypte, ils constituent des bancs fort étendus, et c'est avec ces roches que furent
construites les anciennes pyramides. Que de temps n'a-t-il pas
fallu pour que les dépouilles de ces petites coquilles aient fini
par former des couches de plusieurs centaines de mètres d'épaisseur ! Les espèces de *milliolites* étaient aussi tellement abon-

Fig. 248. Platax altissimus.

dantes dans les mers éocènes, qu'on doit à leur agglomération
la plupart des roches calcaires qui ont servi à bâtir Paris. Ces

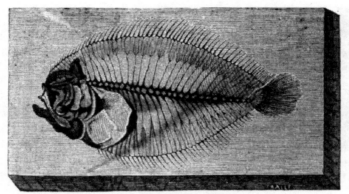

Fig. 249. Rhombus minimus.

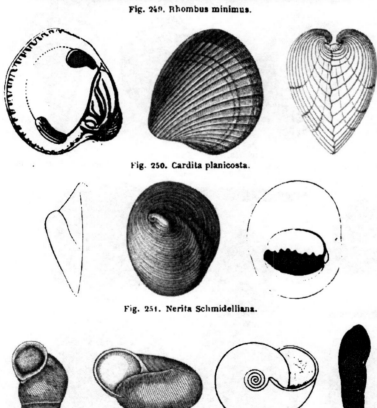

Fig. 250. Cardita planicosta.

Fig. 251. Nerita Schmidelliana.

Fig. 252. Cyclostoma   Fig. 253.   Fig. 254. Physa
       Arnouldi.   Helix hemispherica.   columnaris.

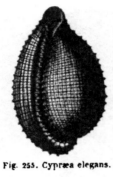

Fig. 255. Cypræa elegans.   Fig. 256. Typhis tubifer.

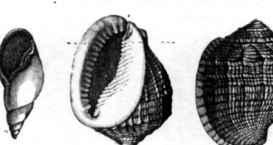

Fig. 257.   Fig. 258.   Fig. 259.
Lymnœa pyramidalis.   Cassis cancellata.   Cerithium hexagonum

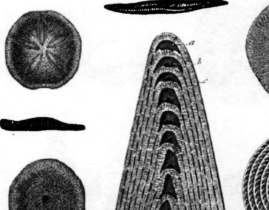

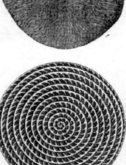

Fig. 260.   (Coupe verticale.)   (Coupe horizontale.)
Laganum reflexum.   Fig. 261. Nummulites nummularia.

coquilles, agglutinées de manière à former des roches continues, forment autour de Paris, à Gentilly, à Vaugirard et à Châ-
tillon, des couches très-étendues, qui sont exploitées comme
carrières de pierre à bâtir.

Voici l'énumération de quelques espèces animales caractéristiques de l'époque éocène, outre celles que nous avons déjà
signalées parmi les mammifères, les oiseaux et les reptiles.

Poissons : *Platax altissimus* (fig. 248); — *Rhombus minimus*
(fig. 249).

Mollusques : *Cardita planicosta* (fig. 250); — *Cardita pectuncula-
ris*; — *Nerita Schmidelliana* (fig. 251); — *Cyclostoma Arnouldi*
(fig. 252); — *Helix hemispherica* (fig. 253); — *Physa columnaris*
(fig. 254); — *Cypræa elegans* (fig. 255); — *Crassatella ponderora*; —
Typhis tubifer (fig. 256); — *Lymnæa pyramidalis* (fig. 257); —
Cassis cancellata (fig. 258); — *Cerithium hexagonum* (fig. 259);
— *Cerithium acutum*, — *mutabile*, — *lapidum*.

Échinodermes : *Laganum reflexum* (fig. 260).

Foraminifères : *Nummulites nummularia* (fig. 261); — *Nummulites planulata* (fig. 262); — *Nummulites scabra*.

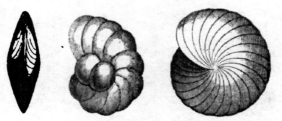

Fig. 232. Nummulites planulata.

On a représenté sur la planche 263 une *vue idéale de la terre
pendant la période éocène*. On y remarque, en ce qui concerne
la végétation, le mélange des espèces fossiles avec celles des
arbres de notre époque. Les aunes, les charmes, les cyprès, etc., se mêlent aux *flabellaria*, palmiers d'une espèce dis-
parue. Un oiseau échassier, le *tantalus*, se tient à la pointe d'un
rocher; des tortues *trionyx* nagent dans les eaux d'une rivière,
au milieu des nymphéa, des nénufars et d'autres plantes
aquatiques, tandis qu'un troupeau de palæothériums, d'ano-

Fig. 263. Paysage idéal de la période éocène.

plothériums et de xiphodon broute paisiblement l'herbe des prés sauvages de cette tranquille oasis.

Terrain éocène. — Les terrains qui représentent actuellement l'époque éocène sont parfaitement développés dans le bassin de Paris; aussi cet étage est-il souvent désigné sous le nom de *terrain parisien.* On le divise en trois assises principales : 1° *l'argile plastique* et les *sables inférieurs;* 2° le *calcaire grossier;* 3° la *formation gypseuse.*

L'*argile plastique* constitue à Paris l'élément dominant de l'assise. Habituellement bigarrée, quelquefois grise ou blanche, elle est employée comme terre à poterie et à faïence. Ce dépôt semble avoir été formé principalement par des eaux douces. On trouve à sa base un conglomérat de craie et calcaire divers, dans lequel on a trouvé, au Bas-Meudon, des débris de reptiles (tortues, crocodiles), de mammifères, et plus récemment ceux d'un oiseau gigantesque, le *gastornis*, dont les proportions devaient surpasser celles de l'autruche.

Les *sables inférieurs* constituent une puissante assise, principalement sableuse, qui renferme des couches d'argile calcarifère et des bancs de grès coquilliers. Ces roches, très-riches en coquilles, renferment beaucoup de nummulites.

On désigne sous le nom de *calcaire grossier* une puissante assise marine, composée de calcaires de diverses sortes, en général d'un grain grossier, quelquefois compactes, qui sont propres à faire des pierres de taille et des moellons. Cette assise, qui forme le membre le plus caractéristique du bassin parisien, peut se subdiviser en trois groupes de couches, caractérisées, le premier par des nummulites, le second par des milliolites, le troisième par des cerithes. Aussi leur donne-t-on les noms de *calcaire à nummulites, calcaire à milliolites* et *calcaire à cerithes.* Dans certaines parties du bassin de Paris, le calcaire grossier est séparé de la formation gypseuse, par des sables, mêlés de grès, qu'on appelle *sables moyens* ou *grès de Beauchamp;* ils sont très-riches en coquilles.

La *formation gypseuse* consiste en une longue série de couches marneuses et argileuses, de couleur grisâtre, verte ou blanche, dans l'intervalle desquelles se trouve intercalée une

puissante couche de gypse (sulfate de chaux). Sa plus grande
épaisseur se trouve à Montmartre et à Pantin. La formation de
ce gypse, ou sulfate de chaux, est due probablement à l'action
de l'acide sulfurique libre sur le carbonate de chaux des terrains. Cet acide sulfurique provenait lui-même de la transformation en acide sulfurique, par l'action de l'air et de l'eau, des
masses gazeuses d'hydrogène sulfuré émanées de bouches volcaniques.

PÉRIODE MIOCÈNE.

C'est sur le continent que nous trouverons les caractères les plus frappants de la période qui va nous occuper. Jetons d'abord un regard sur la physionomie de sa végétation. Ce qui la distingue, c'est le mélange des formes végétales propres au climat brûlant de l'Afrique actuelle, avec des végétaux qui croissent aujourd'hui dans l'Europe tempérée, tels que les palmiers, les bambous, diverses Laurinées (*daphnogene, laurus*), des Combrétacées (*terminalia*), de grandes Légumineuses propres aux pays chauds *(phaseolites, erythrina, bauhinia, mimosites, acacia*), des Apocynées analogues aux genres des régions équatoriales, une Rubiacée tout à fait tropicale (*steinhauera*), se mêlant à des érables, des noyers, des bouleaux, des ormes, des chênes, des charmes, genres propres aux régions tempérées ou froides.

Outre les plantes que nous venons de citer, il y avait encore, pendant la période miocène, des mousses, des champignons, des chara, des arbres verts, des figuiers, des platanes, des peupliers.

Les animaux qui habitaient les continents pendant cette période, étaient des mammifères, des oiseaux et des reptiles. Des merles, des moineaux, des cigognes, des corbeaux représentent la classe des oiseaux. Parmi les reptiles apparaissent les premières couleuvres, des grenouilles, des salamandres. Les eaux douces étaient habitées par les perches, aloses, lebias, etc. La figure 264 représente, comme spécimen de ces poissons fossiles d'eau douce, une espèce de Lebias.

Mais c'est parmi les mammifères qu'il faut chercher les espèces animales les plus intéressantes de cette période. Elles sont nombreuses et remarquables par leurs dimensions ou

leurs formes. C'est pendant la période miocène qu'apparaissent plusieurs genres de mammifères aujourd'hui tout à fait per-

Fig. 264. Lebias cephalotes.

dus, les palœomys, les macrothériums, les toxodon, les dinothériums aux défenses gigantesques, les mastodontes aux formes
massives. C'est aussi la date de la naissance des premiers représentants des genres Phoque, Ours, Chat, Rat, Castor, Rhinocéros, Tapir, etc., qui vivent encore aujourd'hui. Il y avait aussi
des Quadrumanes (singes), tels que le *pithecus antiquus* et le
driopithecus, qui appartenaient au groupe des orangs-outangs
et avaient presque la taille de l'homme.

Nous ne parlerons ici, comme nous le faisons, d'ailleurs,
dans tout le cours de cet ouvrage, que des espèces animales
qui ont été bien étudiées par les paléontologistes, et sur lesquelles on possède des renseignements certains. Ce sont, parmi
les espèces aujourd'hui éteintes, les *dinothériums*, les *mastodontes*
et les *rhinocéros*.

Le *dinothérium* est le plus grand des mammifères terrestres
qui aient jamais vécu. Longtemps on ne posséda de cet animal que d'incomplets débris, qui conduisirent Cuvier à le
ranger, à tort, parmi les tapirs. La découverte d'une mâchoire
inférieure, presque complète, armée d'une défense dirigée
en bas, vint plus tard démontrer que cet être mystérieux était
réellement le type d'un genre nouveau et des plus singuliers.

Toutefois, comme l'on connaissait des animaux de l'ancien monde dont les mâchoires supérieure et inférieure étaient toutes les deux garnies de défenses, on crut pendant quelque temps qu'il pourrait en être de même pour le dinothérium. Mais, en 1836, on découvrit dans le gîte, déjà célèbre, d'Eppelshein (grand-duché de Hesse-Darmstadt) une tête presque entière de dinothérium, qui ne portait que les deux défenses de la mâchoire inférieure. En 1837, cette belle pièce (fig. 265) fut apportée à Paris, et exposée, rue Vivienne, à la curiosité du

Fig. 265. Tête du Dinothérium.

public. Elle avait 1^m,30 de longueur sur 1 mètre de largeur. Ses défenses, énormes, étaient portées à l'extrémité antérieure du maxillaire inférieur, et recourbées en bas, comme celles du morse. Ses dents molaires avaient beaucoup d'analogie avec celles des tapirs. De grands trous sous-orbitaires, joints à la forme du nez, rendent probable l'existence d'une trompe. L'os le plus remarquable qu'on ait encore trouvé du dinothérium, est un omoplate qui, par sa forme, rappelle celui de la taupe.

Ce colosse du monde primitif, sur lequel on a beaucoup discuté, n'était en réalité qu'un éléphant : c'est la première espèce d'éléphant qui ait vu le jour. Ses dimensions étaient beaucoup plus grandes que celles des éléphants actuels, et supérieures même à celles du mastodonte et du mammouth, éléphants fossiles dont nous aurons plus loin à évoquer les restes.

Par son genre de vie et son frugal régime, ce pachyderme ne méritait pas le nom redoutable que les naturalistes lui ont imposé (δεινος, terrible; θηριον, animal). Sa taille était sans doute effrayante, mais ses habitudes étaient paisibles. Il habitait de préférence les eaux douces, les embouchures des grands fleuves et les lagunes avoisinant leurs rives. Herbivore, comme les éléphants, il ne se servait de sa trompe que pour saisir les herbes qui pendaient au-dessus des eaux, ou flottaient à leur surface. On sait que les éléphants sont très-friands

des racines des végétaux herbacés qui croissent dans les plaines
inondées. Le dinothérium paraît avoir été organisé pour satis-
faire aux mêmes goûts. Avec la puissante pioche naturelle formée par ses défenses, dirigées vers le sol, il arrachait du fond
de l'eau des racines féculentes, comme celles des nymphéa,
ou des racines beaucoup plus dures que le mode d'articulation

Fig. 266. Dinothérium.

de ses mâchoires et la puissance des muscles destinés à les
mouvoir, jointe à la large surface de leurs dents, lui permet-
taient de broyer avec facilité.

Le *mastodonte* avait à peu de chose près la taille et la forme
de notre éléphant actuel ; seulement son corps devait être plus
allongé et ses membres au contraire un peu plus épais. Il avait
des défenses, et très-probablement une trompe. Il se distingue
de l'éléphant par la forme de ses molaires, qui sont le caractère le plus distinctif de son organisation. Ces dents sont à
peu près rectangulaires, et présentent sur la surface de leur
couronne de grosses tubérosités coniques, à pointes arrondies,

disposées par paires au nombre de quatre ou cinq suivant les espèces. La forme de ces dents est très-distincte et très-reconnaissable. Elles ne ressemblent pas à celles des carnassiers, mais à celles des herbivores et particulièrement à celles des hippopotames (fig. 267).

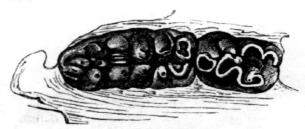

Fig. 267. Dent du Mastodonte.

Ce n'est que vers le milieu du siècle dernier que l'on eut, en France, les premières notions sur l'existence du mastodonte. Dès l'année 1705, on avait trouvé, il est vrai, à Allany (aujourd'hui dans l'État de New-York) quelques os de cet animal; mais cette découverte n'avait aucunement attiré l'attention. En 1739, un officier français, M. de Longueil, traversait, pour se rendre dans le Mississipi, les forêts vierges qui bordent le grand fleuve de l'Ohio. Les sauvages qui l'escortaient trouvèrent, par hasard, au bord d'un marais, divers ossements, dont plusieurs semblaient appartenir à des animaux inconnus. Dans ce marais tourbeux, que les indigènes désignaient sous le nom de *grand lac salé*, venaient se perdre plusieurs sources d'eaux chargées de sel, et de tout temps les ruminants sauvages y avaient accouru en foule, attirés par la saveur du sel, dont les animaux ont toujours été friands. Telle était probablement la cause qui avait accumulé en ce point les restes d'un si grand nombre de quadrupèdes aux temps les plus reculés de l'histoire de notre globe. Ils avaient sans doute péri étouffés, en s'enfonçant dans la vase de ce lac, au fond mobile et fangeux. M. de Longueil prit quelques-uns de ces ossements. A son retour en France, il les remit à Daubenton et à Buffon : c'étaient un fémur, une extrémité de défense et trois dents molaires.

Daubenton, après mûr examen, déclara que ces dents étaient

17

celles d'un hippopotame; la défense et le gigantesque fémur appartenaient, selon lui, à un éléphant.

Ainsi Daubenton n'attribuait pas à un seul et même animal les ossements apportés par M. de Longueil. Buffon ne partagea point cet avis, et il ne tarda pas à convertir à ses vues Daubenton, ainsi que les autres naturalistes français. Buffon déclara que ces os appartenaient à un éléphant dont la race n'avait vécu qu'aux temps primitifs de notre globe. Ce fut alors que la notion fondamentale des espèces animales éteintes et exclusivement propres aux anciens âges de la terre entra, pour la première fois, dans la tête des naturalistes. Cette notion devait sommeiller pendant près d'un siècle avant de porter les fruits admirables dont elle a enrichi les sciences naturelles et la philosophie.

Buffon baptisa cet être fossile du nom d'*animal de l'Ohio*, ou *éléphant de l'Ohio*, pour rappeler la partie de l'Amérique qui avait été le théâtre de cette découverte.

Buffon, néanmoins, se trompa sur les dimensions qu'il fallait attribuer à l'*animal de l'Ohio*. Il le croyait six à huit fois plus grand que notre éléphant actuel. Il fut conduit à cette estimation par une appréciation erronée du nombre des dents des éléphants. L'*animal de l'Ohio* n'a que quatre molaires, tandis que Buffon s'était imaginé que ce dernier être pouvait en avoir jusqu'à seize, confondant les germes ou les dents supplémentaires qui existent chez le jeune animal, avec les dents de l'individu adulte. En réalité, l'*animal de l'Ohio* n'était pas beaucoup plus grand que notre éléphant d'Afrique.

La découverte de ce beau fossile avait produit une grande impression en Europe. Maîtres du Canada par la paix de 1763, les Anglais continuèrent à y rechercher ces restes précieux. Le géographe Croghan, parcourant de nouveau la région de ce *grand lac salé* signalée par M. de Longueil, y trouva quelques ossements de la même nature; en 1767, il en fit passer plusieurs caisses à Londres, en les adressant à divers naturalistes. Collinson, l'ami et le correspondant de Franklin, qui avait eu sa part de cet envoi, fit remettre à Buffon une dent molaire.

Ce n'est pourtant qu'en 1801 que l'on a trouvé des restes

bien complets de l'*animal de l'Ohio*. Un naturaliste américain, M. Peale, à force de fatigue et de soins, parvint, à cette époque, à réunir deux exemplaires presque complets de cet important squelette. Ayant appris que l'on avait trouvé plusieurs grands ossements dans une marnière située au bord de l'Hudson, près de Neubourg, dans l'État de New-York, M. Peale se rendit dans cette localité. Au printemps de 1801, une partie considérable du squelette se trouvait chez le fermier qui l'avait extrait de la terre, mais qui, malheureusement, l'avait laissé mutiler par la maladresse et la précipitation des ouvriers. Ayant acheté ces débris, M. Peale les envoya à Philadelphie; puis il attendit l'automne pour faire procéder à de nouvelles recherches. Les eaux avaient rempli la carrière; il fallut les vider avec des pompes : mais l'invasion de nouvelles eaux venait sans cesse contrarier les fouilles. Après plusieurs semaines d'un pénible travail, bien que l'on eût découvert un certain nombre d'ossements, il manquait encore les plus importants, et surtout la mâchoire inférieure.

Abandonnant cette carrière, M. Peale se rendit à un petit marais situé à deux lieues de distance, et d'où l'on avait retiré quelques os huit ans auparavant. Quinze jours de travaux firent découvrir de nouvelles pièces, mais non celle que l'on cherchait.

Notre naturaliste se retirait, désespérant de réussir, lorsqu'il rencontra un fermier qui, trois ans auparavant, avait trouvé quelques os dans un marais situé à cinq lieues à l'ouest de l'Hudson. M. Peale s'y rendit avec son guide. Après plusieurs jours de travail, il parvint à déterrer une mâchoire inférieure, accompagnée des os qu'il cherchait pour compléter l'animal. M. Peale rapporta en triomphe à Philadelphie ces résultats précieux d'une campagne de trois mois. Tous les os qu'il avait rassemblés lui servirent à composer deux squelettes à peu près complets. Un de ces squelettes demeura dans son cabinet de Philadelphie, l'autre fut apporté à Londres par un de ses fils, qui le montra à prix d'argent.

Des découvertes analogues suivirent, en Amérique, cette découverte fondamentale. L'une des plus curieuses en ce genre fut faite en 1805 par M. Barton, professeur à l'Université de Pensylvanie. On trouva à six pieds de profondeur, sous un banc de craie, assez d'ossements de mastodonte pour en composer un squelette. L'une des dents pesait 8 kilogrammes et demi. Mais voici la circonstance qui rendait cette trouvaille unique entre toutes. Au milieu des os, et enveloppée dans une sorte de sac, qui avait dû être l'estomac de l'animal, on mit à découvert une masse végétale en partie broyée, composée de branches et de petites feuilles, parmi lesquelles on put reconnaître une espèce de roseau qui est encore aujourd'hui commune dans l'État de Virginie; de sorte que l'on ne douta point que ce ne fussent les matières mêmes que l'animal avait ingérées avant sa mort.

Les indigènes de l'Amérique du Nord appelaient le mastodonte le *père des bœufs*. C'est ce qu'un officier français, nommé Fabri, écrivait dès 1748 à Buffon. Les sauvages du Canada et de la Louisiane, où abondent les restes du mastodonte, les rapportent au *père des bœufs*, créature fantastique qu'ils mêlent à toutes leurs traditions et qu'ils font figurer dans leurs vieilles chansons nationales. Voici l'une de ces chansons que Fabri entendit au Canada :

« Lorsque le grand *Manitou* descendit sur la terre, pour voir si les êtres qu'il avait créés étaient heureux, il interrogea tous les animaux. Le bison (auroch) lui répondit qu'il serait content de son sort dans les grasses prairies dont l'herbe lui venait jusqu'au ventre, s'il n'avait sans cesse les yeux tournés vers la montagne pour apercevoir le *père des bœufs* en descendre avec furie, pour le dévorer lui et les siens. »

Les sauvages Chavanais prétendaient que ces grands animaux avaient vécu autrefois conjointement avec une race d'hommes dont la taille était proportionnée à la leur, mais que le *grand Être* détruisit l'une et l'autre espèce par les traits répétés de ses terribles foudres.

Les indigènes de Virginie avaient une autre légende. Comme ces gigantesques éléphants détruisaient tous les autres animaux, spécialement créés pour servir aux besoins des Indiens, Dieu les foudroya. Un seul réussit à s'échapper, c'était « le gros mâle, qui, présentant sa tête aux foudres, les secouait à mesure qu'ils tombaient, mais qui ayant à la fin été blessé par le côté, se mit à fuir vers les grands lacs, où il se tint caché jusqu'à ce jour. »

Toutes ces fictions naïves prouvent au moins que le mastodonte a vécu sur la terre jusqu'à une époque très-reculée. Nous verrons, en effet, qu'il est contemporain du mammouth, lequel a précédé de peu l'apparition de l'homme.

Buffon, avons-nous dit, avait donné à ce grand fossile le nom d'*animal* ou d'*éléphant de l'Ohio*; on le désignait aussi sous le nom de *mammouth de l'Ohio*. Cuvier a remplacé tous ces noms impropres par celui de *mastodonte*, dérivé de deux mots grecs qui expriment le caractère anatomique des dents de l'animal (μαστος οδος, *dent en forme de mamelon*).

On a trouvé en Amérique, depuis Cuvier, beaucoup d'ossements de mastodonte, mais on n'en a rencontré qu'assez rarement en Europe. Cuvier n'a connu que le mastodonte d'Amérique. On a même assez longtemps admis, avec ce naturaliste, que le mastodonte était exclusivement propre au nouveau monde. La découverte, faite plusieurs fois en Europe, d'ossements de mastodonte, mêlés à ceux du mammouth (*elephas primigenius*), a détruit de nos jours cette opinion. On a trouvé ces ossements en grand nombre dans le *Val d'Arno*, gisement précieux d'éléphants fossiles dont nous aurons à parler plus loin. En 1858, on découvrit à Turin un magnifique squelette de mastodonte. Nous en donnons ici la figure (fig. 268.)

Le *mastodonte de Turin* appartient à l'époque pliocène; il n'a, comme on le voit, que les deux grandes défenses de la mâchoire supérieure. Le mastodonte qui vivait pendant la période miocène avait quatre défenses, les plus petites étant placées à la mâchoire inférieure. La tête de ce dernier est représentée par les lettres AB pour l'ensemble de la tête, et C pour le détail de la mâchoire inférieure, sur la figure 268.

La forme des dents du mastodonte nous montre qu'il se nourrissait, comme l'éléphant, de racines et d'autres parties charnues des végétaux. La curieuse trouvaille faite en Amérique, par Barton, des restes du corps de cet animal, nous éclaire suffisamment sur son genre de nourriture. Il vivait sans doute au bord des fleuves, dans les terrains mous et marécageux.

Outre le grand mastodonte, dont nous venons de parler, il existait le *mastodonte à dents étroites*, d'un tiers plus petit que l'éléphant, et qui habitait à peu près toute l'Europe.

Nous ne saurions passer sous silence un curieux fait historique qui se rattache aux restes du mastodonte.

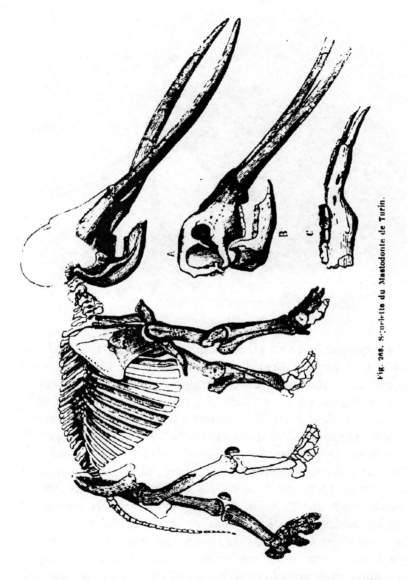

Fig. 268. Squelette du Mastodonte de Turin.

Le 11 janvier 1613, les ouvriers d'une sablonnière située
près du château de Chaumont, en Dauphiné, entre les villes de

Montricourt et Saint-Antoine, sur la rive gauche du Rhône, trouvèrent des ossements, dont plusieurs furent brisés par eux.

Fig. 269. Mastodonte.

Ces os appartenaient à un grand mammifère fossile, mais l'existence de ce genre d'êtres était alors entièrement méconnue. Informé de la trouvaille, un chirurgien du pays, nommé Mazuyer, s'empara de ces os, dont il sut tirer, comme on va le voir, un excellent parti. Il s'annonça comme ayant découvert lui-même ces débris dans un tombeau, bâti en briques, long de 30 pieds sur 15 de large, et sur lequel était cette inscription : TEUTOBOCCHUS REX. Il ajoutait avoir trouvé, dans le même tombeau, une cinquantaine de médailles à l'effigie de Marius. Nos lecteurs savent que Teutobocchus était un roi barbare qui envahit les Gaules à la tête des Cimbres, et fut arrêté et vaincu près d'*Aquæ Sextiæ* (Aix, en Provence), par Marius, qui l'emmena à Rome, pour orner son cortége triomphal. Dans la notice qu'il publia pour accréditer ce conte, Mazuyer rappelait que, d'après le témoignage des auteurs romains, la tête du roi teuton dépassait tous les trophées que l'on arborait sur les lances dans les triomphes. Le squelette qu'il exhibait avait, en effet, 25 pieds de long sur 10 de large.

Mazuyer fit voyager par toutes les villes de la France et de l'Allemagne le squelette du prétendu Teutobocchus, qu'il montrait à beaux deniers comptants. Il produisit sa relique devant Louis XIII, qui prit le plus grand intérêt à contempler cette merveille.

Le squelette que Mazuyer promenait en France pour le soumettre à l'admiration du vulgaire et des savants, fit naître une longue controverse, ou plutôt une interminable dispute, dans laquelle se distingua le célèbre anatomiste Riolan, argumentant contre Habicot, médecin dont le nom est tombé dans l'oubli. Riolan voulait prouver, et il y réussit, au moins devant la science, que les os du prétendu Teutobocchus étaient ceux d'un éléphant. Les deux adversaires échangèrent, pour soutenir leurs dires, de nombreuses brochures, dans lesquelles brillaient surtout les injures personnelles, comme il arrivait, à cette époque, toutes les fois que l'antique médecine et la chirurgie naissante se trouvaient face à face [1].

Nous savons par Gassendi qu'un jésuite de Tournon, nommé Jacques Tissot, était l'auteur de la notice publiée par Mazuyer; Gassendi prouve en même temps que les prétendues médailles de Marius étaient controuvées, car elles portaient des caractères gothiques.

Il semble fort étrange, quand on considère ces os, qui sont conservés aujourd'hui dans les armoires du Muséum d'histoire

---

1. Cuvier, dans son ouvrage sur les *Ossements fossiles*, nous a conservé la curieuse nomenclature des écrits qui furent échangés entre Riolan et Habicot à propos du fameux squelette de Mazuyer. En voici la liste dans l'ordre de leur publication : *Gigantostéologie*, par N. Habicot, 1613; — *Gigantomachie*, par un écolier en médecine (J. Riolan), 1613; — *L'imposture découverte des os humains supposés d'un géant*, 1614 (par le même); — *Monomachie*, ou *Réponse d'un compagnon chirurgien aux calomnieuses inventions de la Gigantomachie de Riolan*, 1614 (auteur inconnu); — *Discours apologétique de la grandeur des géants*, par Guillemeau, 1615; — *Réponse au Traité apologétique touchant la vérité des géants*, par N. Habicot; — *Jugement des ombres d'Héraclite et de Démocrite sur la Reponse d'Habicot au Discours attribué à Guillemeau;* — *Gigantologie*, ou *Histoire de la grandeur des géants*, par Riolan, 1618; — *Antigigantologie*, ou *Contre-discours de la grandeur des géants*, par N. Habicot, 1618; — *Touche chirurgicale*, par N. Habicot, 1618; — *Correction fraternelle sur la vie d'Habicot*, par Riolan, 1618.

naturelle de Paris, où chacun peut les voir, qu'on ait jamais pu les faire passer pour des os humains. La mâchoire inférieure, avec ses énormes dents et sa monstrueuse ouverture, ne pouvait, il nous semble, en imposer à personne. Ce n'est pourtant que de nos jours qu'on a déterminé la véritable origine de ces débris. Le squelette de Teutobocchus se trouvait, assurait-on, à Bordeaux en 1832 ; il fut envoyé, à cette époque, au Muséum d'histoire naturelle de Paris, où M. de Blainville déclara qu'il appartenait à un mastodonte.

Ainsi le roi Teutobocchus déterré sur les rives du Rhône était un éléphant [1].

Nous ne nous étendrons pas longuement sur les *rhinocéros*, genre qui s'est maintenu jusqu'à notre époque et dont quelques espèces sont fossiles.

Les rhinocéros de l'ancien monde étaient beaucoup plus nombreux en espèces qu'ils ne le sont de nos jours, et ces espèces se distinguaient entre elles par des caractères bien plus marqués. Il y avait une espèce de très-grande taille, c'était le *rhinocéros à deux cornes (ticorhinus)*, une des deux cornes étant plus longue que l'autre. Son corps était couvert de poils très-abondants, et sa peau dépourvue des rides et des squammes calleuses que l'on remarque sur la peau de notre rhinocéros d'Afrique. En même temps que cette espèce gigantesque, il existait un rhinocéros nain, de la taille de nos cochons. Des espèces intermédiaires pour la grandeur existaient aussi, car on possède tous les ossements nécessaires pour les reconstituer.

Nous aurons à rapporter plus loin la découverte extraordinaire faite, en 1771, par le naturaliste russe Pallas, du corps entier d'un *rhinoceros ticorhinus*, trouvé au milieu des glaces du Nord, revêtu encore de sa peau, et conservant une partie de ses chairs.

---

1. Nous ferons pourtant observer que l'on conteste très-sérieusement aujourd'hui que les os dont il s'agit soient réellement le squelette qui appartenait à Mazuyer. On croit que les os qui furent adressés au Muséum de Paris, et qui s'y voient encore, n'étaient que ceux de quelque mastodonte apporté d'Amérique par un bâtiment de Bordeaux, et oublié dans un grenier. L'examen du terrain du Dauphiné dans lequel fut trouvé, en 1613, le squelette du prétendu Teutobocchus, fait supposer que le fossile dont il s'agit était un dinotherium et non un mastodonte. Quant au squelette qu'exhibait Mazuyer, il serait perdu.

Terminons l'énumération des animaux propres à la période
miocène.

Les mers étaient alors peuplées d'un grand nombre d'êtres
entièrement inconnus pendant les périodes antérieures. On peut
citer quatre-vingt-dix genres marins qui apparaissent ici pour
la première fois, et dont quelques-uns atteindront jusqu'à notre
époque. Parmi ces genres nouveaux dominent les mollusques
gastéropodes (*haliotis, turbinella, ranella, dolium*); puis les foraminifères, représentés par des genres nouveaux, parmi lesquels
sont les *polystomella, dendritina, Bolivina;* enfin les crustacés, qui
renferment les genres *pagurus, astacus* (homard), *portunus*, etc.

Voici la liste, avec quelques figures, de certaines espèces
caractéristiques de l'époque miocène :

CRUSTACÉS :

Cancer macrocheilus (fig. 270); — *hela speciosa* (fig. 271):

Fig. 270. Cancer macrocheilus.   Fig. 271. Hela speciosa.

MOLLUSQUES :

Ostrea longirostris (fig. 272); — *ostrea cyatula, ostrea virginica,
Cytherea incrassata, Cytherea elegans, cerithium mutabile, cerithium plicatum* (fig. 273); — *cerithium Lamarkii, lymnea carnea,
planorbis cornu, helix Moroguesi* (fig. 274); — *Cyprea globosa,*

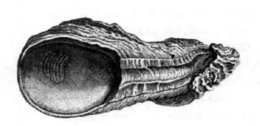

Fig. 272. Ostrea longirostris.

Fig. 273. Cerithium plicatum.

Fig. 274.
Helix Moroguesi.

Fig. 275.
Murex Turonensis.

Fig. 276.
Conus Mercati.

Fig. 277.
Carinaria Hugardi.

Fig. 278. Meandropora cerebriformis.

Fig. 279. Scutella subrotunda.

murex Turonensis (fig. 275); — *conus Mercati* (fig. 276); — *carinaria Hugardi* (fig. 277).

BRYOZOAIRES :

Meandropora cerebriformis (fig. 278).

ÉCHINODERMES :

Scutella subrotunda (fig. 279).

AMORPHOZOAIRES :

Cliona Duvernoyi.

La planche 280 nous montre les éléments naturels propres à la période miocène. On y voit le dinotherium couché dans l'herbe des marécages, le mastodonte et le rhinocéros à deux cornes. Un singe de grande taille, le *dryopithecus*, se suspend aux branches d'un arbre. Les produits du règne végétal sont, pour la plus grande partie, analogues à ceux de nos jours. On remarquera l'abondance de cette végétation fine et serrée. Cette vue rappelle celle que nous avons mise sous les yeux du lecteur, pour représenter la période houillère. C'est qu'en effet, la végétation de cette époque, et par les mêmes causes, c'est-à-dire par suite de la submersion du terrain sous l'eau des marécages, a donné naissance à une sorte de houille, que l'on trouve dans les terrains miocènes et qui porte le nom de *lignite*. Cette houille imparfaite ne ressemble pas entièrement à celle des terrains de transition, parce qu'elle est de date plus récente, parce qu'elle n'a pas eu à subir l'action de la chaleur du globe et la pression de nombreuses couches de terre superposées, conditions qui ont eu pour conséquence, comme nous l'avons établi, la formation des houilles denses et compactes des terrains de transition.

Terrain miocène. — Les terrains qui se sont formés par les dépôts des mers pendant l'époque miocène, ne sont que très-incomplétement représentés dans le bassin de Paris; ils changent de composition selon les localités. On les divise en deux étages : l'étage de la *molasse* et celui des *faluns*.

Dans le bassin parisien, le terrain de la molasse présente, à sa base, des sables quartzeux d'une grande épaisseur, tantôt

Fig 280. Vue idéale de la terre pendant la période miocène.

purs, tantôt un peu argilifères, ou micacés. Ils renferment des bancs de grès, parfois mêlés de calcaires, qu'on exploite dans les carrières de Fontainebleau, d'Orsay, de Montmorency, et qui servent au pavage de Paris et des villes environnantes. Cette dernière formation est toute marine. A ces sables et grès succède un dépôt d'eau douce, formé d'un calcaire blanchâtre, en partie siliceux, qui forme le sol du plateau de la Beauce, entre la vallée de la Seine et celle de la Loire : c'est le *calcaire de la Beauce*. Il s'y mêle une argile roussâtre, plus ou moins sableuse, renfermant de petits blocs de silex meulier. Ce dernier calcaire est très-employé à Paris pour la construction des voûtes de cave, des conduites souterraines des égouts, etc.

On nomme *faluns* (d'après le nom d'une ville de Suède) diverses couches formées de coquilles et de polypiers presque entièrement brisés. On l'exploite en beaucoup de pays, notamment aux environs de Tours et de Bordeaux, pour le marnage des terres. C'est à l'étage des faluns qu'appartient le calcaire d'eau douce qui compose la célèbre butte de Sansan, près d'Auch, dans laquelle on a trouvé, de nos jours, un nombre considérable d'ossements de tortues, d'oiseaux et surtout de mammifères, tels que les *palæotherium, rhinocéros, ours, pithecus antiquus*, etc.

PÉRIODE PLIOCÈNE.

Cette dernière période de l'époque tertiaire a été marquée dans quelques parties de l'Europe par de grands mouvements de l'écorce terrestre, toujours dus à la même cause, c'est-à-dire à la continuation du refroidissement du globe. Ainsi que nous l'avons plusieurs fois rappelé, ce refroidissement qui faisait passer à l'état solide les parties fluides de l'intérieur du globe, amenait des cassures de l'écorce terrestre; par ces cassures s'épanchaient les matières internes, demi-fluides ou de consistance pâteuse, ce qui déterminait ultérieurement le *soulèvement* de diverses montagnes dans ces interstices béants de l'écorce terrestre. Pendant la période pliocène, plusieurs montagnes et chaînes montagneuses ont été formées en Europe par des éruptions basaltiques ou volcaniques. Ces soulèvements étaient précédés de mouvements brusques irréguliers de la masse élastique du sol, c'est-à-dire de *tremblements de terre*. Nous aurons à revenir, bientôt, sur l'ensemble des phénomènes éruptifs.

Pour apprécier l'état de la végétation des continents à la période pliocène et le comparer à celui de l'époque actuelle, écoutons M. Ad. Brongniart :

« Considérée en Europe, nous dit ce savant botaniste, cette végétation nous offre comme caractères particuliers une extrême analogie avec la flore actuelle des régions tempérées de l'hémisphère boréal, je ne dis pas de l'Europe, car elle comprend plusieurs genres étrangers à notre Europe actuelle, mais propres à la végétation de l'Amérique ou de l'Asie tempérée. Tels sont les Taxodium, Liquidambar, Robinia, Gleditschia, Bauhinia, Cassia, Acacia, Rhus, Junglans, Liriodendron, Capparis, etc., tous genres étrangers à l'Europe tempérée, dans laquelle ils ont été trouvés à l'état fossile, mais qui, pour la plupart, se retrouvent encore dans des régions tempérées d'autres parties du globe.

« Quelques autres genres, qui existent encore en Europe, mais qui n'y comprennent plus qu'un petit nombre d'espèces, se trouvent à l'état fossile en plus grand nombre que dans l'époque actuelle : tels sont les érables, dont quatorze espèces au moins vivaient pendant la période pliocène, et les chênes, dont les espèces fossiles sont au nombre de treize. On doit remarquer que ces espèces proviennent de deux ou trois localités très-circonscrites, localités qui, dans l'époque actuelle, ne présenteraient probablement que trois ou quatre espèces de ces mêmes genres. »

Une différence importante distingue la flore pliocène de celle des époques antérieures : c'est l'absence, dans les parages européens, de la famille des palmiers, qui forment, au contraire, un caractère botanique essentiel de la période miocène. Nous ferons remarquer enfin que, malgré les analogies générales qui existent entre les végétaux de l'époque pliocène et ceux qui vivent actuellement dans les régions tempérées, aucune espèce ne paraît être identique avec les plantes qui croissent maintenant en Europe. Ainsi la végétation européenne, même à l'époque géologique la plus récente, différait, par les espèces, de la végétation qui la décore aujourd'hui.

Les animaux qui vivaient sur les continents pendant la période pliocène, vont nous présenter un grand nombre d'êtres aussi remarquables par leurs proportions que par leur structure. Nous appellerons spécialement l'attention sur les mammifères et sur un reptile fameux de l'ordre des batraciens.

Parmi les mammifères de la période pliocène, les uns, nés antérieurement à cette période, persistent encore, mais s'éteignent pendant sa durée : tels sont les *palæotherium, anoplotherium, chœropotamus,* etc. Les autres nous offrent des genres entièrement inconnus jusque-là et dont quelques-uns arriveront jusqu'à l'époque actuelle : tels sont les *glyptodon*, le *megatherium*, le *mylodon*, le *megalonyx*, l'*hippopotame*, le *chameau*, le *cheval*, le *bœuf*, le *cerf*, etc.

Les quatre premiers genres de mammifères n'ont jamais eu d'autre patrie que l'Amérique. Ils appartiennent à l'ordre des Édentés, ordre caractérisé surtout par l'absence de dents sur le devant de la bouche. L'appareil masticateur des Édentés ne se compose que des molaires et des canines; quelquefois même les dents manquent complètement. Aussi ces animaux se nourrissent-ils principalement d'insectes ou de feuilles tendres. Les tatous, les pangolins et les fourmiliers sont des exemples de cet ordre d'animaux. On peut ajouter, pour les mieux caracté- riser encore, que leurs ongles prennent un grand développe- ment, et entourent, en grande partie, l'extrémité des doigts. Les Édentés semblent ainsi établir le passage zoologique entre les mammifères onguiculés et les mammifères ongulés, dont l'ex- trémité du doigt est entourée par un sabot, comme on le voit chez les pachydermes et les ruminants.

Le *glyptodon*, qui apparut pendant la période pliocène, appartient, parmi les Édentés, à la famille des *tatous*. Les ani- maux de cette famille offrent comme caractère particulier et bien remarquable, un test écailleux et dur, composé de compar- timents semblables à de petits pavés, recouvrant leur tête, leur corps et souvent leur queue. Ce sont des mammifères qui semblent enfermés dans une écaille de tortue.

Le *glyptodon* (fig. 281) se rapprochait beaucoup des *dasypus*, ou tatous. Il avait seize dents à chaque mâchoire. Ces dents

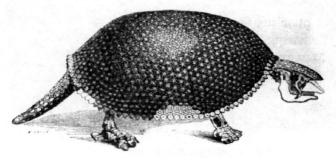

Fig. 281. Glyptodon clavipes.

. sont creusées latéralement de deux sillons larges et profonds qui en divisent la surface molaire en trois portions : de là le nom de *glyptodon*. Le pied de derrière était massif et présentait des phalanges unguéales courtes et déprimées. L'animal était enve- loppé et protégé par une cuirasse, ou carapace solide, composée de plaques qui, vues en dessous, paraissent hexagonales, et sont unies par des sutures dentées, et qui, en dessus, représentent des sortes de doubles rosettes. Le *glyptodon clavipes* vivait dans les pampas de Buenos-Ayres.

Le *glyptodon* n'avait pas moins de 2 mètres dc longueur.

Le *schistopleuron* ne diffère pas assez du *glyptodon* pour que l'on puisse en faire un genre à part; ce n'est sans doute qu'une espèce du genre *glyptodon*. La différence entre ces deux animaux ne repose que dans la structure de la queue, massive chez le premier, composée chez le second d'une dizaine d'anneaux. Pour le reste, organisation et habitudes, tout est identique. Le *schistopleuron* était, comme le *glyptodon*, un animal herbivore, se nourrissant de racines et de débris végétaux.

Fig. 282. Schistopleuron typus.

La figure 281 représente le *glyptodon clavipes* à l'état de squelette; la figure 282 représente le *schistopleuron typus* restauré, c'est-à-dire à l'état de vie.

C'était, au premier abord, un être bizarre, extraordinaire, que le *megatherium* ou *animal du Paraguay*. Si l'on jette les yeux sur son squelette, qui fut retrouvé dans le Paraguay, à Buenos-Ayres, en 1788, et qui existe aujourd'hui dans un état parfait de conservation, au Muséum de Madrid, on sera frappé de sa structure lourde, insolite, gauche et bizarre dans son ensemble et dans toutes ses parties. Cet animal appartient à l'ordre actuel des

Paresseux. Tout le monde a lu, dans Buffon, la description du paresseux, et, d'après le grand écrivain, on se représente ce quadrupède comme étant, de tous les animaux, celui qui a reçu en partage l'organisation la plus imparfaite, comme un être auquel la nature a interdit toute jouissance et qui n'a vu le jour que pour la fatigue et la misère.

L'idée exprimée par Buffon manquait pourtant de justesse. L'examen attentif de l'*animal du Paraguay* prouve que l'organisation de cet être antédiluvien ne saurait être considéré comme gauche ni bizarre, eu égard à son genre de vie. Les particularités d'organisation qui rendent les mouvements du paresseux si lourds et si pénibles à la surface du sol, lui viennent, au contraire, merveilleusement en aide pour vivre sur les arbres, dont les feuilles lui servent exclusivement de nourriture. De même, si l'on considère le *megatherium* comme ayant été créé pour fouiller la terre et se nourrir des racines des arbres et des arbustes, chacun des organes de sa lourde charpente paraîtra parfaitement approprié à son genre de vie et bien adapté à l'objet spécial qui lui a été assigné par la nature.

On doit placer le *megatherium* entre nos paresseux et nos tatous actuels. Comme les premiers, il se nourrissait exclusivement de feuilles d'arbres; comme les seconds, il fouillait profondément le sol, pour y trouver à la fois sa nourriture et son abri.

Le *megatherium* était aussi gros qu'un éléphant ou qu'un rhinocéros de la plus grande espèce. Son corps avait 4 mètres de longueur et 2 mètres et demi de largeur. Jetons un coup d'œil sur chacun des organes principaux de son squelette (fig. 283).

Sa tête ressemble beaucoup à celle du paresseux. L'os très-large qui descend de l'arcade zygomatique, le long de la joue, devait fournir une puissante insertion aux muscles moteurs de la mâchoire. La partie antérieure du museau est tellement développée, tellement criblée de trous pour le passage des nerfs et des vaisseaux, qu'il devait exister là, non pas une trompe, qui aurait été inutile à un animal muni d'un cou assez long, mais un groin, analogue à celui du tapir.

Sa mâchoire étant dépourvue de dents incisives, le mégatherium ne pouvait se nourrir d'herbes; la structure de ses dents molaires prouve qu'il n'était point carnivore. Chacune de ses dents ressemble à l'une des nombreuses denticules qui constituent la molaire composée de l'éléphant.

Les vertèbres du cou, bien que puissantes, ont peu de volume en comparaison de celles de l'extrémité opposée du corps, car la tête est relativement légère et dépourvue de défenses. Les vertèbres lombaires prennent un accroissement correspondant à l'agrandissement énorme du bassin et des membres inférieurs. Les vertèbres de la queue sont énormes. Si on ajoute à ces or-

Fig. 283. Squelette du Mégatherium.

ganes osseux les muscles, les tendons et le tégument qui les recouvraient, on est conduit à admettre que la queue du mégatherium n'avait pas moins de 60 centimètres de diamètre. Il est probable que, comme chez les tatous, le mégatherium se servait de sa queue pour supporter le poids énorme de son corps. Ce même organe devait aussi jouer un rôle formidable comme arme de défense, ainsi que cela a lieu chez les pangolins et chez les crocodiles.

Les pattes antérieures devaient avoir eu environ 1 mètre de long et le tiers de large. Elles formaient un instrument puissant pour fouiller la terre jusqu'aux plus grandes profondeurs où s'enfoncent les racines des végétaux. Les pieds antérieurs posaient sur le sol dans toute leur étendue. Solidement appuyé en arrière sur ses deux pieds postérieurs et sur sa queue, placé en avant sur l'un des pieds antérieurs, l'animal employait le pied antérieur libre à creuser la terre, pour déraciner les arbres. Les doigts des pieds antérieurs étaient, à cet effet, munis d'ongles gros et puissants, qui prenaient une position oblique par rapport au sol, de la même façon que les ongles fouisseurs de la taupe.

La solidité et l'étendue du bassin étaient énormes chez l'*animal du Paraguay*. Ses immenses os iliaques sont presque à angle droit avec la colonne vertébrale. Leurs bords externes sont éloignés l'un de l'autre de plus d'un mètre et demi, disposition en rapport avec le mode de station de l'animal. Le fémur est trois fois plus épais que chez l'éléphant, et les diverses particularités que présente la structure de cet os paraissent avoir eu pour but de fournir à toute sa charpente une solidité extrême par des proportions courtes et massives. Les deux os de la jambe sont, comme le fémur, courts, épais et solides; ils présentent de plus cette circonstance, qu'on ne rencontre que chez les tatous et les chlamyphores, animaux fouilleurs, d'être soudés entre eux par leurs extrémités.

L'organisation anatomique de ces membres dénote une locomotion lourde, lente et difficile, mais offre le support le plus solide et le plus admirablement combiné pour le poids d'une créature énorme et sédentaire, sorte de machine fouilleuse vivante, presque immobile et d'une puissance incalculable.

En résumé, le *megatherium* (fig. 284) excédait en volume tous les Édentés actuellement existants. Il avait la tête et les épaules du paresseux; ses pieds et ses jambes offraient réunis les caractères des fourmiliers, des tatous et des chlamyphores. D'une taille énorme, puisqu'il avait 2 mètres et demi de hauteur, ses pieds étaient armés de griffes gigantesques. Sa queue

lui servait de moyen de support et d'instrument de défense. Un
animal bâti dans d'aussi massives proportions ne pouvait évi-

Fig. 284. Mégatherium.

demment ni grimper ni courir ; sa démarche devait être d'une
lenteur excessive. Mais fallait-il des mouvements rapides à un
être uniquement occupé à creuser la terre, pour y chercher
des racines, et qui, par conséquent, changeait rarement de
place? Avait-il besoin d'agilité pour fuir ses ennemis, puisqu'il
pouvait renverser le crocodile d'un seul coup de sa queue? A
l'abri des atteintes des autres animaux, ce robuste herbivore
devait vivre paisible et respecté dans les parages solitaires de
l'Amérique.

Comme le *megatherium*, le *mylodon* (fig. 285) tenait de très-
près aux Paresseux. Il habitait aussi exclusivement le nouveau
monde. Plus petit que le mégatherium, il lui ressemblait beau-

coup et n'en différait guère que par la forme de ses dents. Ces organes n'étaient pas similaires et ne présentaient que des mo-

Fig. 285. Mylodon robustus.

laires à surface usée, plane, indiquant que l'animal se nourrissait de végétaux, probablement de feuilles et de tendres bourgeons. Comme le *mylodon* présente à la fois des sabots et des griffes à chaque pied, on a pensé qu'il formait un lien entre les animaux onguiculés et les animaux ongulés. On en connaît trois espèces qui vivaient toutes dans les pampas de Buenos-Ayres.

Sur les indications de l'illustre Washington, M. Jefferson, l'un des premiers et des plus honorables présidents de la république des États-Unis, signala dans une caverne de l'État de Virginie les restes d'une espèce de paresseux gigantesque, dont un squelette complet fut plus tard découvert au Mississipi, dans un état si complet de conservation que les cartilages, encore adhérents aux os, n'étaient point putréfiés. Jefferson appela cette espèce *megalonyx*. Cet animal avait de grands rap-

Fig. 286. Vue idéale d'un paysage d'Amérique pendant la période pliocène.

ports avec le paresseux. Sa taille dépassait celle du plus grand bœuf. Le museau pointu, les mâchoires armées de dents cylindriques, les membres antérieurs beaucoup plus longs que les postérieurs, l'articulation du pied oblique sur la jambe, deux doigts gros, courts, armés d'ongles longs très-forts, le doigt index plus grêle, armé d'un ongle moins puissant, la queue forte et solide, tels sont les traits saillants de l'organisation du *megalonyx*, dont les formes étaient un peu moins lourdes que celles du *megatherium*.

Nous avons réuni dans la planche 286 les grands Édentés propres à cette période et qui habitaient exclusivement l'Amérique : le glyptodon, le mégatherium, le mylodon, auxquels se joint le mastodonte, dont l'existence dépassera encore cette période. Un singe macaque, l'*oreopithecus*, qui avait commencé d'apparaître dans la période miocène, se suspend aux grands arbres de ce paysage, dont la végétation est presque identique à celle de notre époque. L'œil y cherche en vain les palmiers, car on ne les retrouve pas, avons-nous dit, pendant cette période.

Arrivons aux ruminants et aux pachydermes de l'époque pliocène, considérée surtout en Europe.

Certaines espèces de grands bœufs vivaient en nombreux troupeaux sauvages dans les forêts de la France, particulièrement en Auvergne et dans le Velay. Leur taille dépassait de beaucoup celle des aurochs (bisons) ; ils ressemblaient aux buffles sauvages de notre époque.

Le cheval de l'ancien monde est celui de tous les animaux fossiles qui présente le plus de ressemblance avec les individus qui vivent de nos jours. Il était seulement plus petit, et ne dépassait pas la taille d'un âne. Le cheval était un des animaux les plus communs dans l'ancien monde ; on trouve aujourd'hui ses ossements répandus en quantités immenses dans les terrains tertiaires de l'Europe.

L'hippopotame, le tapir, le chameau, qui apparaissent pendant la période pliocène, ne présentent aucun caractère particulier qui puisse nous arrêter. Les singes commençaient à abonder en espèces ; les cerfs étaient déjà fort nombreux.

De tous les ruminants fossiles, le plus grand et assurément

l'un des plus curieux est le *sivatherium*, dont on a trouvé les débris dans l'Inde, dans les monts Sivaliks, l'un des contreforts de l'Himalaya. Son nom est tiré de celui d'une idole (*Siva*) adorée dans cette partie des Indes.

Le *sivatherium* avait la taille de l'éléphant; il appartenait au genre des Cerfs : c'est donc le plus gigantesque animal de cette espèce qui ait jamais existé. On n'a trouvé que sa tête, ce qui empêche de se faire une idée exacte du genre auquel il appartient, et ce qui nous interdit de présenter la figure restaurée de ce grandiose ruminant. Tout ce qu'on peut assurer, c'est que la tête du *sivatherium* présentait une disposition que l'on n'a trouvée sur aucun animal connu : elle était armée de quatre cornes, dont deux au haut du front, et les deux autres, plus grandes, plantées à la région des sourcils. Ces quatre cornes, très-divergentes, devaient donner à ce cerf colossal un aspect des plus étranges.

Comme pour rivaliser avec ces gigantesques mammifères, des reptiles multipliés vivaient encore sur les continents, bien que cette classe d'animaux eût beaucoup perdu du rôle important qu'elle jouait à l'époque secondaire.

De tous les reptiles qui appartiennent à la période pliocène, un seul nous occupera : c'est la salamandre. Nos salamandres actuelles sont des batraciens amphibies, à la peau nue, qui ont à peine une longueur de 50 centimètres; la salamandre de l'époque tertiaire avait les dimensions d'un crocodile.

La découverte de la salamandre fossile a valu à l'histoire de la paléontologie une page assez piquante, dont nous ne priverons pas nos lecteurs. Le squelette de ce reptile a été longtemps considéré comme celui d'une victime humaine du déluge (*homo diluvii testis*). Il fallut tous les efforts de Camper et de Cuvier pour rayer ce préjugé de l'esprit du vulgaire et de celui des savants.

Sur la rive droite du Rhin, non loin de Constance, un peu au-dessus de Stein, et près du village d'Œningen, en Suisse, existent de belles carrières de minerai schisteux. Ces carrières, qui appartiennent à l'époque tertiaire, ont été plusieurs fois décrites par les naturalistes, entre autres, par Benédict de Saussure, dans le III⁰ volume de ses *Voyages aux Alpes*, en raison des produits variés qu'elles renferment. En 1725, on trouva dans ces carrières, incrusté dans un bloc d'argile schisteux, un squelette remarquablement conservé. Scheuchzer, célèbre naturaliste suisse, qui alliait à ses études scientifiques les travaux du théologien, fut appelé pour prononcer sur la nature de ces reliques des anciens âges. Il crut reconnaître dans ce squelette celui d'un homme, et sa conviction sur ce point se traduisit bientôt par les élans d'un véritable enthousiasme. En 1726, il donna, dans les *Transactions philosophiques de Londres*, la description de ces restes fossiles, et en 1731, il en fit l'objet d'une dissertation spéciale, qui avait pour titre : *Homo diluvii testis* (l'*Homme témoin du déluge*). Cette dissertation était accompagnée de la figure sur bois de l'*homme témoin du déluge*. Scheuchzer revint sur ce sujet dans un autre de ses ouvrages : *Physica sacra* [1].

« Il est certain, écrivait-il, que ce schiste contient une moitié, ou peu s'en faut, du squelette d'un homme ; que la substance même des os, et, qui plus est, des chairs et des parties encore plus molles que les chairs, y sont incorporées dans la pierre ; en un mot, que c'est une des reliques les plus rares que nous ayons de cette race maudite qui fut ensevelie sous les eaux. La figure nous montre le contour de l'os frontal, les orbites avec les ouvertures qui lui livrent passage aux gros nerfs de la cinquième paire. On y voit des débris du cerveau, du sphénoïde, de la racine du nez, un fragment notable de l'os maxillaire, et des vestiges du foie. »

Et notre pieux auteur de s'écrier, en prenant cette fois la forme lyrique :

> D'un vieux damné déplorable charpente,
> Qu'à ton aspect le pêcheur se repente [2] !

Le lecteur a sous les yeux la figure du fossile du schiste d'Œningen (fig. 287). Il est évidemment impossible de trouver dans ce squelette ce que voulait y voir l'enthousiaste savant, et l'on peut apprécier, par cet exemple, à quelles erreurs peut

---

1. *Bible en estampes où la physiologie (physica sacra) des merveilles naturelles mentionnées dans les saintes écritures se trouve expliquée et démontrée* par J. F. Scheuchzer. Ulm, 1731.

2.   *Betrübtes Beingerüst von einem altem Sunder,*
   Erweiche, Stein, das Herz der neuen Bosheitskinder!

quelquefois conduire l'aveuglement d'une opinion préconçue

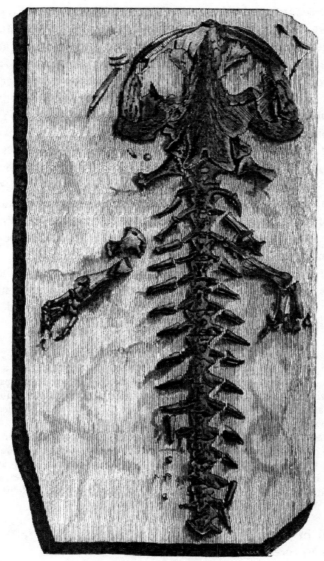

Fig. 287. Andrias Scheuchzeri.

et l'esprit de système. Comment un naturaliste aussi éminent
que Scheuchzer pouvait-il trouver dans cette tête énorme et

dans ces membres supérieurs, la moindre ressemblance avec les parties osseuses de l'homme ?

Le *préadamite* (prédécesseur d'Adam), l'*homme témoin du déluge*, fit grand bruit en Allemagne, et personne n'osa contester l'opinion émise par le naturaliste suisse, sous sa double autorité de théologien et de savant. C'est ainsi que, dans son *Traité des pétrifications*, publié en 1758, Gesner décrit avec admiration le fossile d'Œningen, qu'il attribue, avec Scheuchzer, à l'*homme antédiluvien*. Pierre Camper fut le seul qui osât s'élever contre l'opinion universellement professée en Allemagne. S'étant transporté à Œningen, en 1787, pour y étudier le célèbre fossile, il n'eut pas de peine à se convaincre de l'erreur de Scheuchzer. Il reconnut que ce squelette était celui d'un reptile. Camper lui-même se trompa néanmoins sur la famille de reptiles à laquelle il fallait rapporter le prétendu témoin du déluge; il le prit pour un saurien. « Un lézard pétrifié, écrivit Camper, peut-il passer pour un homme ! »

C'est à Cuvier qu'il appartenait de ranger dans sa véritable famille le fossile d'Œningen. Dans un mémoire sur ce sujet, Cuvier démontra que ce squelette avait appartenu à un de ces batraciens amphibies qui portent le nom de *salamandre*.

« Prenez, disait Cuvier, dans ce mémoire, un squelette de salamandre, et placez-le à côté du fossile, sans vous laisser détourner par la différence de grandeur, comme vous le pouvez aisément en comparant un dessin de salamandre de grandeur naturelle avec le dessin du fossile réduit au sixième de sa grandeur, et tout s'expliquera de la manière la plus claire.

« Je suis persuadé même, ajoutait notre grand naturaliste, dans une édition postérieure de ce mémoire, que si l'on pouvait disposer du fossile, et y chercher un peu plus de détails, on trouverait des preuves encore plus nombreuses dans les faces articulaires des vertèbres, dans celles de la mâchoire, dans les vestiges des très-petites dents, et jusque dans les parties du labyrinthe de l'oreille. »

Et il invitait les propriétaires ou dépositaires du précieux fossile à procéder à cet examen.

Notre grand naturaliste eut la satisfaction de faire lui-même l'examen qu'il demandait pour la confirmation de ses vues. Se trouvant à Harlem, il demanda au directeur du Musée de faire creuser la pierre qui contenait le prétendu homme fossile, afin d'y mettre à découvert les os qui pouvaient encore y rester caché. L'opération se fit en présence du directeur du Musée et d'un autre naturaliste. Un dessin du squelette de la salamandre avait été placé près du fossile, par Cuvier. Il eut la satisfaction de reconnaître qu'à mesure que le ciseau creusait la pierre, quelqu'un des os que ce dessin avait annoncés d'avance apparaissait au jour.

Dans les sciences naturelles, il y a peu d'exemples d'un triomphe aussi éclatant, il y a peu de démonstrations aussi frappantes de la certitude des méthodes d'observation et d'induction sur lesquelles reposent l'anatomie comparée et la paléontologie.

Pendant la période pliocène, des oiseaux d'espèces très-nombreuses, et qui vivent encore de nos jours, animaient les solitudes immenses que l'homme ne remplissait pas encore : des vautours, des aigles, des cathartes, parmi les Rapaces ; et parmi les autres genres d'oiseaux, des goëlands, des hirondelles, des pies, des perroquets, des faisans, des coqs, des canards, etc.

La faune marine était sensiblement la même qu'à l'époque miocène. Les espèces de mollusques caractéristiques, c'est-à-dire qui servent à distinguer cette période de toutes les autres, sont nombreuses : nous citerons les plus connues. Telles sont :

Cardium hians (fig. 288) ; — *Panopæa aldrovandi* (fig. 289) ; —

Fig. 288. Cardium hians.   Fig. 289. Panopæa aldrovandi.

Pecten Jacobæus ; — *Fusus contrarius* (fig. 290) ; — *Murex alveo-*

latus (fig. 291); — *Cypræa coccinelloïdes;* — *Voluta Lamberti*
(fig. 292); — *Rostellaria Pespelicani* (fig. 293).

Fig. 291. Murex alveolatus.

Fig 293. Rostellaria Pespelicani

Fig. 290. Fusus contrarius.

Fig. 292. Voluta Lamberti.

Terrain pliocène. — On donne en Angleterre le nom de *crag*,
et en France celui de *terrain subapennin*, aux dépôts formés
pendant la période pliocène. Ces terrains, très-remarquables
dans le comté de Suffolk, consistent en une série de couches
marines de sables quartzeux, colorées en rougeâtre par des
matières ferrugineuses.

L'étage du *crag* forme sur divers points de l'Europe de grandes accumulations. En France, une partie de la Bresse, toute la vallée du Rhône, jusqu'à la Méditerranée, en sont complétement formées. Le plus puissant dépôt de ce genre, composé d'argiles et de sable alternant avec des marnes et des calcaires arénifères, constitue les collines subapennines, qui s'étendent sur les versants de la chaîne des Apennins. Cet étage se retrouve au val d'Arno supérieur, que nous avons déjà cité, et dans les pampas de Buenos-Ayres, où l'on a découvert les diverses espèces d'Édentés mentionnés plus haut. On a même signalé sa présence sur une grande étendue jusque dans la Nouvelle-Hollande. Enfin, les sept collines de Rome paraissent composées en partie de couches marines tertiaires appartenant à la période pliocène.

La planche 294 représente une vue idéale de la terre pendant l'époque pliocène et sous les latitudes d'Europe. Au fond du tableau, une montagne récemment soulevée rappelle les agitations qui, pendant cette période, ont bouleversé le sol, en faisant apparaître une partie des montagnes actuelles. La végétation est presque identique à celle de nos jours. On y voit réunis les animaux les plus importants de cette période, tant pour les espèces fossiles que pour celles qui existent encore aujourd'hui.

Nous avons montré, dans une série successive de cartes, l'étendue des continents résultant des dépôts marins, dans la partie de l'Europe qui devait former la France. A la fin de la période qui vient de nous occuper, et par suite des dépôts laissés par les mers de l'époque tertiaire, le continent français se trouva formé tel qu'il existe actuellement. La carte placée à la page 295 représente donc les divers terrains qui forment le relief du sol dans la France actuelle. Elle a été dressée d'après les documents scientifiques les plus exacts, et notamment d'après la *Carte géologique de France*, due aux travaux de MM. Dufrénoy et Élie de Beaumont, exécutés par l'ordre du gouvernement et avec le concours des ingénieurs de l'État.

Nous la faisons suivre d'une nouvelle carte qui représente l'étendue et la nature géologique des terrains qui composaient

Fig. 294. Vue idéale d'un paysage d'Europe pendant la période pliocène.

l'Europe a la fin de l'époque tertiaire. Comme l'Europe n'a éprouvé aucun changement depuis l'époque tertiaire jusqu'à nos jours, ni dans l'étendue du continent, ni dans la composition des terrains qui formaient le relief du sol, elle n'est autre chose que la *Carte géologique de l'Europe actuelle.* Dressée sur les documents scientifiques les plus exacts, cette carte sera, nous le croyons, consultée par le lecteur avec intérêt et profit.

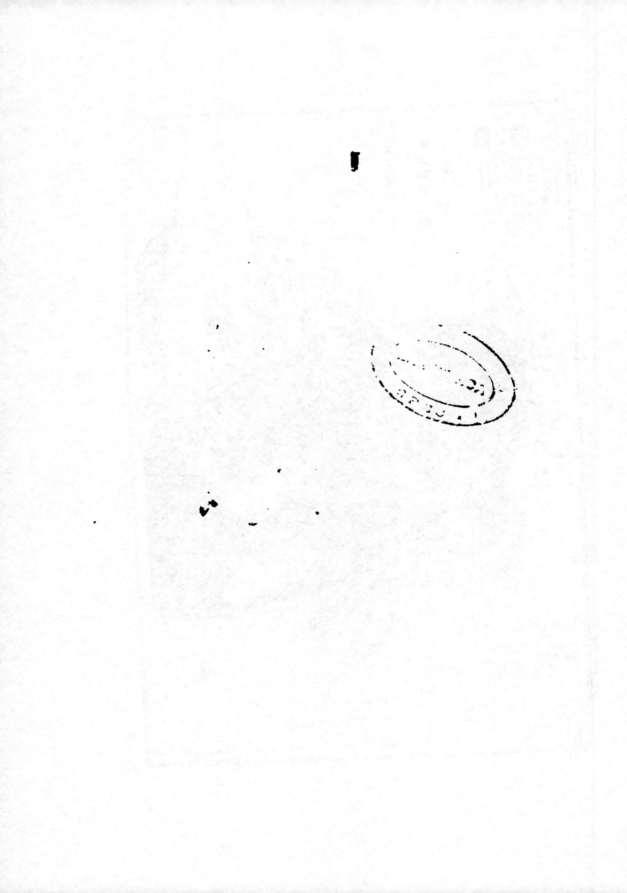

CARTE
GÉOLOGIQUE
DE L'EUROPE

Terrain éruptif
Terrain tértiaire
Terrain crétacé
Terrain jurassique
Terrain triasique
Terrain houiller
Terrain de transition
(silurien dévonien et permien)
Terrain primitif

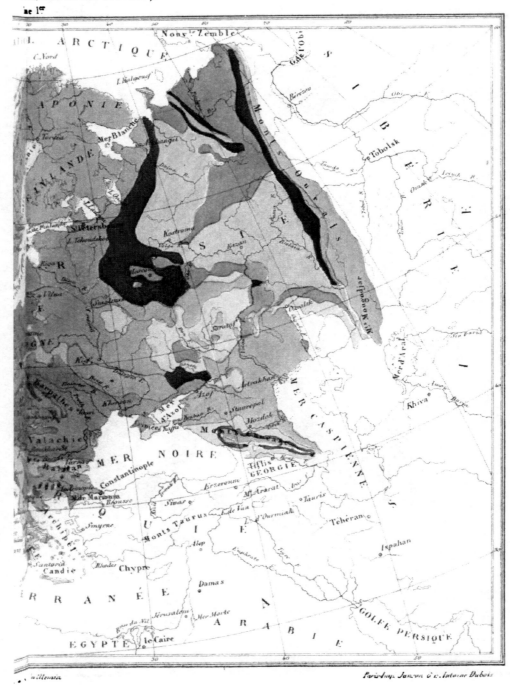

ÉPOQUE QUATERNAIRE.

L'époque quaternaire de l'histoire de notre globe commence après l'époque tertiaire et se continue jusqu'à nos jours.

La tranquillité de notre hémisphère ne sera troublée, pendant la durée de cette dernière époque, que par quelques cataclysmes dont la sphère sera restreinte et locale, et par un trouble passager qui surviendra dans sa température : les *déluges* et la *période glaciaire*, voilà deux premières particularités remarquables que va nous présenter cette époque. Mais le fait qui domine l'époque quaternaire, et en même temps toutes les phases que nous a présentées jusqu'ici l'histoire de la terre, c'est l'apparition de l'homme, œuvre culminante et suprême du Créateur de l'univers.

Dans cette dernière phase de l'histoire de la terre, nous établirons, en conséquence, ces trois divisions chronologiques :

1° Les déluges de l'Europe ;

2° La période glaciaire ;

3° La création de l'homme et le déluge asiatique.

Avant d'exposer les trois ordres d'événements divers qui remplissent l'époque quaternaire, nous avons à présenter le tableau du règne organique, c'est-à-dire des espèces végétales et animales propres à cette époque.

Nous n'entrerons dans aucun développement particulier pour ce qui concerne les plantes. La végétation de l'époque quaternaire n'est autre, en effet, que celle de notre époque; cette flore, c'est la flore de nos jours.

Ce que nous venons de dire pour les végétaux de l'époque

quaternaire, ou actuelle, nous pouvons le répéter pour les animaux. La création animale de l'époque quaternaire est celle que l'homme voit vivre et s'agiter sous ses yeux. Nous aurions donc supprimé toute description de ces animaux, si quelques espèces appártenant à la création quaternaire n'avaient déjà disparu. Ces espèces dès maintenant éteintes, ces animaux dont la race, contemporaine des animaux actuels, est pourtant aujourd'hui effacée de la terre, nous sommes obligé de les décrire, comme nous avons décrit les espèces éteintes appartenant aux âges antérieurs. Elles ne sont pas nombreuses, d'ailleurs, et se réduisent aux suivantes : mammouth (*elephas primigenius*), rhinocéros (*rhinoceros tichorhinus*), ours (*ursus spelæus*), hyène (*hyæna spelæa*), bœuf (*bos pricus* et *primigenius*), cheval, cerf (*cervus megaceros*), auxquelles il faut joindre le *dinornis* et l'*epiornis*, parmi les oiseaux.

Fig. 295. Squelette du Mammouth (Elephas primigenius).

La figure 295 représente le squelette du mammouth. Sa taille dépassait celle des plus grands éléphants actuels, car il avait de 5 à 6 mètres de hauteur. La courbure en demi-cercle de ses monstrueuses défenses, qui atteignent jusqu'à 4 mètres de longueur, différencie le mammouth de l'éléphant actuel des Indes. La forme de ses dents permet de le distinguer facilement de son congénère fossile, le mastodonte. Tandis que les dents du mastodonte sont surmontées d'éminences ou de tubérosités en forme de mamelons, les dents du mammouth, semblables en cela à celles de l'éléphant actuel, présentent une large surface unie, surmontée seulement de sillons réguliers à large courbure.

Les dents (fig. 296), chez le mammouth comme chez l'élé-

Fig. 296. Dents du Mammouth.

phant actuel, sont au nombre de quatre seulement, deux à chaque mâchoire, si l'animal est adulte. Sa tête allongée, son front concave, sa mâchoire courbe et tronquée en avant caractérisent encore le mammouth.

Il a été facile, comme on le verra plus loin, de connaître les formes générales, la structure de cet animal, et jusqu'à sa peau. On sait qu'il était revêtu de poils longs et serrés, et qu'une crinière flottait sur son cou et le long de son épine dorsale. Sa trompe ressemblait à celle de l'éléphant actuel des Indes. Son corps était plus lourd et ses jambes plus courtes que celles de ce dernier animal, dont il avait, d'ailleurs, les mœurs et les habitudes.

Cuvier a donné au mammouth ou éléphant fossile le nom spécifique d'*elephas primigenius.*

L'éléphant fossile (fig. 297) est, sans aucun doute, le plus important de tous les animaux de l'ancien monde reconstitués, ressuscités, pour ainsi dire, par la science moderne. Aussi ne devons-nous pas craindre de nous étendre un peu longuement sur les principaux traits de son histoire, qui auront d'ailleurs l'avantage de nous donner l'explication certaine de plusieurs faits consignés dans les annales de différents peuples.

Fig. 297. Mammouth.

A toutes les époques, et presque dans tous les pays, le hasard a fait découvrir dans le sol des ossements d'éléphant. Pline nous a transmis la tradition, recueillie par l'historien Théophraste, qui écrivait 320 ans avant Jésus-Christ, relative à l'existence d'ossements, ou d'ivoire fossile (*ebur fossile*), dans le sol de la Grèce [1].

Comme certains os de l'éléphant ont quelque ressemblance avec ceux de l'homme, on les a souvent pris pour des os humains. Dans les premiers temps de l'histoire, les grands

1. *Theophrastus auctor est, et ebur fossile candido et nigro colore inveniri, et ossa è terrâ nasci, inveniri que lapides osseos*, lib. XXXVI, cap. XVIII. Théophraste nous assure que l'on a trouvé de l'ivoire fossile noir et blanc, ainsi que des os transformés en pierres; ces os étaient nés de la terre.

ossements que l'on déterrait accidentellement passaient pour
avoir appartenu à des demi-dieux ou à des héros. On y vit
plus tard les restes de géant. Nous avons déjà parlé de l'erreur qui fit prendre, chez les Grecs, une rotule d'éléphant
pour celle d'Ajax. C'est également à des os d'éléphant fossile
qu'il faut attribuer le géant dont parle Pline[1], et qui fut mis
à découvert par un tremblement de terre. On doit encore rapporter à la même origine le prétendu corps d'Oreste, long de
7 coudées (4 mètres), qui fut découvert à Tégée par les Spar-
tiates[2]; celui d'Astérius, fils d'Ajax, découvert dans l'île de
Ladée, et long de 10 coudées, selon Pausanias; enfin les grands
os qui furent trouvés dans l'île de Rhodes, et dont parle Phlegon
de Tralles[3].

On remplirait des volumes rien qu'avec les histoires de prétendus géants trouvés dans d'anciens tombeaux. Au reste, ces
livres existent, et sont même assez nombreux dans la littérature
du moyen âge; ils ont pour titre : *Gigantologie*. Tous les faits,
plus ou moins réels, tous les récits, véridiques ou imaginaires,
rassemblés dans ces recueils, peuvent s'expliquer aujourd'hui
par la découverte accidentelle d'os d'éléphant, plutôt que de
tout autre animal de notre époque ou de l'ancien monde.

On trouve répétée, dans toutes les *Gigantologies*, l'histoire du
prétendu géant découvert, au quatorzième siècle, à Trapani,
en Sicile, dont parle Boccace, et qu'on ne manqua point de
prendre pour Polyphème; ainsi que l'histoire du géant trouvé,
au seizième siècle, selon Fasellus, dans les environs de Palerme. Le même auteur cite d'autres parties de la Sicile, comme
Melilli, entre Leontium et Syracuse, Carine, à 12 milles de Palerme, Calatrasi, Petralia, etc., où l'on déterra des os de géants.

Le P. Kircher parle de trois autres géants trouvés en Sicile,
et dont il ne restait de bien complet que les dents[4].

En 1577, un ouragan ayant déraciné un chêne près du cloître
de Reyden, dans le canton de Lucerne, en Suisse, de grands
ossements furent mis à nu. pt annSeées après, le célèbre mé-

---

1. Lib. VII, cap. xvi.
2. Pline, *loc. cit.*, Aulu-Gelle, lib. XVI, cap. x.
3. Phlegon, *De Mirabil.*, cap. xvi.
4. *Mundus subterraneus*, lib. VIII, cap. xiv, p. 39.

decin Félix Plater, professeur à Bâle, s'étant rendu à Lucerne, examina ces os, et déclara qu'ils ne pouvaient provenir que d'un géant. Le conseil de Lucerne consentit à lui envoyer ces ossements à Bâle, pour qu'il les soumît à un examen plus approfondi. Plater crut pouvoir attribuer au géant de Lucerne une taille de 19 pieds. Il fit dessiner un squelette humain sur cette proportion, et renvoya le dessin à Lucerne, avec les os [1].

De tous les os du géant de Lucerne il ne restait plus, en 1706, qu'une portion d'omoplate et un fragment du carpe. L'anatomiste Blumenbach, qui les vit au commencement de notre siècle, les reconnut parfaitement pour des os d'éléphant.

Nous ne devons pas manquer d'ajouter, comme complément de cette histoire, que les habitants de Lucerne ont adopté, depuis le seizième siècle, l'image de ce prétendu géant comme support de leurs armes. Il est maintenant établi que ce prétendu géant n'est qu'un mammouth. Ainsi les Lucernois ont fait involontairement ce qu'ont fait avec réflexion les habitants de Berne : l'ours des armes parlantes de la ville de Berne est le pendant du mammouth des armoiries de Lucerne.

La littérature espagnole conserve le récit de beaucoup d'histoires de géants, reconnus tels au seul examen de leurs os. La prétendue dent de saint Christophe, que l'on fit voir à Louis Vives, à Valence, dans l'église de Saint-Christophe, n'était certainement qu'une molaire d'éléphant fossile. D'ailleurs, il ne faut pas trop s'étonner de voir, aux premiers siècles du christianisme, des ossements d'éléphant pris pour des reliques de saints, car ce genre d'erreur s'est prolongé jusqu'aux confins de notre siècle. En 1789, les chanoines de Saint-Vincent faisaient promener processionnellement dans les rues et dans la campagne, pour obtenir de la pluie, un prétendu bras de saint, qui n'était autre chose que le fémur d'un éléphant.

En 1456, sous le règne de Charles VII, on vit de ces prétendus os de géants apparaître sur le lit du Rhône. Le même phénomène se reproduisit sur les bords de ce fleuve, près du bourg de Saint-Peirat, vis-à-vis Valence. Le dauphin, depuis Louis XI,

1. Ce dessin de Félix Plater se voit encore aujourd'hui à Lucerne, dans l'ancien collége des jésuites.

qui résidait alors à Valence, fit recueillir ces os; on les porta à Bourges, où ils restèrent longtemps exposés à la curiosité publique, dans l'intérieur de la Sainte-Chapelle.

Vers 1564, une découverte semblable eut lieu aux environs de la même ville de Valence. Deux paysans aperçurent, aux bords du Rhône, le long d'un talus, de grands os qui sortaient de terre. Ils les portèrent au village voisin, où ils furent examinés par Cassanion, qui demeurait à Valence. C'est sans doute à ce propos que Cassanion écrivit son *Traité des géants*[1]. La description donnée par l'auteur[2], d'une dent de ce prétendu géant de Valence, suffit, selon Cuvier, pour prouver qu'elle appartenait à un éléphant : elle avait 1 pied de longueur et pesait 8 livres.

C'est aussi aux bords du Rhône, mais en Dauphiné, que fut trouvé, sous Louis XIII, le squelette du fameux Teutobocchus, dont nous avons parlé dans le précédent chapitre, à propos du mastodonte.

En 1663, Otto de Guericke, l'illustre inventeur de la machine pneumatique, fut lui-même témoin, aux environs de Quedlinbourg, de la découverte d'os d'éléphant enfouis dans un calcaire coquillier. On y trouva d'énormes défenses, qui auraient dû suffire à établir leur origine zoologique. On les prit pour des cornes, et l'illustre Leibniz composa, avec ces débris, un animal étrange, portant une corne au milieu du front, et à chaque mâchoire une douzaine de dents molaires, longues d'un pied. Après avoir fabriqué ce fantastique animal, Leibniz le baptisa du nom d'*unicornu fossile*. Dans la *Protogée* de Leibniz, ouvrage remarquable, d'ailleurs, comme le premier essai d'une théorie de la formation de la terre, on trouve la description et le dessin de cet être imaginaire.

Pendant plus de trente ans on a cru, en Allemagne, à l'*unicornu fossile* de Leibniz. Il ne fallut rien moins, pour faire renoncer à cette idée, que la découverte, faite en 1696, dans la vallée de l'Unstrüt, du squelette entier d'un mammouth, qui fut reconnu pour appartenir à cette espèce par Tinzel, bibliothé-

---

1. *De Gigantibus, auctore J. Cassanione Monostroliense.* Basil. 1580.
2. Page 61

caire du duc de Saxe-Gotha, non, toutefois, sans une vive controverse contre des adversaires de tout genre.

En 1700, un soldat wurtembergeois remarqua, par hasard, quelques os qui se montraient hors de terre, dans un sol argileux de la ville de Canstadt, non loin du fleuve Necker. Le duc régnant, Éverard Louis, à qui l'on avait adressé un rapport à ce sujet, fit exécuter sur ce point des fouilles, qui durèrent plus de six mois. On découvrit là un véritable cimetière d'éléphants : il y avait plus de soixante défenses. On garda les os entiers ; quant aux débris, on les abandonna à la pharmacie de la cour : les soixante défenses figuraient parmi ces débris jugés sans valeur. On ne sut tirer autre chose, de ces ossements, qu'un vulgaire remède. Au siècle dernier on administrait, en Allemagne, comme médicament, les ossements fossiles d'ours, qui sont assez abondants dans ce pays : c'est ce que l'on appelait alors *licorne fossile*. Les magnifiques défenses des mammouths trouvées à Canstadt servirent donc à combattre la fièvre ou la colique. Quel être intelligent que ce pharmacien de la cour de Wurtemberg !

On a fait, dans le dix-huitième siècle, un grand nombre de découvertes semblables à celles qui viennent de nous occuper. Ces récits nous entraîneraient trop loin. Le progrès des sciences naturelles ne permettait plus alors des méprises aussi grossières que celles que nous avons rapportées ; ces ossements furent donc bien reconnus comme propres à l'éléphant. Mais l'érudition vint se mettre de la partie, et elle réussit à obscurcir une question parfaitement claire. Il fut donc déclaré que les ossements trouvés en Italie, en Allemagne et en France provenaient des éléphants qu'Annibal avait amenés de Carthage à la suite de son armée, dans son expédition contre les Romains. La considération qui va suivre paraissait particulièrement triomphante aux yeux de ces savants terribles. La partie de la France où l'on a trouvé le plus anciennement des os d'éléphant, se trouve aux environs du Rhône, et par conséquent dans les lieux où le général carthaginois, et plus tard Domitius OEnobarbus, conduisirent leurs armées, que suivaient un certain nombre d'éléphants armés en guerre.

Cuvier a pris la peine de réfuter cette objection, bien insigni-

fiante aujourd'hui. Il faut lire dans son ouvrage sa dissertation savante sur le nombre d'éléphants qui pouvaient rester à
Annibal quand il pénétra dans les Gaules [1].

La meilleure réponse à faire à l'étrange objection élevée par
les érudits du commencement de notre siècle, c'est de montrer
la prodigieuse diffusion des ossements d'éléphants fossiles, qui
existe non-seulement dans l'Europe, mais dans le monde entier. Il n'est pas, en effet, de région du globe dans laquelle on
ne trouve de ces débris. Dans le nord de l'Europe, dans la
Scandinavie et l'Irlande; dans le centre de l'Europe, l'Allemagne, la Pologne et la Russie moyenne; dans le midi, en
Grèce, en Espagne, en Italie; en Afrique, en Asie, dans le nouveau monde, presque partout, en un mot, on a trouvé et l'on
trouve encore des défenses, des dents molaires et des ossements
de mammouth. Ce qu'il y a de plus singulier, c'est que ces débris
se trouvent en plus grand nombre dans les parties septentrionales de l'Europe, dans les régions glacées de la Sibérie, lieux
qui seraient tout à fait inhabitables pour l'éléphant de nos jours.

« Il n'est, dit Pallas, dans toute la Russie asiatique, depuis le Don
jusqu'à l'extrémité du promontoire des Tchutchis, aucun fleuve, aucune rivière, surtout de ceux qui coulent dans les plaines, sur les rives
ou dans le lit duquel on n'ait trouvé quelques os d'éléphant et d'autres animaux étrangers au climat. Mais les contrées élevées, les chaînes
primitives et schisteuses en manquent, ainsi que de pétrifications marines, tandis que les pentes inférieures et les grandes plaines limoneuses
et sablonneuses en fournissent partout aux endroits où elles sont rongées
par les rivières et les ruisseaux, ce qui prouve qu'on n'en trouverait
pas moins dans le reste de leur étendue, si on avait les mêmes moyens
d'y creuser [2]. »

Chaque année, à l'époque du dégel, les rivières immenses qui
descendent vers la mer Glaciale dans le nord de la Sibérie ron-
gent de nombreuses portions de leurs rives, et y mettent à découvert les os que la terre contenait. On en trouve aussi beaucoup en creusant les puits et les fondations.

Cuvier, dans son ouvrage sur les *Ossements fossiles* [3], donne

1. *Ossements fossiles*, tome I, p. 87-93, in-4°.
2. *Commentarii* de l'Académie de Pétersbourg pour 1772, tome XVII, p. 572
3. Pages 148-151, in-4°, tome I.

une longue liste des lieux de la Russie dans lesquels on a fait les plus intéressantes découvertes de débris d'éléphant.

Plus on avance vers le nord de la Russie, et plus les gisements d'éléphants fossiles deviennent abondants et étendus.

Malgré les témoignages, souvent renouvelés, d'un grand nombre de voyageurs, on a peine à croire à ce qui a été écrit touchant certaines îles de la mer Glaciale avoisinant les pôles. Voici, par exemple, ce que dit le rédacteur du *Voyage de Billings*, concernant quelques îles de la mer Glaciale situées au nord de la Sibérie, vis-à-vis les rivages qui séparent l'embouchure de la Léna de celle de l'Indigirska :

« Toute l'île (la plus voisine du continent, elle a trente-six lieues de long), excepté trois ou quatre petites montagnes de rochers, est un mélange de sable et de glace. Aussi lorsque le dégel fait tomber une partie du rivage, on trouve en abondance des os de mammouth. Toute l'île, ajoute-t-il, suivant l'expression de l'ingénieur, est formée des os de cet animal extraordinaire, de cornes et de crânes de buffle ou d'un animal qui lui ressemble, et de quelques cornes de rhinocéros [1]. »

La Nouvelle-Sibérie et l'île de Lachou ne sont, pour la plus grande partie, qu'une agglomération de sable, de glace et de dents d'éléphant. A chaque tempête la mer jette sur la plage de nouvelles quantités de défenses de mammouth.

Les habitants de la Sibérie font un fructueux commerce de cet ivoire fossile. Tous les ans, on voit pendant l'été d'innombrables barques de pêcheurs se diriger vers les *îles à ossements*, et, pendant l'hiver, d'immenses caravanes prendre la même route, dans des traîneaux attelés de chiens. Tous ces convois reviennent chargés de défenses de mammouth, pesant chacune de 150 à 400 livres.

L'ivoire fossile retiré des glaces du Nord s'importe en Chine et en Europe. Il est connu en France sous le nom d'*ivoire vert*, par opposition à l'*ivoire blanc* fourni par les défenses de l'éléphant actuel et par les dents de l'hippopotame. L'*ivoire vert* ou *ivoire de Sibérie* sert, en Europe, à fabriquer les objets d'ivoire de qualité inférieure. Toutes nos billes de billard, par exemple,

---

1. *Voyage de Billings*, traduit par Castera, tome 1, p. 181.

sont faites avec l'*ivoire de Sibérie*, c'est-à-dire avec les défenses fossiles de mammouth.

Les *îles à ossements* du nord de la Russie sont exploitées depuis cinq cents ans pour l'importation de l'ivoire en Chine, et depuis cent ans pour l'importation en Europe. On ne voit pas néanmoins que le rendement de ces mines étranges ait jamais diminué. Quel nombre de générations accumulées ne suppose pas une telle abondance de défenses et d'ossements !

L'abondance des débris d'éléphants fossiles dans les steppes de la Russie a fait naître, chez les peuples de cette contrée, une légende, d'origine fort ancienne. Les Russes du Nord croient que ces ossements proviennent d'un énorme animal qui vivait, comme la taupe, dans des trous creusés sous terre. Cet animal, disent les Russes, ne peut supporter la lumière ; il meurt dès qu'il aperçoit le jour.

C'est en Russie que l'éléphant fossile a reçu le nom de *mammout* ou de *mammouth*, et ses défenses, celui de *cornes de mammout*. Pallas avance que ce nom est tiré du mot *mamma*, qui signifie *terre* dans quelque idiome tartare. Selon d'autres auteurs, ce nom proviendrait du mot arabe *behemot*, qui, dans le livre de Job, désigne un grand animal inconnu, ou de l'épithète *mehemot*, que les Arabes ont coutume d'ajouter au nom de l'éléphant quand il est de très-grande taille.

Une circonstance assez curieuse, c'est que cette même légende d'un animal vivant exclusivement sous terre, existe chez les Chinois, qui désignent sous le nom de *tien-schu* le prétendu animal souterrain. On lit le passage suivant dans la grande *Histoire naturelle* qui fut composée en Chine au seizième siècle :

« L'animal nommé *tien-schu*, dont il est déjà parlé dans l'ancien ouvrage sur le cérémonial intitulé *Ly-ki* (ouvrage du cinquième siècle avant Jésus-Christ), s'appelle aussi *tyn-schu* ou *yn-schu*, c'est-à-dire *la souris qui se cache*. Il se tient continuellement dans des cavernes souterraines ; il ressemble à une souris, mais égale en grandeur un buffle ou un bœuf. Il n'a point de queue, sa couleur est obscure. Il est très-fort et se creuse des cavernes dans les lieux pleins de rochers et de forêts. »

Un autre écrivain, cité dans le même passage, s'exprime ainsi :

« Le *tyn-schu* ne se tient que dans des endroits obscurs et non fréquentés. Il meurt sitôt qu'il voit les rayons du soleil ou de la lune ; ses pieds sont courts à proportion de sa taille, ce qui fait qu'il marche mal. Sa queue est longue d'une aune chinoise. Ses yeux sont petits et son cou courbe. Il est fort stupide et paresseux. Lors d'une inondation aux environs du fleuve *Tam-schuann-tuy* (en l'année 1571) il se montra beaucoup de tyn-schu dans la plaine; ils se nourrissaient des racines de la plante *fu-kia.* »

L'existence, en Chine, des os et des défenses du mammouth est suffisamment confirmée par le récit d'un ancien voyageur russe, Isbrant Ides, qui, en 1692, parcourut l'empire chinois. Dans l'extrait que nous allons rapporter, du récit de ce voyageur, on remarquera le fait, bien surprenant, de la découverte d'une tête et d'un pied de mammouth qui s'étaient conservés dans la glace avec toutes leurs chairs.

« C'est dans les montagnes qui sont au nord-est de cette rivière (le Kata) qu'on trouve, dit ce voyageur, les dents et les os de mammouth; on en trouve aussi sur les rivages du fleuve Jenizea, des rivières de Trugan, Mungazea, Léna, aux environs de la ville de Jakutskoi, et jusqu'à la mer Glaciale. Toutes ces rivières passent au travers des montagnes dont nous venons de parler et, dans le temps du dégel, elles ont des cours de glaces si impétueux, qu'elles arrachent des montagnes, et roulent avec leurs eaux des masses de terre d'une grandeur prodigieuse. L'inondation finie, ces masses de terre restent sur leurs bords, et la sécheresse les faisant fendre, on trouve, au milieu, des dents de mammouth et *quelquefois des mammouths tout entiers*. Un voyageur qui venait à la Chine avec moi et qui allait tous les ans à la recherche des dents de mammouth, m'assura avoir trouvé une fois, dans une pièce de terre gelée, la tête entière d'un de ces animaux dont *la chair* était corrompue; que les dents sortaient du museau comme celles des éléphants, et que ses compagnons et lui eurent beaucoup de peine à les arracher, aussi bien que quelques os de la tête, et entre autres celui du cou, lequel était encore comme teint de sang; qu'enfin, ayant cherché plus avant dans la même pièce de terre, il y trouva un pied gelé d'une grosseur monstrueuse qu'il porta à la ville de Tragan. Ce pied avait, à ce que le voyageur m'a dit, autant de circonférence qu'un gros homme au milieu du corps.

« Les gens du pays ont diverses opinions au sujet de ces animaux. Les idolâtres, comme les Jakutes, les Tunguses et les Ostiakes, disent que les mammouths se tiennent dans des souterrains fort spacieux dont ils ne sortent jamais; qu'ils peuvent aller çà et là dans ces souterrains, mais que, dès qu'ils ont passé dans un lieu, le dessus de la caverne s'élève et ensuite s'abîme, formant en cet endroit un précipice profond; ils sont aussi persuadés qu'un mammouth meurt aussitôt qu'il voit la lumière, et soutiennent que c'est ainsi que périssent ceux qu'on trouve morts sur les rivages des rivières voisines de leurs souterrains, où ces animaux s'avancent inconsidérément.

« Les vieux Russes de Sibérie croient que les mammouths ne sont autre chose que des éléphants, *quoique les dents que l'on trouve soient un peu plus recourbé s et plus serrées dans la mâchoire que celles de ces derniers animaux*. Avant le déluge, disent-ils, le pays était fort chaud, et il y avait quantité d'éléphants, lesquels flottèrent sur les eaux jusqu'à l'écoulement et s'enterrèrent ensuite dans le limon. Le climat étant devenu très-froid après cette grande catastrophe, le *limon gela, et avec lui les corps d'éléphants, lesquels se conservent dans la terre sans corruption jusqu'à ce que le dégel les découvre*. »

Ce récit pourra sembler suspect à quelques lecteurs. On a quelque peine à croire à cette tête et à cette jambe retirées des glaces avec les chairs et la peau, quand on songe qu'il s'agit d'un animal dont l'espèce a disparu de notre globe depuis plus de dix mille ans. L'assertion d'Isbrant Ides, qui voyageait en 1692, a donc besoin d'être confirmée par des témoignages d'une date plus récente. Ces témoignages ne manquent point.

En 1800, un naturaliste russe, Gabriel Sarytschew, voyageait dans le nord de la Sibérie. Étant parvenu non loin de la mer Glaciale, il trouva sur les bords de l'Alasœia, rivière qui se jette dans cette mer, le cadavre entier d'un mammouth, environné de glace. Le corps était dans un état parfait de conservation, car le contact permanent des glaces l'avait préservé de toute putréfaction. On sait qu'à la température de 0 degré et au-dessous, les substances animales ne se putréfient point; si bien que, dans nos ménages, on pourrait conserver indéfiniment la viande des animaux de boucherie, le gibier ou le poisson, en les maintenant sous une couche de glace. C'est ce qui était arrivé pour le mammouth que Gabriel Sarytschew découvrit sur la rive glacée de l'Alasœia, et qui avait été mis à nu par l'action du courant de ce fleuve. Le flot, creusant la berge, avait dégagé de la glace, où il était emprisonné depuis des milliers d'années, le monstrueux pachyderme, qui se trouvait presque debout sur ses quatre pieds. Le corps, dans un état complet de conservation, renfermait encore ses chairs, ainsi que toute la peau, à laquelle de longs poils adhéraient en certaines places.

Le naturaliste russe Adams fit, en 1806, une découverte tout aussi extraordinaire que la précédente. Nous emprunterons le récit de ce fait à Cuvier qui l'a traduit des *Mémoires (Commentarii) de l'Académie de Pétersbourg.*

« En 1799, un pêcheur tongouse remarqua sur les bords de la mer Glaciale, près de l'embouchure de la Léna, au milieu des glaçons, un bloc informe qu'il ne put reconnaître. L'année d'après il aperçut que cette masse était un peu plus dégagée, mais il ne devinait point encore ce que ce pouvait être. Vers la fin de l'été suivant, le flanc tout entier de l'animal et une de ses défenses étaient distinctement sortis des glaçons. Ce ne fut que la cinquième année que les glaces ayant fondu plus vite que de coutume, cette masse énorme vint échouer à la côte sur un banc de sable. Au mois de mars 1804, le pêcheur enleva les défenses dont il se défit pour une valeur de cinquante roubles. On exécuta, à cette occasion, un dessin grossier de l'animal.

« Ce ne fut que deux ans après et la septième année de la découverte, que M. Adams, adjoint de l'Académie de Pétersbourg, et professeur à Moscou, qui voyageait avec le comte Golovkin, envoyé par la Russie en ambassade à la Chine, ayant été informé à Jakutsk de cette découverte, se rendit sur les lieux. Il y trouva l'animal déjà fort mutilé. Les Jakoutes du voisinage en avaient dépecé les chairs pour nourrir leurs chiens. Des bêtes féroces en avaient aussi mangé ; cependant le squelette se trouvait encore entier à l'exception d'un pied de devant. L'épine du dos, une omoplate, le bassin et les restes des trois extrémités étaient encore réunis par les ligaments et par une portion de la peau. L'omoplate manquante se retrouva à quelque distance. La tête était couverte d'une peau sèche. Une des oreilles, bien conservée, était garnie d'une touffe de crins : on distinguait encore la prunelle de l'œil. Le cerveau se trouvait dans le crâne, mais desséché ; la lèvre inférieure avait été rongée, et la lèvre supérieure détruite laissait voir les mâchelières. Le cou était garni d'une longue crinière. La peau était couverte de crins noirs et d'un poil ou laine rougeâtre ; ce qui en restait était si lourd, que dix personnes eurent beaucoup de peine à la transporter. On retira, selon M. Adams, plus de trente livres de poils et de crins, que les ours blancs avaient enfoncés dans le sol humide, en dévorant les chairs. L'animal était mâle ; ses défenses étaient longues de plus de neuf pieds en suivant les courbures, et sa tête, sans les défenses, pesait plus de quatre cents livres.

« M. Adams mit le plus grand soin à recueillir ce qui restait de cet échantillon unique d'une ancienne création ; il racheta ensuite les défenses à Jakutsk. L'empereur de Russie, qui a acquis de lui ce précieux monument, moyennant la somme de huit mille roubles, l'a fait déposer à l'Académie de Pétersbourg.

« On a encore connaissance, ajoute Cuvier, d'individus pareils.

« M. Tilesius avait reçu, en 1805, et envoyé à M. Blumenbach, un faisceau de poils arrachés par un nommé Patapof, d'un cadavre de mammouth, près des bords de la mer Glaciale. »

Fig. 298. Le squelette du Mammouth d'Adams au Musée de Saint-Pétersbourg.

Les chiens et autres animaux voraces avaient dévoré les chairs du mammouth trouvé aux bords de la mer Glaciale. Adams transporta ses os à Pétersbourg et en forma le plus beau squelette d'*elephas primigenius* qui existe aujourd'hui. Ce squelette figure au Musée de Pétersbourg. A côté du squelette de ce mammouth fameux, on a placé celui d'un éléphant actuel des Indes, puis le corps du même éléphant revêtu de sa peau, pour faire apprécier aux visiteurs les rapports de grandeur entre le mammouth et l'éléphant de nos jours. La figure 298 représente la salle du Musée de Pétersbourg qui contient ces trois pièces intéressantes [1].

On ne saurait douter, après de tels témoignages, de l'existence dans les glaces du Nord, de restes encore entiers de mammouths. Ces animaux auront péri subitement, et, saisi par la glace, au moment de leur mort, leur cadavre aura été préservé de la putréfaction par la persistance et l'action continue du froid. Si l'on suppose qu'un de ces animaux soit tombé accidentellement dans les crevasses d'un glacier, on s'expliquera que son corps, enseveli tout aussitôt sous une glace éternelle, ait pu s'y maintenir intact pendant des milliers d'années.

Dans l'ouvrage de Cuvier, sur les *Ossements fossiles*, on trouve une longue et minutieuse énumération des régions diverses de l'Allemagne, de la France, de l'Italie, etc., qui, de nos jours, ont fourni des os ou des défenses de mammouth. Nous nous bornerons à citer comme spécimen deux de ces observations :

« En octobre 1816, dit Cuvier, il fut trouvé à Canstadt [2] un dépôt très-remarquable, que le roi Frédéric Ier fit déblayer et recueillir avec le plus grand soin. On assure même que la visite qu'y fit ce prince, si ardent pour tout ce qui avait quelque grandeur, contribua à la maladie

---

1. Les curieux pourront aller voir au Muséum d'histoire naturelle de Paris, un morceau de peau, de la laine et quelques poils du mammouth trouvé par Adams aux bords de la Léna. Ce fragment de peau ressemble à un carré de caoutchouc ou de cuir; les poils et la laine sont fauves ou noirs, rudes et longs. Les deux bocaux qui renferment ces curieuses reliques se trouvent dans la galerie haute du bâtiment affecté aux collections de géologie, armoire VIII, n°s 1501 et 1502.

2. C'est la même ville où l'on avait déjà découvert, en 1700, des ossements de mammouth, comme nous l'avons rapporté page 306.

dont il mourut peu de jours après. Un officier, M. Natter, avait commencé quelques recherches. En vingt-quatre heures on mit à découvert vingt et une dents ou parties de dents et un grand nombre d'os. Le roi ayant ordonné de continuer les fouilles, dès le deuxième jour on trouva un groupe de treize défenses placées les unes près des autres et avec quelques mâchelières, comme si on les y avait entassées exprès. C'est alors que le roi s'y transporta, et ordonna d'enlever le tout avec l'argile qui l'enveloppait, et en conservant à chaque objet sa position. La plus grande des défenses, quoiqu'elle eût perdu sa pointe et sa racine, était encore longue de huit pieds, sur un pied de diamètre. On trouva aussi plusieurs défenses isolées; une quantité de mâchelières depuis deux pouces jusqu'à un pied de longueur; quelques-unes adhéraient encore à des portions de mâchoires. Tous ces morceaux étaient mieux conservés que ceux de 1700, ce qu'on attribue à la profondeur de leur gisement, et peut-être à une autre nature du sol. Les défenses étaient en général fort courbées. Il se trouvait dans le même dépôt, comme en 1700, des os de cheval, de cerf, une quantité de dents de rhinocéros, des dents que l'on jugea d'ours, et un échantillon que l'on crut pouvoir attribuer au tapir. L'endroit où s'est faite cette découverte se nomme Seelberg et est à environ six cents pas de la ville de Canstadt, mais de l'autre côté du Necker.

« Tous les bassins des grandes rivières d'Allemagne ont donné des os d'éléphant comme les endroits que nous venons de nommer ; et d'abord pour continuer le dénombrement de ceux qu'ont fournis les vallées qui aboutissent au Rhin, Canstadt n'est pas le seul lieu de celle du Necker et des vallons qui s'y rendent, où l'on ait fait de pareilles découvertes. »

Cuvier rappelle ensuite les différentes parties de l'Allemagne où l'on a fait, après cette époque, des découvertes du même genre.

De toutes les parties de l'Europe, celles où l'on a rencontré le plus d'ossements d'éléphant fossile, c'est la vallée de l'Arno supérieur, dans le Piémont. On trouva là un véritable cimetière d'éléphants. Leurs ossements étaient autrefois si communs dans cette vallée, que les paysans les employaient pêle-mêle avec les pierres, pour construire les murs et les maisons. Depuis qu'ils en connaissent le prix, ils les mettent en réserve pour les vendre aux voyageurs.

Les ossements et défenses de mammouth se rencontrent en Amérique, aussi bien que dans notre hémisphère. Cuvier énumère les différentes parties de l'Amérique où les débris du mammouth ont été trouvés seuls, ou mêlés à ceux du mastodonte. Nous ne le suivrons pas dans cet exposé. Nous ajouterons seulement un fait postérieur à ceux qui ont été fournis par l'illustre naturaliste.

Le capitaine russe Kotzebue a trouvé des ossements de mammouth sur la côte nord de l'Amérique. Ces ossements y sont tellement communs, que ses matelots en brûlèrent plusieurs morceaux à leurs feux. M. Adalbert de Chamisso, naturaliste, qui accompagnait Kotzebue, apporta en Europe une défense longue de 4 pieds et large de 5 pouces dans son plus grand diamètre.

Il est assez étrange que les Indes orientales, c'est-à-dire l'un des deux pays qui sont aujourd'hui, avec l'Afrique, les seuls asiles de la race des éléphants, soient la seule contrée du globe où l'on n'ait pas découvert d'ossements fossiles de ces animaux.

En résumé, et d'après la longue énumération qui précède, on voit que, pendant la dernière période géologique dont nous esquissons l'histoire, le gigantesque mammouth habitait toutes les régions du globe terrestre. Or, les contrées qui conviennent à la race actuelle de nos éléphants sont l'Afrique et les Indes, c'est-à-dire des régions au climat brûlant. Il faut conclure de là que la température terrestre était, à l'époque où ces animaux ont vécu, singulièrement plus élevée que de nos jours.

L'espèce de rhinocéros qui vivait à l'époque quaternaire était le *rhinoceros tichorhinus*, ainsi nommé d'après l'existence d'une cloison osseuse qui séparait ses deux narines. Cette disposition anatomique prouve que deux cornes surmontaient le nez de cet animal, qui est, comme on le sait, unicorne dans l'espèce actuellement vivante.

Le *rhinoceros tichorhinus* avait la tête très-allongée. Ses membres étaient si courts que son ventre traînait jusqu'à terre. Son corps était couvert de poils abondants, et sa peau ne formait aucun pli. On en trouve très-communément les restes en France, dans le sol de Paris particulièrement, en Angleterre, en Allemagne, en Sibérie. Dans ce dernier pays, on en a même découvert des cadavres tout entiers pris dans la glace avec les poils et la peau.

Nous avons rapporté plus haut, à propos du mammouth, des découvertes semblables de cadavres retrouvés tout entiers au milieu des glaces avec leurs chairs et leurs téguments. Nous ferons connaître avec les mêmes détails l'étonnante découverte d'un rhinocéros de l'espèce dicorne que le naturaliste Pallas a vu de ses propres yeux, tout fraîchement retiré des glaces. Cette dernière découverte est antérieure à celle du mammouth observé par Adams. C'est, en effet, en 1772 que Pallas fit cette découverte extraordinaire, et c'est seulement, comme on l'a vu, en 1779 que fut vu par Adams le corps du mammouth sur les bords de la Léna.

C'est en décembre 1771 que l'on aperçut pour la première fois le cadavre du rhinocéros enseveli dans les sables glacés sur le bord du Viloui, rivière qui se jette dans la Léna, au-dessous de Jakoutzk (Sibérie), par 64° de latitude boréale. Nous extrayons des *Voyages de Pallas* l'intéressante relation qui va suivre :

« Je crois, dit Pallas, devoir parler d'une découverte intéressante que je dois à M. le chevalier de Bril.

« Des Jakoutes, en chassant cet hiver près de Viloui, trouvèrent le corps d'un gros animal inconnu. Le sieur *Ivan-Argounof* (Oupravitel), ou inspecteur du Zimovié, avait fait passer à Irkoutzk, par la chancellerie d'Iakoutzk, la tête, un pied de devant et un de derrière de cet animal. Le tout était très-bien conservé. Il dit dans son mémoire, daté du 17 janvier 1772, qu'on avait trouvé dans le mois de décembre 1771 cet animal mort, et déjà très-corrompu, à environ quarante verstes au-dessus du Zémovié de Vilouiskoé, sur le sable du rivage, à une toise de l'eau et à quatre toises d'une autre rive plus élevée et escarpée. Il était enterré à moitié dans le sable. On l'a mesuré sur la place ; il avait trois aunes trois quarts de Russie de longueur, et on a estimé sa hauteur à trois aunes et demie. Le corps de l'animal, encore dans toute sa grosseur, était revêtu de sa peau, qui ressemble à un cuir ; mais il était si corrompu qu'on n'a pu enlever que les pieds et la tête ; on en a envoyé deux à Irkoutzk, et un troisième à la chancellerie d'Iakoutzk. Je vis à Irkoutzk la tête et les pieds ; ils me parurent appartenir, au premier coup d'œil, à un rhinocéros qui était dans toute sa force. La tête surtout était fort reconnaissable, puisqu'elle était recouverte de son cuir. La peau avait conservé toute son organisation extérieure, et on y apercevait plusieurs poils courts. Les paupières mêmes ne paraissaient pas entièrement tombées en corruption. J'aperçus une matière dans la fossette du crâne, et çà et là sous la peau, qui était le résidu des parties charnues putréfiées. Je remarquai aux pieds des restes très-sensibles des tendons et des cartilages, où il ne manquait que la peau. La tête était dégarnie de sa corne, et les pieds de leurs sabots. La place de la corne, le rebord de la peau qui se forme alentour d'elle, et la séparation qui existe dans les pieds de devant et de derrière, sont des preuves

certaines que cet animal était un rhinocéros. J'ai rendu compte de cette
singulière découverte dans une dissertation insérée dans les *Mémoires
de l'Académie de Pétersbourg* [1]. J'y renvoie mes lecteurs, pour ne pas me
répéter. Ils y verront les raisons qui prouvent qu'un rhinocéros a pu
pénétrer près de la Léna, dans les contrées les plus septentrionales, et
qui ont fait trouver en Sibérie tant de débris d'animaux étrangers. Je
rapporterai seulement ici les observations que je dois à M. *Argounof*,
parce qu'elles feront connaître la contrée où l'on a trouvé ces débris
curieux, et la cause de leur longue conservation.

« Le pays arrosé par le Viloui est montagneux, toutes les couches
de ces montagnes sont horizontales. Elles renferment des schistes sé-
léniteux et calcaire, et des lits d'argile mêlés d'un grand nombre de
pyrites. On rencontre sur les rives du Viloui, du charbon de terre
brisé; il en existe probablement une mine plus haut, près de ce fleuve.
Le ruisseau de Kemtendoï, qui avoisine une montagne entière de sé-
lénite et de sel gemme, et celle-ci une montagne d'albâtre, est à plus de
trois cents verstes, en remontant le Viloui, du lieu où l'on a trouvé ce
rhinocéros. On voit près du fleuve un monticule en face de cette place.
Elle a quinze toises d'élévation, et, quoique sablonneuse, elle présente
des couches de pierre meulière. Le corps du rhinocéros a dû être
enterré dans un gros sable graveleux, près de cette colline; la nature
du sol, qui est toujours gelé, a dû l'y conserver. La terre ne dégèle
jamais à une grande profondeur près du Viloui. Les rayons du soleil
amollissent le sol à deux aunes de profondeur dans les places sablonneuses élevées. Les vallons, où le sol est moitié sable et moitié argile,
sont encore gelés à la fin de l'été, à une demi-aune de leur surface.
Sans cela, la peau de cet animal et plusieurs de ses parties n'auraient
pas pu se conserver aussi longtemps. Cet animal n'a pu être transporté
des pays méridionaux dans les contrées glaciales du nord qu'à l'époque
du déluge. Les chroniques les plus anciennes ne parlent d'aucuns changements plus récents dans le globe, auxquels on puisse attribuer la
cause de ces débris de rhinocéros, et des os d'éléphant dispersés dans
toute la Sibérie [2]. »

Parmi les carnivores antédiluviens, l'un des plus redoutables était certainement l'*ursus spelæus*. Cette espèce était d'un
cinquième, ou même d'un quart, plus grande que celle de nos
ours bruns. Elle était aussi plus trapue. On en possède beaucoup
de squelettes longs de 3 mètres et hauts de 2 mètres. L'*ursus
spelæus* abondait en France, en Belgique, en Allemagne, etc. Il
y était si répandu que les dents d'ours antédiluviens ont fait

---

1 *Commentarii Acad. Pétersb.*, tome XVII (1773).
2. *Voyage de Pallas*, tome IV, p. 130-134.

longtemps partie, comme nous l'avons dit plus haut, de la matière médicale, sous le nom de *licorne fossile*.

La figure 299 représente la tête de l'*ursus spelæus*.

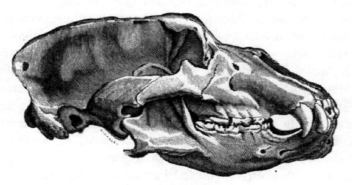

Fig. 299. Ursus spelæus.

En même temps que l'*ursus spelæus*, vivait en Europe un carnassier gigantesque, le *felis spelæa*. De plus grande taille qu'aucun des animaux actuels appartenant au même genre, il réunissait les caractères du lion et ceux du tigre. Ses restes, qu'on rencontre en grande abondance, assignent à l'animal vivant une longueur de 14 pieds et une taille qui dépasse celle des plus grands de nos taureaux.

Les hyènes aujourd'hui vivantes appartiennent à deux es-

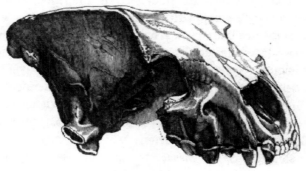

Fig. 300. Hyæna spelæa.

pèces : l'*hyène rayée* et l'*hyène tachetée*. Cette dernière présente une si grande conformité de structure avec l'hyène de l'époque quaternaire, que Cuvier a cru pouvoir désigner cette dernière sous le nom d'*hyène tachetée fossile*. Elle est seulement un peu plus grande que celle qui vit de nos jours.

La figure 300 représente la tête de l'*hyæna spelæa*.

Le cheval est certainement contemporain du mammouth. On trouve ses débris fossiles dans les mêmes terrains que ceux du rhinocéros et du mammouth. Il ne se distingue que par sa taille, qui était plus petite, de nos chevaux actuels. Les débris du cheval fossile sont excessivement abondants, non-seulement en Europe, mais encore en Amérique. Le cheval sauvage a donc existé dans le nouveau monde. On sait pourtant qu'à l'arrivée des Espagnols, les chevaux étaient inconnus en Amérique. Cette espèce s'y était éteinte, et sa disparition ne saurait, en aucune manière, être attribuée à l'action de l'homme.

Les bœufs de l'époque quaternaire étaient sinon identiques, au moins très-voisins de nos espèces actuellement vivantes : c'étaient les *bos priscus*, *primigenius* et *Pallasii*. Le premier, à jambes grêles, à front bombé plus large que haut, différait peu de l'*auroch* ou *bison*, dont il se distinguait pourtant par une taille plus élevée et par des cornes plus grandes. On trouve les débris du *bos priscus* en France, en Italie, en Allemagne, en Russie, en Amérique.

Le *bos primigenius* serait, selon Cuvier, la souche de nos bœufs domestiques.

Le *bos Pallasii*, trouvé en Sibérie et en Amérique, ressemble beaucoup au *buffle musqué* du Canada.

Dans les mêmes lieux où se trouvent les os des bœufs fossiles, on a trouvé les restes de diverses espèces de cerfs. La question paléontologique des cerfs est fort obscure; il est souvent difficile de déterminer si les restes d'un cerf appartiennent à une espèce éteinte ou actuelle. Ce doute ne peut exister toutefois pour le *cerf à bois gigantesque* (*cervus megaceros*), un des plus magnifiques animaux antédiluviens.

Les débris du *cervus megaceros* (fig. 301) se trouvent fréquemment en Irlande, dans les environs de Dublin, plus rarement en France, en Allemagne, en Pologne, en Italie. Intermédiaire entre le cerf et l'élan, le *cervus megaceros* tenait de l'élan par ses proportions générales et par la forme de son crâne, mais se rapprochait du cerf par sa taille et la disposition de ses bois.

Si les magnifiques bois qui décoraient sa tête donnaient à cet animal un aspect imposant, ils devaient aussi le gêner beaucoup dans sa marche et son séjour à travers les épaisses forêts de l'ancien monde. La longueur de ces bois est d'au moins

Fig. 301. Cervus megaceros.

3 mètres; ils sont tellement divergents que, mesurés d'une extrémité à l'autre, ils laissent un écartement de 3 à 4 mètres.

Les squelettes du *cervus megaceros* se trouvent en Irlande, dans les dépôts et tufs calcaires qui s'étendent sous les immenses tourbières ou dans la tourbe même, près de Curragh.

Ils se présentent en monceaux accumulés dans un petit espace, presque tous dans la même attitude, la tête haute, le cou tendu, les bois renversés et rabattus sur le dos, comme si l'animal, subitement enfoui dans un terrain marécageux, se fût efforcé jusqu'au moment de sa mort de rechercher l'air respirable.

Telles sont les espèces de grands mammifères les plus communes et les plus caractéristiques de l'époque quaternaire, que nous avions à signaler au lecteur. Nous mentionnerons encore, parmi les oiseaux, le gigantesque *dinornis* de la Nouvelle-Zélande. Si on en juge par le tibia, qui a 3 pieds de long, et par les coquilles de ses œufs, qui sont beaucoup plus grands

Fig. 302. Dinornis.

que ceux de l'autruche, sa taille devait être extraordinaire pour un oiseau.

La figure 302 représente le *dinornis* restauré.

Quant à l'*epiornis*, on n'a trouvé à l'état fossile, que son œuf.

Nous avons essayé de représenter, dans la figure 303, l'aspect de la terre pendant l'époque que nous venons de décrire. L'ours est placé à l'entrée de sa caverne, pour rappeler à la fois et son genre de vie et l'origine de son nom paléontologique (*ursus spelæus, ours des cavernes*); il achève de ronger les os dénudés d'un éléphant. Au-dessus de la caverne, l'hyène (*hyæna spelæa*) guette, d'un œil farouche, le moment de disputer ces restes à son redoutable rival. Des *cerfs aux grands bois*, mêlés à d'autres animaux de cette époque, courent dans le vallon, que remplissent des arbres et arbustes, formant une végétation identique à celle de nos jours. Des montagnes, récemment soulevées, se voient à l'horizon; elles sont recouvertes d'un manteau de neige glacée, pour rappeler l'arrivée prochaine de cette *période glaciaire*, qui va bientôt se manifester, et qui, en refroidissant d'une manière inopinée une partie de la terre, doit provoquer le rapide anéantissement des mammouths et des rhinocéros, et effacer leur race de la surface du globe.

Tous les ossements fossiles appartenant aux grands mammifères que nous venons de décrire, se rencontrent dans les terrains de l'époque quaternaire ; mais les plus abondants de tous sont ceux de l'éléphant et du cheval. L'extrême profusion d'os de mammouth enfouis dans les couches supérieures de notre globe n'est surpassée que par la prodigieuse quantité d'ossements de cheval que recèlent les mêmes couches. La singulière abondance des restes de ces deux animaux prouve que, pendant l'époque quaternaire, la terre donnait asile à d'immenses troupeaux d'éléphants et de chevaux. Il est probable que, d'un pôle à l'autre, de l'équateur aux deux extrémités de l'axe du globe, la terre formait une sorte de prairie sans limites, et qu'un immense tapis de verdure recouvrait partout sa surface. Des pâturages aussi abondants étaient nécessaires pour suffire à l'entretien de cette prodigieuse quantité d'herbivores de grande taille, et à leur incessante reproduction. L'esprit peut à peine se représenter ces plaines immenses et verdoyantes du monde primitif, animées par la présence du nombre infini de leurs habitants. Par une température brûlante, des pachydermes aux formes monstrueuses, mais aux allures paisibles, se pro-

Fig 303. Vue idéale de la terre pendant la période quaternaire.

menaient dans ces hautes herbes, composées de graminées de toutes sortes; des cerfs de la plus grande taille, la tête ornée de bois gigantesques, escortaient la lourde phalange des mammouths, tandis que des chevaux, aux formes petites et ramassées, galopaient ou gambadaient dans ces magnifiques horizons de verdure, dont nul œil humain ne contemplait encore l'agreste sérénité.

Cependant, tout n'était pas joie et tranquillité dans ces tableaux champêtres de l'ancien monde : de voraces et redoutables carnassiers faisaient une guerre acharnée à ces troupeaux inoffensifs. Le tigre et le lion, l'hyène féroce, l'ours et le chacal y choisissaient leur facile proie.

LES DÉLUGES D'EUROPE.

Les terrains tertiaires, en plusieurs parties, plus ou moins
étendues, de l'Europe, sont recouverts d'une couche de débris
hétérogènes qui remplit les vallées. Cette couche est composée
d'éléments très-divers, mais provenant toujours de fragments
détachés des roches et terrains environnants. Les érosions qui
se remarquent au bas des collines, et qui ont agrandi les vallées déjà existantes, la masse de remblais accumulés en un
même point, et qui sont formés de matériaux *roulés*, c'est-à-dire
usés par la continuité du frottement pendant un long transport,
tout indique que ces dénudations du sol, ces déplacements des
corps les plus lourds à de grandes distances sont dus à l'action
violente et subite d'un large courant d'eau. Un flot immense a
été lancé soudainement à l'intérieur des terres; il a tout ravagé
sur son passage; il a raviné profondément le sol, entraînant et
poussant devant lui les débris de toutes sortes qu'il emportait
dans sa course désordonnée. On donne le nom scientifique de
diluvium au terrain remué et bouleversé qui, par son hétérogé-
néité, accuse à nos yeux le rapide passage de l'impétueux courant des eaux, et l'on désigne par le nom vulgaire de *déluge*, le
phénomène en lui-même.

A quelle cause est dû ce subit et temporaire envahissement
des continents par un courant d'eau rapide mais passager ? Au
soulèvement d'une vaste étendue de terrain, à la formation
d'une montagne dans le voisinage ou dans le bassin même des
mers. Le terrain, subitement élevé par un mouvement de bas
en haut de l'écorce terrestre, a, par contre-coup, violemment
agité les eaux, c'est-à-dire les parties mobiles de notre globe.
Par cette brusque impulsion, ces eaux ont été lancées dans
l'intérieur des terres; elles ont produit dans les plaines de terribles inondations; elles ont, pour un moment, couvert le sol

de leurs ondes furieuses, mêlées aux débris des terrains dévastés par leur envahissement subit. Ce phénomène, toutefois, n'a pas été de longue durée : il a cessé avec la cause qui l'avait produit. Il a été brusque, mais court, comme le phénomène volcanique, comme le soulèvement de la montagne ou de la chaîne de montagnes qui l'avait provoqué. Les eaux projetées sur les continents n'ont pas tardé à y être absorbées, et par disparaître, laissant par les dénudations du sol, par l'érosion des vallées, par les déplacements des blocs minéraux de leur situation normale, le témoignage, aujourd'hui parfaitement reconnaissable, de ce grand phénomène.

Il y a eu, sans doute, pendant les époques antérieures à l'époque quaternaire, des déluges tels que nous venons de les décrire. Les montagnes et chaînes de montagnes qui se sont soulevées par suite de fractures de la croûte solide du globe, effet de son refroidissement et de l'action incessante des feux souterrains, ont dû provoquer de semblables irruptions momentanées des eaux ; mais les témoignages visibles de ce phénomène, les preuves de cette dénudation, de ce ravinement du sol, les *poudingues* ou *conglomérats*[1] ne sont nulle part aussi accusés que dans les couches superposées, de loin en loin, aux terrains tertiaires, et qui portent le nom géologique de *diluvium*. Le phénomène des déluges, tel que nous l'avons considéré, peut donc être regardé comme spécialement propre a l'époque quaternaire.

Comme nous le disions au début de ce chapitre, deux déluges fort distincts se sont succédé dans notre hémisphère pendant l'époque quaternaire. On peut distinguer les deux *déluges de l'Europe* et celui de *l'Asie*. Les deux déluges européens sont antérieurs à l'apparition de l'homme ; le déluge asiatique a été postérieur à l'homme, et la race humaine, alors aux premiers temps de son existence, a eu certainement à souffrir de ce cataclysme.

Nous n'avons à parler, dans ce chapitre, que des deux déluges européens.

---

1. On nomme ainsi les fragments de roches ou cailloux arrondis et usés par l'action des eaux et réunis par un ciment minéral.

Le premier a sévi dans le nord de l'Europe. Il fut provoqué par le soulèvement des montagnes de la Norvége. Partant de la Scandinavie, le flot s'étendit et porta ses ravages dans les régions qui forment aujourd'hui la Suède et la Norvége, la Russie d'Europe et le nord de l'Allemagne. Le *déluge scandinave* a couvert d'un manteau de terrain meuble toutes les plaines et toutes les dépressions de l'Europe septentrionale.

Comme les régions au milieu desquelles s'opéra le soulèvement montagneux, comme les mers qui environnaient ces grands espaces, étaient en partie gelées et couvertes de glaces, vu leur élévation et leur voisinage du pôle, le flot liquide qui traversa subitement ces contrées entraînait dans ses ondes une masse énorme de glaçons. Le choc de ces blocs solides d'eau congelée dut contribuer à accroître l'étendue et l'intensité des ravages occasionnés par ce violent cataclysme, que nous représentons dans la planche 304.

Les preuves physiques de ce *déluge du nord de l'Europe* résultent pour nous de l'immense manteau de terrain meuble qui couvre aujourd'hui toutes les plaines et toutes les dépressions de l'Europe septentrionale. On a trouvé sur ce dépôt et dans son intérieur, une foule de blocs, que l'on désigne sous le nom caractéristique et significatif de *blocs erratiques*, et qui sont souvent d'un volume considérable. Tel est, par exemple, le bloc de granit que l'on a trouvé en Russie et qui a servi à tailler le piédestal de la statue de Pierre le Grand à Pétersbourg. Dans l'intérieur de la Russie, dont le sol est formé par le terrain de transition (terrain permien)[1], la présence de ce bloc de granit ne peut s'expliquer que par son transport mécanique sur les glaces, entraînées elles-mêmes par un courant diluvien. Tel est encore un autre bloc de granit du poids de 300 000 kilogrammes, qui fut trouvé sur le sable, dans les plaines septentrionales de la Prusse, et dont on a fait une immense coupe pour le Musée de Berlin.

Ces blocs erratiques qu'on rencontre dans les plaines de la Russie, de la Pologne, de la Prusse, et même de certaines parties orientales de l'Angleterre, sont composés, comme on vient

---

1. Voir la carte géologique de l'Europe, page 295.

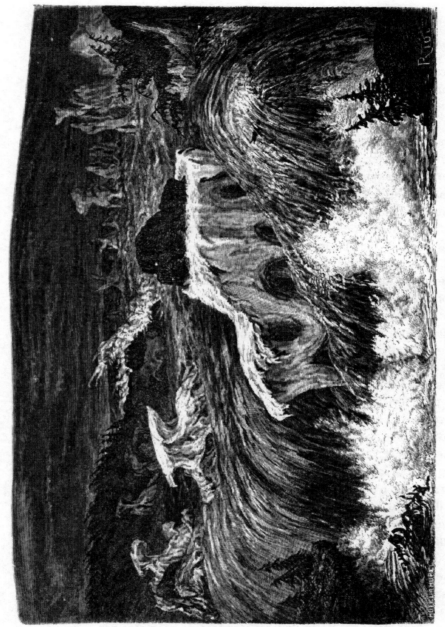

Fig. 304. Déluge du nord de l'Europe.

de le voir, par les deux exemples que nous venons de citer, de roches absolument étrangères à la région où ils gisent actuellement. Appartenant aux terrains primitifs de la Norvége, ils ont été certainement entraînés par les glaces à l'époque du déluge du Nord. Quelle immense force d'impulsion primitive avaient dû recevoir ces énormes blocs, pour traverser la mer Baltique et arriver à la place où les contemplent aujourd'hui les regards surpris du géologue ou du penseur!

Le deuxième déluge européen a été le résultat du soulèvement et de la formation des Alpes. Il a rempli de débris et de terrains meubles toutes les vallées de la France, de l'Allemagne, de l'Italie, dans un rayon ayant pour centre les Alpes. On peut encore distinguer aujourd'hui des effets de deux ordres différents, résultant de l'action puissante des masses d'eau violemment déplacées par ce gigantesque soulèvement. D'abord, de larges sillons ont été creusés par des eaux diluviennes, qui ont formé dans ces points des vallées profondes. Ensuite, ces vallées ont été comblées par des matériaux empruntés aux montagnes et transportés dans la plaine. Ces matériaux consistent en cailloux *roulés*, en limons argilo-sableux, ordinairement calcarifères et ferrifères. Ce double effet se montre avec plus ou moins de netteté, dans toutes les grandes vallées du centre et du midi de la France. La vallée de la Garonne est, à cet égard, pour ainsi dire classique. Aussi en donnerons-nous, comme exemple, une description sommaire.

A partir de la petite ville de Muret, il existe sur la rive gauche de la Garonne, trois niveaux successifs, plans tous les trois, dont le plus inférieur est celui de la vallée proprement dite, et dont le plus élevé correspond au plateau de Saint-Gaudens. Ces trois niveaux sont parfaitement marqués dans le pays toulousain, qui présente d'une façon remarquable le phénomène diluvién. La ville de Toulouse repose elle-même sur une légère éminence du terrain diluvien. Les plateaux contrastent, par leur forme diluvienne plane, avec les collines mamelonnées de la Gascogne ou du Languedoc. Ils sont essentiellement constitués par une couche de gravier et de cailloux roulés ou ovalaires, mêlés et recouverts d'un dépôt sableux et terreux. Ces cailloux sont constitués principalement par des quartzites bruns ou noirs extérieurement, par des parties dures de grès noirs anciens et de grès rouges. La terre meuble qui accompagne les cailloux et le gravier est un mélange argilo-sableux d'une couleur rougeâtre ou jaunâtre, à cause de l'oxyde de fer qui entre dans sa composition. Dans la vallée proprement dite, on retrouve les cailloux des plateaux associés à quelques autres espèces minérales plus rares aux niveaux supérieurs. Des dents de mammouth et de rhinocéros *tichorhinus* ont été trouvées en divers points sur les bords de cette vallée.

Les petites vallées tributaires de la vallée principale paraissent avoir été creusées secondairement, en partie dans le dépôt diluvien, et leurs alluvions essentiellement terreuses ont été formées aux dépens du terrain tertiaire et du diluvium lui-même.

Dans la vallée du Rhin, en Alsace, domine une sorte particulière de *diluvium :* il consiste en un limon d'un gris jaunâtre, composé d'une matière argileuse, mélangée de carbonate de chaux, de sable quartzeux et micacé et d'oxyde de fer. Ce limon, que les géologues désignent sous le nom de *lehm*, atteint, en quelques endroits, une épaisseur de 60 à 80 mètres ; il s'élève un peu à droite et à gauche, au-dessus de la base des montagnes de la forêt Noire et des Vosges.

Le célèbre temple antique du Parthénon, en Grèce, s'élève sur une éminence de terrain diluvien.

Les fossiles que renferment les dépôts diluviens en général consistent en coquilles terrestres, lacustres ou fluviatiles, actuellement vivantes pour la plupart, auxquelles il faut joindre les restes des mammifères dont nous avons déjà signalé l'existence à l'époque quaternaire.

Mais ces restes, on les retrouve souvent accumulés, en quantités extraordinaires, dans des espaces ou cavités, connus sous le nom de *cavernes* ou de *brèches osseuses*, qui, de tout temps, ont fixé l'attention des savants et des personnes étrangères à la science. Il ne sera pas hors de propos de résumer ici l'état actuel de nos connaissances concernant les *cavernes à ossements* et les *brèches osseuses*.

Cavernes à ossements. — Les cavernes à ossements ne sont pas de simples cavités creusées dans le roc à quelques pieds de profondeur. Elles consistent ordinairement en une série de grottes nombreuses, communiquant entre elles par d'étroites ouvertures, qu'on ne peut franchir qu'en rampant, et qui s'étendent souvent à des distances considérables. Il en existe au Mexique qui ont une longueur de plusieurs lieues. L'une des plus remarquables de l'Europe est celle de Gailenreuth, en Franconie (Wurtemberg).

Un naturaliste moderne, visitant la caverne d'Adelsberg, en Carniole, parcourut une suite de chambres étendues dans la même direction sur une longueur de 3 lieues. La rencontre d'un lac l'empêcha de pousser plus loin ce voyage de découvertes souterraines.

Les parois intérieures des cavernes à ossements sont, en général, arrondies, sillonnées, et présentent des traces de l'action érosive des eaux. Ces caractères échappent souvent à l'observateur, parce que les parois de ces cavernes sont recouvertes par des revêtements de calcaire concrétionné en *stalactites* et *stalagmites*, c'est-à-dire de cristaux ou d'amas de carbonate de chaux, provenant de dépôts laissés par les eaux infiltrées du dehors à l'intérieur de la caverne. Les stalactites et les stalagmites calcaires ornent souvent les parois de ces antres ténébreux des plus brillants et des plus pittoresques décors.

Sous le revêtement stalagmitique, le sol de ces cavités souterraines offre fréquemment des dépôts limoneux et ferrugineux. C'est en creusant le sol de ces caverves que l'on découvre les ossements d'animaux antédiluviens, mêlés de coquilles, de fragments de roches et de cailloux roulés.

La distribution des os au milieu des limons argilo-graveleux est aussi irrégulière que possible. Les squelettes ne sont presque jamais entiers; les os ne sont même pas rapprochés dans leur position naturelle, d'après les animaux auxquels ils ont appartenu. Des ossements de petits rongeurs sont accumulés dans le crâne d'un grand carnassier; des dents d'ours, d'hyène, de rhinocéros, sont cimentées avec des cubitus ou des mâchoires de ruminant. Les os sont très-souvent usés et roulés, comme ils le seraient s'ils avaient subi un transport de très-grande distance; d'autres sont fissurés; certains, néanmoins, sont à peine altérés. Leur état de conservation varie avec la station géographique des cavernes.

Les ossements que l'on trouve le plus fréquemment dans les cavernes, proviennent des carnassiers de l'époque quaternaire (ours, hyène, lion, tigre, etc.). Les animaux des plaines, et notamment les grands pachydermes (mammouth, rhinocéros), ne s'y rencontrent que très-rarement et toujours en petit nombre. De la caverne de Gailenreuth on a extrait plus de mille squelettes, dont huit cents de la grande espèce d'*ursus spelæus*, et quatre-vingts de la petite espèce; et deux cents d'hyènes, de loups, de lions, de gloutons.

Dans la caverne de Kirkdale, à environ 40 kilomètres d'York, on a découvert les débris d'environ trois cents hyènes, appartenant à des individus de différents âges. On y a trouvé aussi des os de loup, de lièvre, de rat d'eau et d'oiseaux mêlés à ceux de quelques herbivores. Le célèbre géologue Buckland, qui visita cette caverne, constata que les os, autres que ceux d'hyènes, avaient été rongés; il reconnut la présence de nombreux *coprolithes* d'hyènes, ainsi que les traces du passage fréquent de ces animaux à l'entrée de la grotte.

Buckland conclut de ces remarques que les hyènes seules avaient habité ces repaires, et que ces animaux accumulaient dans ces antres, pour s'en repaître, les cadavres d'herbivores dont on y retrouve les débris. Faisons toutefois remarquer que l'opinion du géologue anglais ne saurait être généralisée. Dans le plus grand nombre des cavernes, les os des mammifères sont brisés, usés par le frottement d'un long transport, *roulés*, selon l'expression des géologues, enfin cimentés par un même limon et avec les fragments des roches de la contrée voisine. A côté d'ossements d'hyènes, on trouve non-seulement des os d'herbivores inoffensifs, mais encore des restes de lions et d'ours.

Toutes ces circonstances se réunissent pour établir que les os qui remplissent les cavernes ont été entraînés, pêle-mêle, dans ces anfractuosités, par le rapide courant des flots diluviens. Les grottes ossifères se trouvent le plus souvent vers l'entrée des vallées, dans les plaines, ou à une hauteur qui ne dépasse

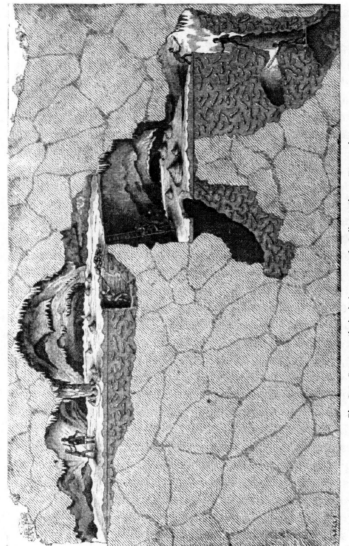

Fig. 305. Coupe verticale de la caverne de Gailenreuth, en Franconie.

jamais les limites du phénomène diluvien. Tout conduit donc à supposer que, dans le plus grand nombre des cas, les animaux surpris et tués par des torrents impétueux et soudains, ont été entraînés et engloutis dans les cavernes que le flot a rencontrées sur son passage en balayant la terre. Les os ont été ensevelis, de cette manière, dans le limon diluvien.

Quelle est l'origine géologique des *cavernes?* Comment ont pu se produire ces immenses excavations? Nous les considérons, avec beaucoup de naturalistes modernes, comme des *fentes* ou *fractures* du globe, produites par le phénomène géologique ordinaire, c'est-à-dire par l'effet du refroidissement terrestre. Ces *fentes* ou *fractures* sont d'ordinaire remplies par l'injection de matières ignées lancées de l'intérieur, et qui viennent combler ces immenses vides. Par une circonstance particulière, ces fentes ne sont pas comblées; la matière centrale du globe n'est pas venue les remplir, de sorte que ces énormes boursouflures sont restées vides à l'intérieur de la terre. Il n'est pas inutile de faire remarquer, pour appuyer cette hypothèse, que presque toutes les cavernes se rencontrent dans des contrées qui ont été le théâtre de dislocations et sont creusées dans le calcaire. Ainsi, c'est particulièrement le terrain jurassique qui offre de vastes cavernes.

Les cavernes à ossements les plus célèbres sont celles de Gailenreuth, en Franconie (Wurtemberg), que nous représentons ici (fig. 305); celle des environs de Liége, du Yorkshire, du Devonshire et du Derbyshire, en Angleterre; de Palerme et de Syracuse, en Sicile. Il faut citer, en France, celles de Lunel-Viel (Hérault), des Cévennes, de la Franche-Comté, etc.

Brèches osseuses. — Les *brèches osseuses* ne diffèrent des cavernes que par leur forme. Ce sont des amas conglomérés, composés de débris de diverses roches et d'os, cimentés par un limon calcaire, qui remplissent des boyaux ou des fissures des terrains. La plupart des brèches osseuses qui existent en Europe sont disposées comme une sorte de ceinture autour de la Méditerranée : ce qui indique bien qu'elles sont toutes rattachées à une même fente du globe. Les brèches osseuses les plus remarquables se voient à Cette, à Antibes, à Nice, sur les côtes de l'Italie, aux îles de Corse et de Sardaigne, etc.

22

On rencontre à peu près dans les *brèches osseuses* les mêmes ossements que dans les cavernes ; seulement les débris fossiles des ruminants y sont en plus grande abondance. Les mêmes ossements se trouvent dans les brèches osseuses des côtes de la Méditerranée, ce qui doit faire présumer qu'elles ont dû se former en même temps et de la même manière.

La proportion des ossements aux fragments de pierre et au ciment varie, dans les brèches osseuses, suivant les localités. Dans les brèches de Cagliari, où les débris de ruminants sont moins abondants que dans celles de Gibraltar et de Nice, les ossements les plus communs, qui appartiennent à de petits rongeurs, sont, pour ainsi dire, plus abondants que le limon qui les empâte. On y a trouvé trois ou quatre espèces d'oiseaux, qui paraissent devoir être rapportées aux genres merle et alouette. On a trouvé dans les brèches de Nice les restes de quelques grands carnassiers, parmi lesquels Cuvier a signalé deux espèces voisines du lion et de la panthère. A San-Ciro, en Sicile, les brèches ont offert des os d'une espèce de chien.

Mais les brèches osseuses ne sont pas seulement propres à l'Europe ; on en rencontre dans toutes les parties du globe, et celles qu'on a découvertes récemment en Australie correspondent entièrement aux brèches osseuses de la Méditerranée, dans lesquelles un ciment rouge ocreux relie des fragments de roches et des os : on y a trouvé quatre espèces de kanguroos.

PÉRIODE GLACIAIRE.

Les deux cataclysmes dont nous venons de présenter le tableau avaient surpris l'Europe au moment de l'expansion d'une création puissante. L'essor de la nature animée, l'évolution des êtres, se trouva arrêtée dans les parties de notre hémisphère où s'étaient produits ces gigantesques ébranlements du sol, suivis de ces courtes mais terribles submersions des continents. La vie organique se remettait à peine de cette secousse violente, lorsqu'une seconde atteinte, plus grave peut-être, vint l'assaillir. Les parties septentrionales et centrales de l'Europe, ces vastes contrées qui s'étendent de la Scandinavie à la Méditerranée et au Danube, furent en proie à un refroidissement soudain. Une température glaciale les saisit. Les plaines de l'Europe, ornées naguère de cette végétation luxuriante que les ardeurs d'un climat brûlant avaient développée et entretenue, ces pâturages sans fin que remplissaient des troupeaux de grands éléphants, d'agiles chevaux, de robustes hippopotames et de grands carnassiers, se trouvèrent tout d'un coup recouvertes d'un manteau de neige et de glace.

A quelle cause attribuer un phénomène si imprévu et s'exerçant avec une telle intensité? Dans l'état présent de nos connaissances, aucune explication plausible de ce fait ne saurait être hasardée. L'astre central qui distribue au monde la chaleur et la vie, le soleil, perdit-il, pendant un certain temps, de sa puissance calorifique? Cette explication serait insuffisante, puisqu'à cette époque la chaleur solaire n'influençait que très-faiblement la terre. Les courants marins qui portent de l'océan Atlantique vers le nord et l'ouest de l'Europe, des eaux chaudes qui élèvent la température de nos continents, ces courants furent-ils un moment détournés? Aucune hypothèse, nous le répétons, n'a pu expliquer jusqu'ici le *cataclysme* ou la *période glaciaire*, et il ne faut mettre aucune hésitation à confesser notre ignorance sur la cause de cet étrange, de ce mystérieux épisode de l'histoire de la terre.

Mais si la cause réelle du refroidissement qui suivit les deux déluges européens est encore pour nous un problème insoluble, ses effets sont parfaitement appréciables. Le refroidissement subit des parties septentrionales et centrales de l'Europe eut pour résultat l'anéantissement de la vie organique dans ces contrées. Tous les cours d'eau, les rivières et les fleuves, les mers et les lacs, se trouvèrent gelés. Comme le dit le savant Agassiz dans son premier ouvrage sur *les Glaciers*[1] : « Un vaste manteau de neige et de glace recouvrit les plaines, les vallées, les mers et les plateaux. Toutes les sources tarirent, tous les fleuves cessèrent de couler. Au mouvement d'une création nombreuse et agissante, succéda un silence de mort. » Un grand nombre d'animaux périrent de froid. Les éléphants et les rhinocéros moururent par millions au sein de leurs pâturages, subitement transformés en champs de glace ou de neige. C'est alors que ces deux espèces disparurent et furent effacées de la création. D'autres animaux succombèrent, sans toutefois que leur race pérît en entier. Le soleil qui, naguère, éclairait de verdoyantes plaines, en se levant sur ces steppes glacés, ne fut salué que par le sifflement des vents du nord et l'horrible fracas des crevasses, qui s'ouvraient de toute part sous la chaleur de ses rayons, dans l'immense glacier qui servait de tombeau à tant d'êtres animés.

Comment faire accepter cette idée que des plaines, aujourd'hui riantes et fertiles, ont été couvertes jadis, et pendant un temps fort long, d'un immense linceul de glace et de neige? Pour la faire admettre, ou pour en établir les preuves, il faut porter son attention sur une partie de l'Europe. Il faut choisir un pays où existe encore aujourd'hui le *phénomène glaciaire*, et prouver que ce phénomène, aujourd'hui localisé dans ces contrées, s'est étendu, pendant les temps géologiques, à des espaces infiniment plus vastes. Nous choisirons pour exemple les glaciers des Alpes. Nous allons montrer que les glaciers de la

---

1. In-8. Neufchâtel, 1840.

Suisse et de la Savoie n'ont pas toujours été circonscrits dans leurs limites actuelles ; qu'ils ne sont, pour ainsi dire, que les miniatures des gigantesques glaciers des temps passés, et que les *mers de glace*, comme on les nomme aujourd'hui, s'étendaient jadis dans toutes les grandes plaines qui partent du pied de la chaîne des Alpes.

Pour établir ces preuves, nous sommes obligé d'entrer dans quelques considérations sur les glaciers actuels, sur leur mode de formation et les phénomènes qui leur sont propres.

Les neiges qui, pendant tout le cours de l'année, tombent sur les montagnes, ne fondent point, mais se maintiennent à l'état solide quand ces montagnes dépassent la hauteur d'environ 3000 mètres. Lorsque ces neiges sont accumulées, par grandes épaisseurs, dans des vallées ou dans de profondes anfractuosités du sol, elles durcissent, et sous l'influence de la pression résultant de leur poids, par suite de l'introduction, à travers leur substance, d'une certaine quantité d'eau provenant de la fusion momentanée des couches superficielles, elles se transforment en une masse cristalline, à structure grenue, que les naturalistes suisses désignent sous le nom de *névé*. Des fusions et des congélations successives, provoquées par la chaleur du jour et le froid de la nuit, l'infiltration de l'air et de l'eau dans ses interstices, transforment plus tard ce *névé* en une glace homogène et azurée, remplie d'une infinité de petites bulles d'air : c'est ce que l'on nommait autrefois *glace bulleuse*. Enfin, ces masses se congelant d'une manière plus complète, l'eau vient remplacer les bulles d'air. Alors la transformation est achevée : la glace est homogène, et elle présente ces belles teintes d'azur que ne se lasse pas d'admirer le touriste qui parcourt les magnifiques glaciers de la Suisse et de la Savoie.

Telle est l'origine, tel est le mode de formation des glaciers des Alpes, dont le pied descend quelquefois jusqu'à de grands villages, comme ceux de Chamonix, en Savoie, de Cormayeur, de Grindelwald, en Suisse.

Une propriété remarquable des glaciers c'est d'avoir, dans le sens de leur pente générale, un mouvement de translation qui leur fait parcourir annuellement une distance notable. Le glacier de l'Aar, par exemple, avance de 71 mètres chaque année.

Sous l'influence de la pente, du poids de la masse de glace, et de la fusion de sa partie qui touche le sol, le glacier tend toujours à avancer; mais par l'effet de la température ambiante, son extrémité antérieure fondant rapidement, il tend à reculer. C'est la différence entre ces deux actions qui constitue le mouvement progressif réel du glacier.

Le frottement que le glacier exerce sur son fond et sur ses parois doit nécessairement laisser des traces sur les roches avec lesquelles il se trouve en contact. Sur tout le passage d'un glacier, on remarque, en effet, que les roches sont polies, nivelées, arrondies et, comme on dit, *moutonnées*. Ces roches présentent, en outre, des stries dirigées dans le sens de la marche du glacier, et qui résultent d'un véritable burinage produit sur leurs parois précédemment polies, par des fragments anguleux et durs enchâssés dans la glace, à peu près comme le diamant du vitrier est fixé au bout de l'instrument qui sert à rayer le verre. La planche 306 représente l'état des roches polies, usées, moutonnées par la pression et le passage d'un glacier.

Dans un travail que nous aurons à citer plusieurs fois, M. Ch. Martins explique comme il suit le mécanisme physique par lequel les roches granitiques, entraînées dans le mouvement de progression des glaciers, ont rayé, strié, moutonné les roches moins dures, que le glacier a rencontrées pendant son mouvement de progression; comment, enfin, elles ont dénudé le terrain que leur masse a longtemps pressé sous son poids.

« Le frottement que le glacier exerce sur son fond et sur ses parois est trop considérable, dit M. Ch. Martins, pour ne pas laisser de traces sur les roches avec lesquelles il se trouve en contact; mais son action est différente suivant la nature minéralogique de ces roches et la configuration du lit qu'il occupe. Si l'on pénètre entre le sol et la surface inférieure du glacier, en profitant des cavernes de glace qui s'ouvrent quelquefois sur ses bords ou à son extrémité, on rampe sur une couche de cailloux et de sable fin imprégnés d'eau. Si l'on enlève cette couche, on reconnaît que la roche sous-jacente est nivelée, polie, usée par le frottement et recouverte de stries rectilignes ressemblant tantôt à de petits sillons, plus souvent à des rayures parfaitement droites qui auraient été gravées à l'aide d'un burin ou même d'une aiguille très-fine. Le mécanisme par lequel ces stries ont été gravées est celui que l'industrie emploie pour polir les pierres ou les métaux. A l'aide d'une poudre fine appelée *émeri*, on frotte la surface métallique et on lui

Fig. 306. Roches polies, striées et moutonnées par le passage d'anciens glaciers.

donne un éclat qui provient de la réflexion de la lumière par une infinité de petites stries extrêmement ténues. La couche de cailloux et de boue interposée entre le glacier et le roc subjacent, voilà l'émeri. Le roc est la surface métallique, et la masse du glacier, qui presse et déplace la couche de boue en descendant continuellement vers la plaine, représente l'action de la main du polisseur. Aussi les stries dont nous parlons sont-elles toujours dirigées dans le sens de la marche du glacier; mais, comme celui-ci est sujet à de petites déviations latérales, les stries se croisent quelquefois en formant entre elles des angles très-petits. Si l'on examine les roches qui bordent le glacier, on retrouve les mêmes stries burinées sur les parties qui ont été en contact avec la masse congelée. Souvent j'ai pris plaisir à briser la glace qui pressait le rocher, et sous cette glace je trouvais des surfaces polies et couvertes de stries. Les cailloux et les grains de sable qui les avaient gravées étaient encore enchâssés dans le glacier comme le diamant du vitrier est fixé au bout de l'instrument qui lui sert à rayer le verre.

« La netteté et la profondeur des stries dépendent de plusieurs circonstances; si la roche en place est calcaire, et que l'émeri se compose de cailloux et de sable provenant de roches plus dures, telles que le gneiss, le granit ou la protogine, les stries seront très-marquées. C'est ce que l'on peut vérifier au pied des glaciers de Rosenlaui et de Grindelwald dans le canton de Berne. Au contraire, si la roche est gneissique, granitique ou serpentineuse, c'est-à-dire très-dure, les stries seront moins profondes et moins marquées, comme on peut s'en assurer aux glaciers de l'Aar, de Zermatt et de Chamonix. Le poli sera le même dans les deux cas, et il est souvent aussi parfait que celui des marbres qui ornent nos édifices.

« Les stries gravées sur les rochers qui contiennent ces glaciers sont, en général, horizontales ou parallèles à sa surface. Toutefois, aux rétrécissements des vallées, ces stries se redressent et se rapprochent de la verticale. Il ne faut point s'en étonner. Forcé de franchir un détroit, le glacier se relève sur ses bords et remonte le long des flancs de la montagne qui lui barre le passage. C'est ce qu'on voit admirablement près des chalets de la Stieregg, étroit défilé que le glacier inférieur de Grindelwald est obligé de franchir avant de s'épancher dans la vallée de même nom. Sur la rive droite du glacier, les stries sont inclinées de 45° à l'horizon; sur la rive gauche, celui-ci s'élève quelquefois jusqu'aux forêts voisines, et entraîne de grosses mottes de terre chargées de touffes de rhododendrons et de bouquets d'aunes, de bouleaux et de sapins. Les roches tendres ou feuilletées sont brisées et démolies par la force prodigieuse du glacier. Les roches dures lui résistent; mais la surface de ces roches, aplanie, usée, polie et striée, témoigne assez de l'énorme pression qu'elles ont eu à supporter. C'est ainsi qu'au glacier de l'Aar, le pied du promontoire sur lequel s'élève le pavillon de M. Agassiz est poli sur une grande hauteur, et sur la face tournée vers le haut de la vallée j'ai observé des stries inclinées de 64°. La glace redressée contre cet escarpement semblait vouloir l'escalader; mais le roc de granit tenait bon, et le glacier était obligé de la contourner lentement.

« En résumé, la pression considérable d'un glacier, jointe à son mouvement de progression, agit à la fois sur le fond et sur les flancs de la vallée qu'il parcourt. Il polit tous les rochers assez résistants pour n'être pas démolis par lui, et leur imprime souvent une forme particulière et caractéristique. En détruisant toutes les aspérités de ces rochers, il en nivelle la surface et les arrondit en amont, tandis qu'en aval ils conservent quelquefois leurs formes abruptes, inégales et raboteuses. On comprend, en effet, que l'effort du glacier porte principalement sur le côté tourné vers le cirque d'où il descend, de même que les piles d'un pont sont plus fortement endommagées en amont qu'en aval par les glaçons que le fleuve charrie pendant l'hiver. Vu de loin, un groupe de rochers ainsi arrondis rappelle l'aspect d'un troupeau de moutons; de là le nom de *roches moutonnées* que de Saussure leur a donné et qui leur est resté [1]. »

Mais il est un autre phénomène qui joue un grand rôle dans l'histoire des glaciers actuels, et de ceux qui couvraient autrefois la Suisse : nous voulons parler des fragments, souvent énormes, de rochers que les glaciers transportent et entraînent dans leur mouvement de progression.

Les cimes des Alpes sont exposées à des dégradations continuelles. Formées de roches granitiques, roches éminemment altérables par l'action de l'air et de l'eau, elles se désagrégent, et tombent souvent en morceaux plus ou moins volumineux.

« Les masses de neige, dit M. Ch. Martins, qui pèsent sur les Alpes pendant l'hiver, la pluie qui s'infiltre entre leurs couches pendant l'été, l'action subite des eaux torrentielles, celle plus lente, mais plus puissante encore, des affinités chimiques, dégradent, désagrègent et décomposent les roches les plus dures. Leurs débris tombent des sommets dans les cirques occupés par les glaciers, sous forme d'éboulements considérables, accompagnés d'un bruit effrayant et de grands nuages de poussière. Même au cœur de l'été, j'ai vu ces avalanches de pierre se précipiter du haut des cimes du Schreckhorn, et former sur la neige immaculée une longue traînée noire composée de blocs énormes et d'un nombre immense de fragments plus petits. Au printemps, une fonte rapide de neiges de l'hiver engendre souvent des torrents accidentels d'une violence extrême. Si la fusion est lente, l'eau s'insinue dans les moindres fissures des rochers, s'y congèle et fend les masses les plus réfractaires. Les blocs détachés des montagnes ont quelquefois des dimensions gigantesques ; on en trouve dont la longueur atteint 20 mètres, et ceux qui mesurent 10 mètres dans tous les sens ne sont pas rares dans les Alpes [2]. »

1. *Revue des Deux-Mondes*, 1er mars 1847, p. 925 et suivantes.
2. *Idem*, 1er mars 1847, p. 927.

Fig. 307. Glacier actuel de la Suisse.

Ainsi, l'action des infiltrations aqueuses, suivies de la gelée, la décomposition chimique que subit le granit sous l'influence de l'air humide, dégradent, désagrégent les roches qui constituent les montagnes encaissantes des glaciers. Des blocs, de dimensions quelquefois considérables, tombent souvent au pied de ces montagnes, à la surface du glacier. S'il était immobile, ces débris s'accumuleraient à sa base, et y formeraient un amas de ruines et de débris amoncelés sans ordre; mais la progression, le déplacement continuel du glacier, amène dans la distribution de ces blocs un certain arrangement. Les blocs tombés sur ses bords participent à son mouvement et marchent avec lui. Mais d'autres éboulements arrivent, pour ainsi dire, chaque jour; dès lors ces nouveaux débris se mettent à la suite des premiers, et tous, réunis, forment une file de matériaux qui longent le bord du glacier. Ces traînées régulières de rochers portent le nom de *moraines*. Quand les rochers tombent sur les deux bords du glacier, provenant alors des deux montagnes qui encaissent ce glacier, il y a deux traînées ou deux files parallèles de débris : on nomme cette double traînée *moraines latérales*. Il y a aussi des *moraines médianes* qui se forment lorsque deux glaciers viennent à confluer de manière que la moraine latérale droite de l'un s'adosse à la moraine latérale gauche de l'autre Enfin, il y a des moraines *frontales* ou *terminales* qui ne reposent pas sur les glaciers, mais au devant d'eux sur le fond des vallées et qui sont dues à l'accumulation des blocs tombés de l'escarpement terminal du glacier et arrêtés par un obstacle.

La figure 307 représente un glacier de la Suisse actuelle. On y voit réunies les particularités physiques et géologiques propres à ces masses énormes d'eaux congelées, les moraines y sont *latérales*, c'est-à-dire formées d'une double file de matériaux.

Transportés lentement à la surface du glacier, tous les blocs des moraines superficielles et terminales conservent sans altération leurs formes originelles; le tranchant de leurs arêtes n'est jamais altéré par ce transport doux et presque insensible. Les agents atmosphériques pourraient seuls entamer ou détruire ces roches. Les blocs formés de roches dures et résistantes conservent donc, à peu de chose près, la forme et le volume qu'ils avaient après leur chute à la surface du glacier. Mais il n'en est pas de même des blocs et des débris enclavés entre la roche et le glacier, soit sur son fond, soit sur ses parois latérales. Quelques-uns, sous l'action puissante et continue de ce gigantesque laminoir, se réduisent en un impalpable limon ; d'autres sont taillés en facettes ; d'autres sont arrondis et présentent une foule de stries entre-croisées dans tous les sens. Ces cailloux striés ont une grande importance pour l'étude de l'ancienne extension des glaciers : ils témoignent, là où on les rencontre, de l'existence de glaciers antérieurs ; car le glacier façonne, use, strie les cailloux, tandis que l'eau ne les strie pas : elle les polit, elle les arrondit, elle en efface même les stries naturelles.

Ainsi, les blocs volumineux transportés à de grandes distances de leur véritable gisement géologique, c'est-à-dire les *blocs erratiques*, selon le terme consacré, les surfaces polies et striées, les éminences moutonnées, les *moraines*, enfin les cailloux usés, polis, taillés à fossettes, sont des traces physiques des glaciers en mouvement, et leur présence seule donne au naturaliste la preuve suffisante qu'un glacier a autrefois existé dans les lieux où on les rencontre.

Le lecteur comprendra maintenant comment on peut, de nos jours, reconnaître l'existence d'anciens glaciers dans les différents lieux du monde. Partout où l'on trouvera à la fois des *blocs erratiques* et des *moraines*, partout où l'on observera en même temps des traces consistant en roches polies et striées dans le même sens, on pourra prononcer avec certitude sur l'existence d'un glacier pendant les temps géologiques. Prenons quelques exemples.

Dans les Alpes, à Pravolta, en se dirigeant vers le mont *Santo-Prime*, on trouve, sur un terrain calcaire, le bloc granitique que nous représentons dans la figure 308. Ce bloc erratique existe, avec des milliers d'autres, sur les pentes de la montagne. Il a environ 18 mètres de long, 12 de large et 8 de hauteur. Ses arêtes ne sont nullement endommagées. Des stries parallèles se remarquent le long des roches environnantes. Tout cela démontre avec évidence qu'un glacier se prolongeait autrefois dans cette partie des Alpes, où l'on n'en voit plus aujourd'hui. C'est donc un glacier qui, dans son mouvement de progression, a porté et déposé là cet énorme fardeau.

Fig. 308. Bloc erratique des Alpes.

Dans les montagnes du Jura, sur la colline de Fourvières, à Lyon, éminence calcaire, on trouve des blocs de granit, évidemment détachés des Alpes, et qui ont été charriés jusque-là par les glaciers de la Suisse.

La figure 309 met en évidence le mode de transport et de dépôt de ces blocs. A représente le sommet des Alpes; B, les montagnes du Jura, ou la colline de Fourvières, à Lyon. Aux temps géologiques, le glacier ABC s'étendait depuis les Alpes jusqu'à la montagne B. Les débris granitiques qui se détachaient des montagnes alpines tombaient à la surface du glacier. Le mouvement de progression de ce glacier transporta ces blocs jusqu'à la sommité B. Plus tard, quand la température du globe

s'est relevée, et que les glaces se sont fondues, les blocs DE ont
été tranquillement déposés dans les lieux où on les trouve, sans
qu'ils aient eu à souffrir la moindre atteinte, le moindre choc,
dans ce singulier transport.

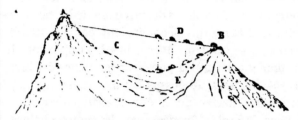

Fig. 309. Transport et dépôt des blocs granitiques par les glaciers.

On trouve aujourd'hui les traces très-reconnaissables des
anciens glaciers des Alpes fort loin de leurs limites actuelles.
Des amas de débris de toutes grosseurs, comprenant des blocs
à angles tranchants, se trouvent dans les plaines de la Suisse.
On voit souvent des blocs *perchés* sur des points des Alpes
situés bien au-dessus des glaciers actuels, ou dispersés dans
toute la plaine qui sépare les Alpes du Jura, ou même reposant, dans un équilibre incroyable, vu leur grande masse, à
une hauteur considérable sur le flanc oriental de cette chaîne
de montagnes. C'est à l'aide de ces indices que le géologue a
pu retrouver, jusqu'à des distances extrêmement éloignées, les
traces des anciens glaciers des Alpes, les suivre dans tout leur
parcours, fixer leur point d'origine et leur point d'arrêt. C'est
ainsi qu'on a constaté que l'humble mont de Sion, renflement
mollassique situé au sud de Genève, était le point où venaient
converger trois grands glaciers antédiluviens : celui du Rhône,
qui remplissait tout le bassin du Léman, ou lac de Genève ;
celui de l'Isère, qui débouchait par les lacs d'Annecy et du
Bourget ; et celui de l'Arve, qui avait pour berceau la vallée de
Chamonix.

Voici d'après M. G. de Mortillet, qui a étudié avec grand soin
cette question géologique, quelle était l'étendue et la situation
des anciens glaciers des Alpes.

Sur le versant septentrional existait le *glacier du Rhin*, qui
occupait tout le bassin du lac de Constance et s'étendait jusque

sur les parties limitrophes de l'Allemagne ; — celui de la *Linth*, qui s'arrêtait à l'extrémité du lac de Zurich : cette ville est bâtie sur sa moraine terminale ; — celui de la *Reuss*, qui a couvert le lac des quatre cantons de blocs arrachés aux cimes du Saint-Gothard ; — celui de l'*Aar*, dont les dernières moraines couronnent les collines des environs de Berne ; — celui de l'*Arve* ; celui de l'*Isère*, qui débouchaient par les lacs d'Annecy et du Bourget ; — celui du *Rhône*, le plus important de tous. C'est ce dernier glacier qui a porté sur les flancs du Jura, à la hauteur de 1040 mètres au-dessus du niveau de la mer, les *blocs erratiques*. Le glacier du Rhône prenait naissance dans toutes les vallées latérales formées par les deux chaînes parallèles du Valais. Il remplissait le Valais et s'étendait dans la plaine comprise entre les Alpes et le Jura, depuis le fort de l'Écluse, près de la perte du Rhône, jusque dans les environs d'Aarau.

Les débris de roches transportés par la mer de glace qui occupait toute la plaine suisse, prenaient, vers le nord, la direction de la vallée du Rhin. Du côté opposé, le glacier du Rhône, après avoir atteint la plaine suisse, obliquait vers le sud, recevait le glacier de l'Arve, puis celui de l'Isère, passait entre le Jura et les montagnes de la Grande-Chartreuse, recouvrait la Bresse, presque tout le Dauphiné, et venait se terminer aux environs de Lyon.

Sur le versant méridional des Alpes, les anciens glaciers, d'après la carte qui en a été dressée par M. G. de Mortillet, occupaient toutes les grandes vallées, à partir de celle de la Doire, à l'ouest, jusqu'à celle du Tagliamento, à l'est.

« Le glacier de la *Doire*, dit M. de Mortillet, dont nous abrégeons beaucoup le texte, débouchait dans la vallée du Pô, tout près de Turin. Celui de la *Doire-Baltée* débouchait dans la plaine d'Ivrée, où il a laissé un magnifique hémicycle de collines qui formaient sa moraine terminale. Celui de la *Toce* venait se heurter dans le bassin du lac Majeur, contre le glacier du Tessin, et se jetait dans la vallée du lac d'Orta, à l'extrémité méridionale duquel se trouvent ses moraines terminales. Celui du *Tessin* remplissait le bassin du lac Majeur et s'étalait entre Hugano et Varèse. Celui de l'*Adda* remplissait le bassin du lac de Côme et venait s'étaler entre Mendrizio et Lecco, en décrivant un vaste demi-cercle. Celui de l'*Oglio* se terminait un peu au delà du lac d'Ireo. Celui de l'*Adige*, ne pouvant continuer son trajet par Roveredo, où la vallée devient très-étroite, allait remplir l'immense bassin du lac de Garde : à Novi, il a laissé une magnifique moraine dont le Dante a parlé dans son *Inferno*. Celui de la *Brenta* s'étendait sur le plateau de cette commune. La *Drave* et le *Tagliamento* avaient aussi leurs glaciers. Enfin, les glaciers occupaient toutes les vallées des Alpes autrichiennes et bavaroises [1]. »

On trouve dans plusieurs autres contrées de l'Europe, des traces de l'existence d'anciens glaciers. Les Pyrénées, la Corse, le Jura, les Vosges, etc., ont été positivement occupés pendant les temps géologiques, par ces vastes plaines de glace. Le glacier de la Moselle était le plus considérable des Vosges : recevant de nombreux affluents, il avait 36 kilomètres de long et 2 kilomètres de large ; sa moraine frontale, la plus inférieure qui est située un peu au-dessous de Remiremont, n'a pas moins de 2 kilomètres de longueur.

Le phénomène d'extension des glaciers, que nous venons d'étudier dans les Alpes, ne s'est pas produit seulement dans le centre de l'Europe. Les mêmes traces de leur extension s'observent dans tout le nord de l'Europe, dans la Russie, la Prusse, l'Angleterre, une partie de l'Allemagne. On trouve en Angleterre des blocs granitiques qui proviennent des montagnes de la Norvége. Évidemment, ces blocs sont descendus le long d'un glacier qui s'étendait du pôle nord de l'Europe jusqu'à l'Angleterre. Ils ont, de cette manière, franchi la mer Baltique et la mer du Nord. En Prusse, les mêmes traces sont appréciables.

Ainsi, pendant l'époque quaternaire, les glaciers, aujourd'hui limités aux régions polaires, ou aux lieux montagneux d'une altitude considérable, descendaient fort loin de leurs limites actuelles ; leurs nappes immenses et uniformes, vaste linceul de la vie organique, atteignaient alors jusqu'au milieu de l'Europe.

Ce qui s'est produit dans notre hémisphère, s'est produit d'une manière plus grandiose encore en Amérique. Le phénomène glaciaire paraît même avoir pris, dans cette partie du monde, une extension et une gravité bien supérieures à ce qui s'est passé en Europe. Mais nous n'insisterons pas sur ce phénomène, c'est-à-dire la période glaciaire considérée en Amé-

1. *Carte des anciens glaciers des Alpes*, in-8°, 1860, pages 8-10.

rique, car nous nous faisons une loi, dans cet ouvrage, de limi-
ter les considérations et l'analyse des faits à l'Europe, le seul
pays qui ait encore été jusqu'à ce jour sérieusement exploré
par les géologues.

Pour expliquer l'existence permanente de ce manteau de
glace qui recouvrait des contrées aujourd'hui florissantes, il
n'est pas d'ailleurs nécessaire de faire intervenir l'hypothèse
d'un froid extraordinaire. Un abaissement de quelques degrés
de la température moyenne du lieu a pu suffire à produire
cet effet général. Voici comment s'exprime, à ce sujet, M. Ch.
Martins :

« La température moyenne de Genève est de 9°,5. Sur les montagnes environnantes, la limite des neiges perpétuelles doit se trouver à 2700 mètres au-dessus de la mer. Les grands glaciers de la vallée de Chamonix
descendent à 1550 mètres au-dessous de cette ligne. Cela posé, supposons que la température moyenne de Genève s'abaisse de 4° seulement
et devienne par conséquent 5°,5. Le décroissement de la température
avec la hauteur étant de 1° pour 188 mètres, la limite des neiges éternelles s'abaissera de 750 mètres et ne sera plus qu'à 1955 mètres au-
dessus de la mer. On accordera sans difficulté que les glaciers de Chamonix descendraient au-dessous de cette nouvelle limite d'une quantité
au moins égale à celle qui existe entre la limite actuelle et leur extrémité
inférieure. Or, actuellement le pied de ces glaciers est à 1150 mètres
au-dessus de l'Océan ; avec un climat plus froid de 4°, il sera de
750 mètres plus bas, c'est-à-dire au niveau de la plaine suisse. Ainsi
donc, l'abaissement de la ligne des neiges éternelles suffirait pour faire
descendre le glacier de l'Arve jusqu'aux environs de Genève.... Le climat qui a favorisé le développement prodigieux des glaciers n'a rien
dont nous ne puissions nous faire une idée fort exacte ; c'est le climat
d'Upsal, de Stockholm, de Christiania et de la partie septentrionale de
l'Amérique dans l'État de New-York.... Diminuer de 4 degrés la température moyenne d'une contrée pour expliquer une des plus grandes révolutions du globe est à coup sûr une des hypothèses les moins hardies
que la géologie se soit permises [1]. »

En prouvant que les glaciers ont couvert pendant un certain
temps une partie de l'Europe, qu'ils se sont étendus depuis le
pôle nord jusqu'au nord de l'Italie et au Danube, nous avons
suffisamment établi la réalité de cette *période glaciaire*, qu'il faut
considérer comme un épisode curieux, autant que certain, de

1. *Carte des anciens glaciers des Alpes*, in-8°, page 94.

l'histoire de la terre. Une telle masse de glaces ne pouvait couvrir le sol sans que la température de l'air fût abaissée au moins de quelques degrés au-dessous de 0°. Mais la vie organique est incompatible avec une telle température. C'est donc à cette cause qu'il faut attribuer la disparition de quelques espèces animales et végétales, et en particulier la mort des rhinocéros et des éléphants, qui, avant ce subit et extraordinaire refroidissement du globe, paraissaient s'être confinés, par bandes immenses, dans l'Europe septentrionale, dans cette Sibérie, où l'on trouve aujourd'hui de si prodigieuses quantités de leurs restes.

Le fait que nous avons raconté de la découverte des cadavres entiers de rhinocéros et d'éléphants, encore couverts de leurs poils et garnis de leurs chairs, vient à l'appui de l'hypothèse que nous venons de développer de l'existence d'une période glaciaire. Cuvier a dit, en parlant des cadavres de ces quadrupèdes, que la glace a saisis et qui se sont conservés jusqu'à nos jours, avec leur peau, leurs poils et leurs chairs :

« S'ils n'eussent été gelés aussitôt que tués, la putréfaction les aurait décomposés. Et d'un autre côté, cette gelée éternelle n'occupait pas auparavant les lieux où ils ont été saisis, car ils n'auraient pas pu vivre sous une pareille température. C'est donc le même instant qui a fait périr ces animaux et qui a rendu glacial le pays qu'ils habitaient. Cet événement a été subit, instantané, sans aucune gradation[1]. »

Comment expliquer la *période glaciaire?* A quelle cause attribuer ce refroidissement subit d'une partie de l'Europe, suivi d'un prompt retour à la température normale? Aucune explication plausible n'a pu, nous le répétons, être donnée de cet événement étrange. Dans les sciences il ne faut jamais craindre de dire : *Je ne sais pas.*

1. *Ossements fossiles. Discours sur les révolutions du globe*

LA CRÉATION DE L'HOMME

ET LE DÉLUGE ASIATIQUE.

C'est après la période glaciaire que naquit le genre humain. D'où venait-il?

Il venait d'où était venu le premier brin d'herbe qui apparut sur les roches brûlantes des mers siluriennes; d'où étaient venues les différentes races d'animaux qui se sont remplacées sur le globe, en s'élevant sans cesse dans l'échelle de la perfection. Il émanait de la volonté suprême de l'auteur des mondes qui composent l'univers.

La terre a traversé bien des phases depuis l'instant où, selon l'expression des livres saints, « elle était informe et toute nue; où les ténèbres couvraient la face de l'abîme; où l'esprit de Dieu était porté sur les eaux. » Nous avons parcouru toutes ces phases; nous avons vu notre globe, nageant dans l'espace, à l'état de nébulosité gazeuse, se condenser en liquide, et commencer à se solidifier à sa surface. Nous avons présenté le tableau des agitations intestines, des bouleversements, des dislocations partielles que la terre subissait, d'une manière non interrompue, lorsqu'elle ne pouvait résister encore à l'impulsion des vagues de la mer enflammée qu'emprisonnait sa frêle écorce. Nous avons vu cette enveloppe se consolider, et les cataclysmes géologiques perdre de leur gravité et de leur fréquence, à mesure que cette croûte solide augmentait d'épaisseur. Nous avons assisté à l'œuvre de la création organique. Nous avons vu la vie apparaissant sur le globe, animer les premières plantes et les premiers animaux. Nous avons vu cette création organique se multiplier, se compliquer, se perfectionner constamment, à mesure que nous avancions dans les phases progressives de l'histoire du globe.

Nous arrivons à la plus grande époque de cette histoire, au couronnement de l'édifice.

A la fin de l'époque tertiaire, les continents et les mers avaient pris les limites respectives qu'elles présentent aujourd'hui. Les bouleversements du sol, les fractures du globe et les éruptions volcaniques qui en sont la conséquence, ne s'exerçaient qu'à de rares intervalles, n'occasionnant que des désastres restreints et locaux. L'atmosphère était d'une sérénité parfaite. Les fleuves et les rivières coulaient entre des rives tranquilles. La nature animée était celle de nos jours. Une végétation abondante, diversifiée par l'existence, désormais acquise, des climats, embellissait la terre. Une multitude d'animaux peuplaient les eaux, les continents et les airs. Cependant l'œuvre de la création n'était pas achevée. Il manquait un être capable de comprendre ces merveilles et d'admirer cette œuvre sublime; il manquait une âme pour adorer et remercier le Créateur.

Dieu créa l'homme.

Qu'est-ce que l'homme?

On pourrait dire que l'homme est un être intelligent et moral. Mais ce ne serait donner qu'une idée incomplète de sa nature. Franklin a dit que l'homme est celui qui sait se fabriquer des outils. C'est reproduire une partie de la première définition, en la rabaissant. Aristote avait appelé l'homme « l'être sage » (ζῶον πολιτικόν). Linné, dans son *Système de la nature*, après avoir donné à l'homme le nom de *sage* (*homo sapiens*), a écrit, après ce nom générique, ces mots profonds : *nosce te ipsum*.

Un naturaliste moderne, Isidore Geoffroy Saint-Hilaire, a dit après Linné : « La plante *vit*, l'animal *vit et sent*; l'homme *vit, sent et pense*[1]. » C'est l'animal qui est ici rabaissé. L'animal, en bien des occasions, pense, raisonne, délibère avec lui-même.

---

[1]. Voltaire avait déjà fait les mêmes rapprochements. « Le fabricateur éternel a donné aux hommes organisation, sentiment et intelligence; aux animaux sentiment et ce que nous appelons instinct; aux végétaux organisation seule Sa puissance agit donc continuellement sur ces trois règnes. » (Voltaire, édit. Palissot. Paris, 1792, tome XXXVI, p. 428. — *Dialogues et entretiens philosophiques*, Sophronime et Adelos.)

et agit en vertu d'une décision mûrement pesée[1]; il n'est donc pas réduit à la simple sensation.

Pour définir exactement l'être humain, nous croyons qu'il faut caractériser la nature et la portée de son intelligence. Dans certains cas, l'intelligence de l'animal atteint presque jusqu'à la nôtre; mais l'intelligence de l'homme est armée d'une faculté qui lui est propre, ce qui fait que Dieu, en le créant, a ajouté un degré entièrement nouveau à l'échelle ascendante des êtres animés. Cette faculté, spéciale au genre humain, c'est celle de l'*abstraction*.

Nous dirons donc que l'homme est un être *intelligent et doué de la faculté d'abstraire*.

C'est par la faculté de l'abstraction que l'homme s'est élevé à un degré inouï de puissance matérielle et morale. C'est par l'abstraction qu'il a soumis la terre à son empire et qu'il élève son âme aux plus sublimes contemplations. Grâce à la faculté d'abstraire, l'homme a conçu l'idéal et réalisé la poésie; il a conçu l'infini et créé les sciences mathématiques. Tel est l'immense degré qui sépare le genre humain des animaux, ce qui en fait un être à part et absolument nouveau sur le globe. Comprendre l'idéal et l'infini, créer la poésie et l'algèbre, voilà l'homme. Trouver et comprendre cette formule :

$$(a+b)^2 = a^2 + 2\,ab + b^2;$$

ou l'idée algébrique des quantités négatives, c'est le propre de l'homme.

C'est encore le caractère de l'être humain, d'exprimer et de comprendre des pensées comme celles qui vont suivre :

> J'étais seul près des flots, par une nuit d'étoiles :
> Pas un nuage aux cieux, sur les mers pas de voiles;
> Mes yeux plongeaient plus loin que le monde réel,
> Et les vents et les mers, et toute la nature
> Semblaient interroger, dans un confus murmure,
> Les flots des mers, les feux du ciel.

---

1. Voir les *Lettres* de George Leroy *sur les animaux*, les mémoires de Frédéric Cuvier sur *l'instinct et l'intelligence des animaux*, l'ouvrage de Lallemand sur *l'Éducation physique*, *l'Esprit des bêtes*, par Toussenel.

> Et les étoiles d'or, légions infinies,
> A voix haute, à voix basse, avec mille harmonies
> Disaient, en inclinant leur couronne de feu ;
> Et les flots bleus, que rien ne gouverne et n'arrête.
> Disaient, en recourbant l'écume de leur crête :
> C'est le Seigneur, le Seigneur Dieu[1] !

La *Mécanique céleste* de Laplace, et *les Orientales* de Victor Hugo, tels sont les fruits de la faculté de l'abstraction.

En 1800, on conduisit au médecin Pinel un être à demi sauvage, qui vivait dans les bois, grimpait dans les arbres, couchait sur les feuilles sèches, et se sauvait à l'approche des hommes. Des chasseurs l'avaient ramassé; il était sans voix et sans intelligence : on l'appelait le *petit sauvage de l'Aveyron*. Les savants de Paris disputèrent longtemps sur l'origine de cet étrange individu. Était-ce un singe? un homme sauvage?

Le docteur Itard, qui a publié une intéressante relation de l'histoire du *sauvage de l'Aveyron*, a écrit ce qui suit :

« Il descendait quelquefois seul dans le jardin des sourds-muets, et allait s'asseoir sur le bord du bassin; alors son balancement diminuait par degrés, son corps devenait tranquille; sa figure prenait bientôt un caractère prononcé de rêverie mélancolique; il demeurait ainsi des heures entières, regardant attentivement la surface de l'eau sur laquelle il jetait de temps en temps des brins de feuilles desséchées!... Lorsque, pendant la nuit et par un beau clair de lune, les rayons lumineux venaient à pénétrer dans sa chambre, il manquait rarement de se lever et de se placer devant la fenêtre : il restait là une partie de la nuit, debout, immobile, le cou tendu, les yeux fixés vers la campagne éclairée par la lune, livré à une sorte d'extase contemplative!... »

Cet être était certainement un homme. On n'a jamais observé, dans le singe le plus intelligent, ces manifestations rêveuses, cette vague conception de l'idéal, en d'autres termes, cette faculté d'abstraire, qui est le propre de l'humanité.

Pour annoncer dignement le nouvel habitant qui va remplir le globe de sa présence, celui qui vient admirer, comprendre, dominer et asservir la création, il ne faut rien moins que la langue antique et vénérée de Moïse, que Bossuet, dans son élo-

---

1. Victor Hugo, *les Orientales*.

quent langage, appelle « le plus ancien des historiens, le plus sublime des philosophes, le plus sage des législateurs. »

Écoutons en conséquence les paroles de Moïse, le prophète, le législateur inspiré :

> « L'Éternel dit ensuite : « Faisons l'homme à notre image et à notre
> « ressemblance, et qu'il commande aux poissons de la mer, aux oi-
> « seaux du ciel, aux bêtes, à toute la terre et à tous les reptiles qui se
> « meuvent sur la terre.... » Dieu créa donc l'homme à son image : il le
> créa à l'image de Dieu, et il les créa mâle et femelle....
> « Dieu vit toutes les choses qu'il avait faites , et qu'elles étaient très-
> bonnes. »

On a écrit des volumes sur la question de l'unité du genre humain, c'est-à-dire pour décider s'il y a eu plusieurs centres de création de l'homme, ou si la souche de notre espèce est unique. Cette question, comme toutes celles où font défaut les documents, les monuments physiques et les moyens d'induction matérielle, est scientifiquement insoluble [1]. Elle n'est que du ressort de l'instinct de chacun.

C'est en vertu de cette liberté d'appréciation individuelle, que nous considérons le genre humain comme ayant apparu pour la première fois, après le mystère éternellement impénétrable de son mode de création, dans les riches plaines de l'Asie, aux bords riants de l'Euphrate, comme l'enseignent les traditions des plus anciens peuples. C'est au milieu de cette nature riche et puissante, sous le climat brûlant, sous le ciel radieux de l'Asie, à l'ombre de ces masses luxuriantes de verdure qui embaumaient les airs de suaves parfums, que nous aimons à nous représenter le premier homme sorti du sein de Dieu et fait à son image.

Nous sommes loin, on le voit, de partager l'opinion des naturalistes qui se représentent l'homme, aux débuts de l'existence de son espèce, comme une sorte de singe, à la face hideuse, au corps poilu, habitant les cavernes comme les ours et les lions, et participant des instincts brutaux de ces animaux

---

1. On peut consulter cependant l'ouvrage de M. de Quatrefages, professeur d'anthropologie au Muséum d'histoire naturelle de Paris, *Unité de l'espèce humaine*, publié en 1861.

féroces. Sans doute l'homme primitif a traversé une période dans laquelle il a dû disputer sa vie aux bêtes féroces, et vivre en sauvage dans les bois ou les savanes où la Providence l'avait jeté. Mais cette période d'éducation n'a pas dû être longue, et l'homme, être éminemment social, a promptement trouvé dans sa réunion en groupes animés des mêmes désirs, rapprochés par les mêmes intérêts, le moyen de dompter les animaux, de triompher des éléments, de se préserver des périls innombrables qui le menaçaient, et de soumettre à son empire les autres habitants du sol.

« Les premiers hommes, dit Buffon, témoins des mouvements convulsifs de la terre, encore récents et très-fréquents, n'ayant que les montagnes pour asile contre les inondations, chassés souvent de ces mêmes asiles par le feu des volcans, tremblants sur une terre qui tremblait sous leurs pieds, nus d'esprit et de corps, exposés aux injures de tous les éléments, victimes de la fureur des animaux féroces, dont ils ne pouvaient éviter de devenir la proie; tous également pénétrés du sentiment commun d'une terreur funeste, tous également pressés par la nécessité, n'ont-ils pas très-promptement cherché à se réunir, d'abord pour se défendre par le nombre, ensuite pour s'aider à travailler de concert à se faire un domicile et des armes? Ils ont commencé par aiguiser en forme de hache, ces cailloux durs, ces jades, ces *pierres de foudre*, que l'on a cru tombées des nues, et formées par le tonnerre, et qui néanmoins ne sont que les premiers monuments de l'art de l'homme dans l'état de pure nature : il aura bientôt tiré du feu de ces mêmes cailloux, en les frappant les uns contre les autres; il aura saisi la flamme des volcans, ou profité du feu de leurs laves brûlantes pour le communiquer, pour se faire jour dans les forêts, les broussailles : car avec le secours de ce puissant élément, il a nettoyé, assaini, purifié les terrains qu'il voulait habiter; avec la hache de pierre, il a tranché, coupé les arbres, menuisé les bois, façonné ses armes et les instruments de première nécessité ; et, après s'être munis de massues et d'autres armes pesantes et défensives, ces premiers hommes n'ont-ils pas trouvé le moyen d'en faire d'offensives plus légères pour atteindre de loin un cerf? Un tendon d'animal, des fils d'aloès, ou l'écorce souple d'une plante ligneuse leur ont servi de corde pour réunir les deux extrémités d'une branche élastique dont ils ont fait leur arc; ils ont aiguisé d'autres petits cailloux pour en armer la flèche; bientôt ils auront eu des filets, des radeaux, des canots, et s'en sont tenus là tant qu'ils n'ont formé que de petites nations composées de quelques familles, ou plutôt de parents issus d'une même famille, comme nous le voyons encore aujourd'hui chez les sauvages qui veulent demeurer sauvages, et qui le peuvent, dans les lieux où l'espace libre ne leur manque pas plus que le gibier, le poisson et les fruits. Mais, dans tous ceux où l'espace s'est trouvé confiné par les eaux, ou resserré par

Fig. 310. Apparition de l'homme

les hautes montagnes, ces petites nations, devenues trop nombreuses, ont été forcées de partager leur terrain entre elles, et c'est de ce moment que la terre est devenue le domaine de l'homme ; il en a pris possession par ses travaux de culture, et l'attachement à la patrie a suivi de très-près les premiers actes de sa propriété ; l'intérêt particulier faisant partie de l'intérêt national, l'ordre, la police et les lois ont dû succéder, et la société prendre de la consistance et des forces [1]. »

Nous pensons, avec beaucoup de naturalistes, que la souche de l'humanité est unique, et que les diverses races humaines, les nègres et la race jaune, ne sont que le résultat de l'influence du climat sur l'organisme. Ce n'est point ici le lieu de développer cette vue, ce point important de l'ethnologie, que nous ne faisons qu'indiquer en passant.

La tradition qui place la naissance de l'homme aux bords de l'Euphrate, dans l'Asie centrale, est confirmée par un événement d'une haute importance dans l'histoire de l'humanité, et qu'une foule de traditions concordantes, conservées chez différents peuples, placent dans le même lieu. Nous voulons parler du déluge de l'Asie.

Le déluge asiatique, dont l'histoire sacrée nous a transmis une description parfaitement d'accord avec les résultats de la science moderne, fut provoqué par le soulèvement d'une partie de la longue chaîne de montagnes qui font suite au Caucase. La terre s'étant entr'ouverte par une de ces déchirures, résultat inévitable de son refroidissement, une éruption de matières volcaniques s'échappa de ce cratère immense. Des masses de vapeurs d'eau accompagnaient l'éruption des laves épanchées de l'intérieur du globe ; ces vapeurs, se condensant, retombèrent, et les plaines furent noyées sous ce volcan de boue. L'inondation des plaines dans un rayon très-étendu fut le résultat momentané de ce soulèvement ; la formation du mont Ararat en fut la conséquence permanente.

Écoutons le récit de cet événement donné, dans la Genèse, par l'historien sacré :

« L'année 600 de la vie de Noé, dit Moïse, le dix-septième jour du

1. *Époques de la nature*, tome XIIe de l'édition in-18 de l'Imprimerie royale. Paris, 1778, p. 322-325.

second mois de la même année, les sources du grand abîme des eaux furent rompues, et les cataractes du ciel furent ouvertes.

« Et la pluie tomba sur la terre pendant quarante jours et quarante nuits....

« Les eaux crûrent et grossirent prodigieusement au-dessus de la terre et toutes les plus hautes montagnes qui sont sous le ciel furent couvertes. L'eau ayant gagné le sommet des montagnes s'éleva encore de quinze coudées plus haut Toute chair qui se meut sur la terre en fut consumée ; tous les oiseaux, tous les animaux, toutes les bêtes et tout ce qui rampe sur la terre ; tous les hommes moururent et généralement tout ce qui a vie et respire sous le ciel.

« Toutes les créatures qui étaient sur la terre, depuis l'homme jusqu'aux bêtes, tant celles qui rampent que celles qui volent dans l'air, tout périt ; il ne demeura que Noé seul et ceux qui étaient avec lui dans l'arche.

« Et les eaux couvrirent toute la terre pendant cent cinquante jours. »

Toutes les particularités du récit biblique s'expliquent de la

Fig. 311. Mont Ararat.

manière la plus complète par l'éruption volcanique et boueuse qui précéda la formation du mont Ararat. Les eaux qui produi-

Fig. 312. Le déluge asiatique.

sirent l'inondation de ces contrées provenaient d'une éruption volcanique accompagnée d'énormes masses de vapeurs. Ces vapeurs, se condensant en eau, retombèrent sur la terre et inondèrent les plaines étendues qui partent aujourd'hui du pied de l'Ararat, immense gibbosité montagneuse que la figure 301 représente dans son état actuel.

Une expression du texte biblique mérite seule une explication : c'est le mot *toute la terre*; mais elle ne saurait être prise que comme une expression figurée et métaphorique. Un géologue à qui l'on doit un savant livre intitulé *la Cosmogonie de Moïse*, Marcel de Serres, a donné une explication parfaitement admissible de cette expression du texte sacré. Voici comment s'exprime cet auteur :

« Moïse ne dit pas que les eaux couvrirent *toute la terre*, mais seulement *la terre*; aussi paraît-il désigner uniquement les contrées alors peuplées. Le mot *haarets* a souvent cette signification, et par exemple dans le verset 10 du chapitre XII de la Genèse, on lit : «La famine étant « survenue dans le *pays habité* par Abram, Abram descendit en Égypte « pour y demeurer, car la famine était grande dans le *pays*. » (Note 85.)

« Évidemment, ici *haarets* ne signifie pas toute la terre, ni même une portion très-étendue de sa surface, mais seulement les *contrées* voisines de l'Égypte et de la Palestine.

« Il est divers passages de la Genèse relatifs au déluge, dans lesquels il est question de toute la terre. Ainsi dans le verset 3 du chapitre VII, Dieu dit à Noé de prendre sept couples des animaux ailés, afin que leur race soit conservée sur la terre.

« Quoique ce passage porte *super faciem universæ terræ*, il paraît ne comprendre que les contrées où ces animaux pouvaient vivre, c'est-à-dire les lieux habités.

« Le verset 19 du même chapitre VII serait plus concluant si on le prenait tout à fait à la lettre, car il semble établir l'universalité du déluge ; il porte : « Les eaux grossirent beaucoup sur la terre et couvrirent toutes les hautes montagnes qui sont sous le ciel. »

« Il est évident que si toutes les montagnes ont été couvertes par les eaux, le déluge a dû être universel. Mais Moïse n'a pu entendre par ces mots *toutes les montagnes*, que celles qu'il connaissait. Le nombre en était peu considérable; il se bornait aux contrées habitées à son époque; dès lors il devait faire allusion à elles seules, lorsqu'il parlait de la grandeur du déluge.

« Aussi plusieurs interprètes ont traduit ce passage, non d'une manière littérale, mais en restreignant les eaux du déluge aux contrées fréquentées par les hommes.

« Ainsi M. Glaire, dans la *Chrestomathie hébraïque* qu'il a mise à la

suite de sa *Grammaire*, a traduit ce passage dans ce sens : « Les eaux
« s'étaient si prodigieusement accrues, que les plus hautes montagnes
« du vaste horizon en furent couvertes, etc. » Cette traduction donne à
ce passage un sens moins étendu que la Vulgate, puisqu'elle restreint
aux montagnes bornées par l'horizon celles que les eaux couvrirent et
inondèrent.

« Si l'on a considéré le déluge comme universel, c'est qu'on a traduit
le mot hébreu *haarets* par toute la terre, quoique cette expression s'en-
tende dans un certain nombre de circonstances pour *pays*, *région*,
contrée. En voici encore un exemple : Le nom de l'un est Pison : c'est
celui qui entoure toute la terre d'Évilaton Havila.

« L'expression *haarets* ou *erets* est en effet employée dans ce sens
presque à chaque page de l'Écriture ; aussi, lorsque Moïse a dit que le
déluge inonda la terre, il n'a entendu désigner par là que la partie pour
lors habitée. Le chapitre XIII, verset 6, de la Genèse nous en fournit
lui-même la preuve. La terre, y est-il dit, ne pouvait plus contenir les
grands troupeaux de Loth et d'Abram, tant ils étaient considérables.
De même encore dans le chapitre XIII, verset 13, Dieu menace Noé de
détruire le genre humain, parce que la terre était remplie de violence.
Or, les hommes n'en habitaient pour lors qu'une petite partie ; cependant Dieu ajoute : Je vais détruire la terre. Il est donc ici uniquement question de la portion du globe qui était alors peuplée, et non
de la totalité.

« Enfin, le verset 54 du chapitre XLI dit que la famine régnait sur
toute la terre ; cependant il n'y a pas un interprète de la Bible qui ne
convienne qu'il faut borner cette expression et l'entendre d'une petite
portion de la terre. On trouve également dans les chapitres XI et XV du
Deutéronome, que la terreur du peuple juif s'était répandue chez toutes
les nations qui sont sous les cieux ; néanmoins cette généralité d'expression doit être limitée aux nations voisines de la Palestine. Il en est de
même de plusieurs autres passages de l'Exode.

« L'opinion qui n'admet pas l'universalité absolue du déluge n'ayant
pas été condamnée par l'Église, on peut l'adopter.

« Il n'est donc pas contraire ni au texte, ni à la foi, de considérer le
déluge comme n'ayant pas été universel. »

Rien n'empêche de voir dans le déluge asiatique, conformément au texte de la Genèse, un moyen dont Dieu se servit pour
châtier et punir la race humaine, alors au début de son existence, et qui s'écartait des voies qu'il lui avait tracées. Ce qui
paraît établi, c'est la naissance du genre humain dans les contrées qui partent du pied du Caucase, dans les lieux qui forment aujourd'hui une partie de la Perse ; et ce qui est certain, c'est le soulèvement d'une chaîne de montagnes, précédé
d'une éruption volcanique boueuse, qui noya les territoires,

entièrement composés dans ces régions de plaines d'une grande étendue.

Le déluge biblique est donc réel. Plusieurs peuples en ont, d'ailleurs, conservé la tradition.

Moïse le fait remonter à quinze ou dix-huit cents ans avant l'époque à laquelle il écrit.

Bérose, historien chaldéen qui écrivait à Babylone au temps d'Alexandre, a composé une histoire de Chaldée, dans laquelle il remontait jusqu'à la naissance du monde, et parlait du déluge universel, dont il plaçait l'époque immédiatement avant Bélus, père de Ninus.

Les *Védas*, ou livres sacrés des Indiens, qui ont été composés dans le même temps que la Genèse, il y a environ 3,300 ans, font remonter le déluge à 1,500 ans avant leur époque.

Les Guèbres parlent du même désastre comme ayant eu lieu à la même date.

Confucius, célèbre philosophe chinois, né vers l'an 551 avant Jésus-Christ, commence l'histoire de la Chine en parlant d'un empereur nommé Jas, et il représente cet empereur comme occupé à faire écouler les eaux qui, s'étant élevées *jusqu'au ciel, baignaient encore le pied des plus hautes montagnes*, couvraient les collines moins élevées et rendaient les plaines impraticables.

Ainsi, nous le répétons, le déluge biblique est réel ; seulement il fut local, comme tous les phénomènes de ce genre, et fut la conséquence du soulèvement des montagnes de l'Asie occidentale.

Un nouveau déluge, tout moderne et dont nous avons déjà dit quelques mots au commencement de ce livre, peut nous donner, d'ailleurs, une idée très-exacte de ces sortes de phénomènes. Nous rappellerons les circonstances qu'il a présentées, pour mieux faire comprendre la véritable nature du déluge de l'Asie.

A six journées de marche de la ville de Mexico, se trouvait, en 1759, une contrée fertile et bien cultivée, où croissaient en abondance le riz, le maïs et les bananes. Au mois de juin, d'effroyables tremblements de terre agitèrent le sol, et ces tremblements se renouvelèrent sans cesse pendant deux mois entiers. Dans la nuit du 28 ou 29 septembre, la terre eut une violente convulsion; un terrain de plusieurs lieues d'étendue se souleva peu à peu et finit par atteindre une hauteur de 500 pieds, sur une surface de 10 lieues carrées. Le terrain ondulait comme les vagues de la mer sous le souffle de la tem-

Fig. 313. Le volcan de Jorullo.

pète; des milliers de monticules s'élevaient et s'abîmaient tour à tour; enfin un gouffre de près de 3 lieues carrées d'ouverture s'ouvrit : de la fumée, du feu, des pierres embrasées et des cendres furent lancés à une hauteur prodigieuse. Six mon-

tagnes surgirent de ce gouffre béant, parmi lesquelles le volcan auquel on a donné le nom de *Jorullo* s'élève maintenant
à 550 mètres au-dessus de l'ancienne plaine.

La figure 313 représente le résultat actuel de ce soulèvement.

Au moment où commençait l'ébranlement du sol, *les deux
rivières Rio di Cuitimba et Rio San-Pedro, refluant en arrière,
inondèrent toute la plaine occupée aujourd'hui par le Jorullo;* mais
dans le terrain qui montait toujours, un gouffre s'ouvrit et les
engloutit. Elles reparurent à l'ouest, sur un point très-éloigné
de leur ancien lit.

Cette inondation ne peut-elle nous rappeler les phénomènes
du déluge de Noé ?

Terrain quaternaire. — Outre les dépôts résultant des déluges
partiels que nous avons signalés en Europe et en Asie, il s'est
produit, pendant l'époque quaternaire, un certain nombre de
terrains par suite des dépôts des mers et des atterrissements
des fleuves. Ils sont, toutefois, peu nombreux et très-dissémi-
nés. Ces terrains, stratifiés aussi régulièrement que ceux qui
appartiennent aux époques antérieures, se distinguent de ceux
de l'époque tertiaire, avec lesquels on pourrait quelquefois les
confondre, par leur situation le plus souvent sur le littoral des
mers et par la prédominance des espèces de coquilles identiques
avec celles qui vivent actuellement dans les mers voisines.

Une formation marine qui, après avoir constitué les côtes de
la Sicile, principalement du côté de Girgenti, de Syracuse, de
Catane et de Palerme, occupe le centre de l'île et s'y élève à des
hauteurs atteignant jusqu'à 900 mètres, est le plus remarquable
des grands dépôts quaternaires européens. Elle se compose de
deux assises principales : l'inférieure consiste en argiles ou
marnes bleuâtres; l'autre est composée de calcaires grossiers ou
compactes. Toutes deux renferment des coquilles analogues à
celles de la Méditerranée.

On retrouve ce même terrain dans les îles voisines, particulièrement en Sardaigne et à Malte.

Le terrain des pampas de l'Amérique méridionale, qui consiste en une terre argileuse d'un brun rouge foncé, avec lits horizontaux de concrétions marneuses et de tuf calcarifère, et re-

cèle des coquilles actuellement vivantes dans l'Atlantique ou
identiques aux coquilles d'eau douce de la contrée, doit être
considéré comme un dépôt quaternaire plus étendu encore que
le premier.

On place aussi dans cette même catégorie les sables des déserts
de l'Afrique, le terrain argilo-sableux des steppes de la Russie
orientale, et le terreau noir, fertile, des plaines méridionales
du même empire.

Quant aux sédiments littoraux qu'on rapporte à l'époque quaternaire, ils sont très-restreints, mais fort répandus. On les
trouve sur la côte occidentale de la Norvége, sur les côtes de
l'Angleterre, en France, sur le littoral de l'ancienne Guyenne, etc.

On rapporte aux dépôts quaternaires les travertins de la Tos-
cane, des environs de Naples et de Rome. Il en est de même des
tufs qui constituent essentiellement le sol napolitain.

LES

FORMATIONS ÉRUPTIVES

LES

FORMATIONS ÉRUPTIVES.

Rien n'est plus difficile qu'une histoire chronologique des évolutions et des changements que notre planète a subis depuis son origine jusqu'aux temps historiques. Les phénomènes, de nature fort diverse, qui ont concouru à façonner son énorme masse et à lui donner sa structure actuelle, se sont produits presque simultanément. Le dépôt des terrains sédimentaires a été constamment surpris, interrompu, entravé par de violents phénomènes d'éruption, par l'éjaculation à travers les couches sédimentaires, de roches ignées lancées de l'intérieur incandescent du globe. Dans ce trouble et ce pêle-mêle d'actions, un exposé historique rigoureusement chronologique devient impossible; dans cette continuelle complexité de phénomènes, on ne peut distinguer ce qui est fondamental de ce qui est accidentel et secondaire. Pour jeter quelque clarté sur cette matière ardue, nous avons partagé en deux parties les faits relatifs à la formation progressive du globe terrestre actuel. Nous avons commencé par faire l'histoire des terrains sédimentaires, que l'ancienne géologie appelait *terrains neptuniens*, afin de rappeler que ces terrains doivent leur origine aux dépôts laissés par les mers de l'ancien monde. Mais, après l'étude des *terrains neptuniens*, reste celle des *terrains plutoniens*, pour employer une expression scientifique déjà un peu surannée. Après avoir exposé la formation des terrains sédimentaires, nous avons donc à parler des *terrains ignés*, ou des *formations éruptives*, comme on les nomme aujourd'hui. La description de ce dernier et important ensemble de formations géologiques complétera la physionomie de notre planète.

Nous aurions pu faire l'histoire des formations éruptives, ainsi que celle des soulèvements des montagnes, aux époques mêmes de ces phénomènes, c'est-à-dire les rattacher aux époques de transition, secondaire et tertiaire. Mais cet exposé eût été trop fractionné et trop souvent interrompu; d'autre part, notre récit aurait perdu de son homogénéité et de sa rapidité. Nous avons cru être plus net et plus clair en groupant dans un dernier chapitre toutes les formations éruptives.

Les roches qui constituent les terrains éruptifs, et qui sont venues du centre de la terre, à l'état de fusion ignée, se trouvent mêlées ou intercalées avec les masses stratifiées de toutes les époques, et surtout des époques anciennes. Les terrains auxquels ces roches ont donné naissance présentent un double intérêt, d'abord parce qu'ils entrent dans la constitution de l'écorce terrestre, ensuite parce qu'ils ont imprimé au sol, lors de leur éruption, des traits caractéristiques de configuration et de structure.

D'après l'ordre historique de leur apparition, nous classerons les formations éruptives en trois groupes :

1° Les *éruptions granitiques*, les plus anciennes de toutes;

2° Les *éruptions porphyriques*, qui ont produit les porphyres et les roches trappéennes ;

3° Les *éruptions volcaniques*, qui ont donné la succession des trachytes, des basaltes et des laves modernes.

ÉRUPTIONS GRANITIQUES.

Les terrains provenant des éruptions granitiques comprennent les roches connues sous le nom de *granits*, *protogines* et *syénites*.

Le *granit* est, comme nous l'avons dit, composé de quartz, de feldspath et de mica; la *protogine* est essentiellement composée de talc et de feldspath, auxquels se joint souvent un peu de quartz comme élément accessoire; la *syénite* est composée de feldspath, d'amphibole et presque toujours d'un peu de quartz

Fig. 314. Injection du gneiss par des filons de granit (montagnes du cap Wrath, en Écosse).

Les éruptions de granit ont eu lieu surtout pendant les époques primitive et de transition. On voit souvent des injections de granit couper, traverser les assises des terrains primitifs. La figure 314 représente l'injection d'une montagne de gneiss par des filons granitiques; cette montagne est située au cap Wrath, comté de Sutherland, en Écosse.

Les injections granitiques traversent aussi des terrains sédimentaires beaucoup plus élevés dans la série géologique. Dans le massif de Campana à l'île d'Elbe, les granits traversent les terrains crétacés supérieurs, et sont par conséquent contemporains des premiers dépôts tertiaires.

L'origine de ces diverses roches est évidemment éruptive, comme le démontrent leur composition, leur structure cristalline, la forme de leurs masses et les relations de ces masses avec les sédiments qu'elles soulèvent.

Pour se faire une idée exacte, au point de vue minéralogique, d'un terrain granitique éruptif, il suffit de jeter les yeux sur une contrée montagneuse formée par l'épanchement du granit éruptif dans un terrain primitif ou de transition. Le plateau central de la France, en Auvergne, nous en offre bien des variétés. Les masses granitiques centrales et culminantes qui, dans ces montagnes, servent de support aux gneiss et aux roches métamorphiques, sont formées de granits quartzeux à *grandes parties*, ou de granits quartzeux micacés à *petits grains*.

Les granits très-feldspathiques et à grands cristaux, ainsi que les syénites, forment souvent des *pitons* détachés et des *dikes;* ils paraissent provenir d'éruptions postérieures à la formation de ces granits quartzeux. Ces derniers, ou les plus anciens, ne se représentent guère que sous forme de massifs arrondis, centres de soulèvement autour desquels les terrains de sédiment sont relevés et altérés.

Est-il nécessaire de rappeler que le terrain granitique se montre à la surface du sol dans la plupart des pays accidentés et montagneux; qu'on le voit en France dans certaines parties des Pyrénées et des Alpes, en Bretagne, dans les Vosges, en Auvergne, dans le Limousin, le Vivarais, sur beaucoup d'autres points, en Europe, en Afrique, et surtout enfin dans l'Amérique du Nord?

Tout le monde sait que le granit proprement dit est considéré comme la pierre monumentale par excellence, à cause de sa dureté et du poli remarquable que peuvent recevoir certaines de ses variétés. Les plus belles exploitations de granit se trouvent dans le nord de l'Europe. La Suède et la Norvége exportent des granits jusqu'en Hollande. L'Écosse et l'Angleterre en possèdent des carrières immenses; celles de la France se trouvent particulièrement dans les Vosges, en Bretagne, en Normandie, dans le Bourbonnais et le Limousin. Les bordures des trottoirs des rues de la ville de Paris sont en granit de Bretagne.

La *syénite* est une roche en quelque sorte indestructible; elle prend par le frottement un très-beau poli. On en trouve le type le plus parfait en Égypte, non loin de la ville de Syène, qui lui lui a donné son nom. C'est avec la syénite que les anciens Égyptiens ont taillé leurs sphinx, leurs statues et leurs colonnes monumentales. Le piédestal de la statue de Pierre le Grand, à Pétersbourg, le revêtement du soubassement de la colonne Vendôme, à Paris, l'obélisque de Louqsor, aujourd'hui à Paris, sont en syénite.

La *protogine* est la roche granitoïde qui forme, dans la chaîne des Alpes, le célèbre colosse éruptif du mont Blanc.

ÉRUPTIONS PORPHYRIQUES.

La période des éruptions porphyriques correspond à peu près à la période secondaire. Elle a donné naissance à des roches très-variées. Ces roches se montrent en *dykes* (masses comprises sous deux plans à peu près parallèles), et ressemblent à des cassures remplies par des roches ignées; ou bien elles forment des masses éruptives, avec soulèvement des roches préexistantes. On les divise en deux catégories distinctes, les *porphyres* et les *trapps*.

Les *porphyres* offrent une pâte générale essentiellement composée d'un feldspath compacte, ordinairement mélangé d'une quantité plus ou moins grande de silice, sur laquelle se dessinent des cristaux feldspathiques. Le porphyre quartzifère, connu sous le nom d'*elwan*, est très-répandu et joue un rôle considérable dans le massif primordial du centre de la France, principalement dans le Morvan dans les montagnes du Forez et du Beaujolais. Dans cette région, comme en Bretagne, dans les Voges, en Tyrol, etc., ce porphyre est contemporain soit du grès rouge, soit du grès bigarré, et ne pénètre pas dans un terrain postérieur au trias.

Les roches *trappéennes* se distinguent des porphyres par leur couleur couleur verte ou noire, par leur fusibilité, leur faible dureté, l'absence de quartz.

Les trapps proprement dits jouent un grand rôle dans certaines contrées, comme dans plusieurs parties de l'Asie, dans la Nouvelle-Écosse, aux États-Unis et dans les îles Britanniques, où leurs *dykes* traversent les calcaires carbonifères, les grès houillers, les grès rouges et même le lias. Dans les Pyrénées, les trapps connus sous le nom d'*ophites* ont soulevé les terrains crétacés et nummulitiques, et ont cependant fait irruption avant le dépôt des terrains tertiaires moyens, dont les couches horizontales enveloppent leur base. Enfin la *serpentine*, qui a été introduite par de fortes poussées dans divers terrains, soit massifs, soit stratifiés, forme des masses considérables dans le Limousin, l'Aveyron, le Tarn. L'époque de leur apparition paraît correspondre à la fin de la période triasique. Dans les Apennins et sur le revers méridional des Alpes, la serpentine s'épanche à travers le terrain jurassique et le terrain crétacé, et arrive jusqu'au terrain tertiaire.

Les porphyres, roches très-dures, très-solides et susceptibles de prendre un beau poli, servent à la décoration des édifices, à la construction des vases, des colonnes, etc. Le porphyre rouge d'Égypte était particulièrement recherché par les anciens, qui en faisaient des sépulcres, des baignoires, des obélisques. La plus grande masse connue de ce porphyre rouge égyptien est l'obélisque de Sixte-Quint, élevée à Rome. On voit aussi au musée du Louvre, à Paris, de magnifiques baignoires antiques, des colonnes et des statues faites de porphyre égyptien.

La *serpentine* commune est assez tendre pour être travaillée au tour; on la façonne en vases de formes diverses. On en construit des poêles qui supportent bien le feu : celle qu'on exploite au bord du lac de Côme, et qui porte le nom de *pierre ollaire*, est excellente pour cet usage. Une variété de serpentine d'un beau vert, très-homogène, à cassure esquilleuse ou cireuse, et qui est translucide, au moins sur les bords, sert à fabriquer divers objets de fantaisie ou d'ornement.

Une roche trappéenne d'un gris noirâtre, qu'on rencontre dans certaines contrées granitiques, comme en Bretagne, et qui est connue sous le nom de *kersanton*, est solide, tenace, durable et parfaitement propre à prendre sous le ciseau toutes les formes qu'on voudrait lui donner. La plupart des décorations des monuments religieux de la Bretagne sont exécutées avec cette substance, qui prend sous le ciseau des formes très-nettes et d'une grande pureté.

La *pierre de touche* des orfèvres, qui sert à essayer par l'eau-forte les alliages d'or, est un trapp de couleur noire.

ÉRUPTIONS VOLCANIQUES.

Considérées dans leur ensemble, les masses volcaniques actuelles peuvent se grouper en trois formations distinctes, dont
nous parlerons dans l'ordre suivant, qui est celui de leur ancienneté relative :

1° *Formation trachytique;*

2° *Formation basaltique;*

3° *Formation lavique.*

Formation trachytique. — Les éruptions de trachytes ont apparu vers le milieu de la période tertiaire et se sont prolongées
jusqu'à la fin de cette période.

Les trachytes présentent la plus grande analogie de composition avec les porphyres feldspathiques, mais leurs caractères
minéralogiques sont différents. Leur tissu est poreux; leur pâte
blanche, grise, noirâtre, jaunâtre; elle présente des cristaux
disséminés de feldspath, d'amphibole et de mica. L'aspect extérieur des trachytes est d'ailleurs très-variable.

Dans le centre de la France, le terrain trachytique forme les
trois centres montagneux les plus élevés : le groupe du Cantal,
celui des monts Dores et la chaîne du Velay.

Le groupe du Cantal est un cône irrégulier, surbaissé, évidé
à son centre, dont la base, à peu près circulaire, occupe une
surface qui a près de 20 lieues de diamètre. Le groupe trachytique proprement dit s'élève à la partie centrale et se compose
de hautes montagnes, d'où partent des contre-forts qui s'abais-
sent peu à peu, pour se terminer par des plateaux plus ou
moins inclinés. Ces montagnes centrales ont une hauteur qui
varie entre 1400 et 1800 mètres. Une variété de trachyte, dite
phonolite, forme, au centre des escarpements trachytiques qui
encaissent les vallées principales, des pics élancés, comme on le

Fig. 816. Mont Dore, en Auvergne.

voit dans la figure 315, qui représente l'un des pics phonolithiques du Cantal.

Le groupe des monts Dores est un cône qui occupe un espace à peu près circulaire de 5 lieues de diamètre. La masse tra-

Fig. 315. Pic phonolithique du Cantal.

chytique qui constitue cette gibbosité montagneuse est d'une épaisseur moyenne de 400 à 800 mètres; elle se superpose à un plateau primitif de 1000 mètres environ de hauteur (fig. 316). C'est un ensemble de plateaux sur lesquels s'élèvent des aspérités de trachytes massifs, tandis que les vallées et les déchirures qui les sillonnent et les séparent présentent des alternances de trachytes et de roches d'agrégation. Les masses les plus élevées se disposent en une crête demi-circulaire encaissant la vallée. Le pic de Sancy atteint une élévation de 1887 mètres. Sur le même plateau que les monts Dores, à 12 kilomètres au nord de ses dernières pentes, la formation trachytique se prolonge en quatre dômes arrondis : ceux du Puy-de-Dôme, du Sarcoug, du Clierzou et du Petit-Suchet.

La chaîne du Velay forme une zone composée de pics et de plateaux indépendants qui forment sur l'horizon un long rideau bizarrement découpé. La nudité des montagnes, leurs formes aiguës ou arrondies, quelquefois terminées par des plateaux escarpés, donnent à la contrée une physionomie pittoresque et caractéristique. Le pic de Mézenc, qui s'élève à 1 774 mètres, est le point culminant de cette chaîne. Les phonolithes qui la constituent ont dû faire irruption en un grand nombre de points, suivant une fissure dirigée du nord-nord-ouest au sud-sud-est. Le Puy-de-Dôme nous présente un bel et frappant exemple d'une roche trachytique éruptive.

Sur les bords du Rhin et dans la Hongrie, la formation trachytique offre des caractères identiques à ceux que nous venons d'indiquer pour la France. En Amérique, elle est principalement représentée par d'immenses cônes superposés à la chaîne des Andes-Cordillères. Le colosse du Chimborazo est un de ces cônes trachytiques.

Formation basaltique. — Les éruptions basaltiques ont apparu pendant les périodes secondaire et tertiaire. Le basalte, lave essentiellement pyroxénique et feldspathique, noire et compacte, est la roche dominante de cette formation. Il existe des basaltes en courants bien déterminés qui se rattachent à des cratères encore apparents aujourd'hui ; leur origine ignée ne saurait donc être mise en doute. Un des exemples les plus frappants de cratère basaltique nous est fourni par la montagne ou le cratère de la *Coupe*, dans le Vivarais. Sur les flancs de cette montagne, on aperçoit les traces qu'a laissées le courant de basaltes liqué-

Fig. 318.

liés ; au pied de la montagne existe le basalte prismatique. La planche 317 donne l'idée exacte de cette curieuse coulée basaltique.

Le basalte éruptif a quelquefois formé des plateaux. La

Fig. 317. Montagne et cratère basaltique de la Coupe, dans le Vivarais.

figure 318 montre théoriquement le mode de formation de
ces plateaux. Beaucoup de ces nappes basaltiques constituent des
plateaux très-étendus et d'une épaisseur considérable. D'autres
forment des lambeaux d'un même tout, plus ou moins disloqué ;
d'autres enfin se présentent en buttes isolées et très-éloignées
de formations congénères (fig. 319). Enfin on trouve des basaltes

Fig. 319.
Basalte en buttes isolées.

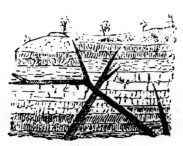

Fig. 320.
Filons basaltiques de Villeneuve-de-Berg.

en filons plus ou moins puissants. Le centre de la France et
les bords du Rhin nous en offrent beaucoup d'exemples. Ces
filons donnent quelquefois la preuve bien évidente que la matière ne s'est pas introduite par en haut, et qu'elle ne peut être
que le résultat d'une injection de l'intérieur de la terre à l'extérieur. Ils se terminent, en effet, par le haut en masses effilées,
quelquefois bifurquées, qui se perdent dans la roche qu'elles
traversent. Tel est le cas des filons basaltiques de Villeneuve-
de-Berg (fig. 320).

Un des caractères les plus frappants des basaltes est leur
structure souvent prismatique. Comme cette lave est homogène
et à grains très-fins, les lois qui déterminent la direction des
fissures de retrait dans les corps qui passent de l'état liquide à
l'état solide par le refroidissement, deviennent ici très-mani-
festes. Aussi les terrains basaltiques ont-ils été constamment
remarqués à cause de la forme et de l'agencement pittoresques
de leurs laves. Elles représentent souvent des colonnades de pris-
mes réguliers, ayant généralement cinq ou six pans, et dont la
disposition paraît perpendiculaire aux surfaces de refroidissement (fig. 321). D'autres fois, toutes les colonnes brisées
au même niveau présentent des sortes de pavés composés de

pièces à pans régulièrement accolés, qui s'étendent sur un espace plus ou moins considérable, et qui sont placés en amphithéâtre les uns au-dessus des autres. On a de tout temps donné le nom de *chaussées des Géants* ou de *pavés des Géants* à ces

Fig. 321.
Basalte en cristaux ou en colonnes prismatiques.

Fig. 322. Chaussée des Géants, au bord du Volant, dans l'Ardèche.

curieuses dispositions des basaltes. En France, le Vivarais, le Velay et l'Ardèche sont remplis de ces chaussées basaltiques. Nous donnons ici (fig. 322) le dessin d'une chaussée basaltique située sur les bords de la petite rivière du *Volant*, dans le département de l'Ardèche.

L'Irlande a été toujours citée pour ses imposantes chaussées des Géants. La grotte de Fingal, dans l'île de Staffa, est, sous ce

Fig. 323. Grotte basaltique de Fingal, dans l'île de Staffa : aspect intérieur.

Fig. 324. Grotte basaltique de l'île de Staffa : aspect extérieur.

rapport, d'une renommée, on peut le dire, banale. La grotte de Fingal (fig. 323) est creusée au milieu d'immenses colonnes pris-

matiques de basalte qui sont continuellement battues par les
vagues. La figure 324 représente un autre aspect de la même
grotte basaltique de l'île de Staffa.

Les laves basaltiques, par leur irruption à l'intérieur des
terres, suivie de leur cristallisation, ont formé quelquefois des
grottes. Il existe, entre Trèves et Coblentz, une grotte très-
remarquable en ce genre ; elle est connue sous le nom de *grotte
des Fromages*, parce que ses colonnes sont formées de pièces
arrondies superposées (fig. 325).

Fig. 325. Grotte des Fromages

Si l'on considère que dans les *basaltes en nappe* la partie inférieure est compacte, cristalline, souvent divisée en colonnes
prismatiques, et la partie supérieure poreuse, celluleuse, sco-
riacée, divisée irrégulièrement; que les points de séparation
des assises offrent de petits lits de fragments de ces pierres po-
reuses connues sous le nom de *lapilli;* — que la partie inférieure de leur masse présente une multitude d'appendices qui
pénètrent dans les terrains meubles où elles reposent, ce qui
dénote une matière liquide qui s'est moulée dans ces crevasses;
— que les terres voisines sont souvent calcinées sur une épaisseur plus ou moins considérable, et les débris de végétaux
qu'elles renferment charbonnés, etc., on ne pourra conserver le
moindre doute sur l'origine ignée des dépôts basaltiques. Arrivé
au jour par certaines crevasses, le basalte liquide s'est répandu,
a coulé sur la surface horizontale du sol. Cette lave n'aurait pu.

Fig. 320. Volcans éteints formant la chaîne des Puys, en Auvergne.

en effet, prendre une surface unie et une épaisseur constante si elle s'était répandue sur des plans inclinés. D'après cela, quand on trouve, comme au Cantal, au mont Dore, dans la partie nord de l'Auvergne, des nappes d'aiguilles de basalte inclinées, il faut nécessairement admettre que cette inclinaison est postérieure à l'éruption des basaltes, qui ont dû être dérangés de leur situation primitive par un soulèvement postérieur à leur formation.

Formation lavique. — La formation lavique comprend à la fois les volcans éteints et les volcans actuellement en activité.

La première formation est représentée en France par des volcans situés dans les anciennes provinces de l'Auvergne, du Velay et du Vivarais, mais principalement par environ cinquante cônes volcaniques, hauts de 200 à 300 mètres, composés de scories et de pouzzolanes, alignés sur un plateau granitique qui domine la ville de Clermont-Ferrand, et qui se sont produits à la suite d'une fracture longitudinale de l'écorce terrestre, allant du nord au sud. C'est la *chaîne des Puys*, qui a 30 kilomètres de longueur. Par leur structure cellulaire et poreuse, grenue et cristalline, les laves de ces volcans feldspathiques ou pyroxéniques se distinguent facilement des laves analogues provenant des formations basaltique ou trachytique, qui se présentent comme elles sous forme de coulées. Leur surface est irrégulière, hérissée d'aspérités formées par les entassements des blocs anguleux.

Les volcans de la chaîne des Puys, que l'on voit représentés dans la planche 326, sont si parfaitement conservés, leurs laves sont si fréquemment superposées aux coulées basaltiques, et présentent une composition et une texture si distinctes, qu'on n'a pas de peine à établir qu'ils sont postérieurs à la formation basaltique et d'un âge très-récent. Cependant ils ne paraissent pas appartenir à l'époque historique, car nulle tradition n'atteste leur éruption dans les temps actuels.

Nous nous arrêterons plus longtemps sur les volcans actuels.

Tout ce qui concerne les volcans s'explique sans peine par la théorie, que nous avons si souvent indiquée, des fractures du globe résultant de son refroidissement. Les divers phénomènes

que nous présentent les volcans actuels sont, comme l'a dit
de Humboldt, « le résultat de la réaction du noyau fluide interne de notre planète sur son écorce extérieure. »

On nomme *volcan* tout conduit qui établit une communication
permanente entre l'intérieur de la terre et sa surface, conduit
qui donne passage, par intervalles, à des éruptions de matière
lavique, ou de *laves*. La figure 327 montre, d'une manière théorique, le mécanisme géologique de l'éruption d'un volcan.

Fig. 327. Volcan actuel.

On évalue à environ trois cents le nombre des volcans actuellement en ignition à la surface de la terre. On les partage
en deux groupes : les volcans *isolés* ou *centraux* et les volcans
disposés en *séries*. Les premiers sont des volcans actifs, autour
desquels peuvent s'établir des bouches éruptives secondaires,
toujours en relation avec la bouche principale. Les seconds sont
disposés comme des cheminées de forge, le long de fentes
qui se prolongent sur de grands espaces. Vingt, trente cônes

volcaniques et plus, peuvent s'élever au-dessus d'une pareille fente de la croûte terrestre, fente dont la direction se manifeste par leur propre direction linéaire. Quelquefois, ces fentes se trouvent sur la crête de chaînes de montagnes élevées et disloquées, comme par exemple sur les Andes de l'Amérique méridionale. Dans la mer, les séries de volcans se montrent sous forme de groupes d'îles disposées en séries longitudinales, dont la direction correspond à l'orientation d'une chaîne de montagnes sur le continent voisin.

On range parmi les volcans centraux : ceux des îles *Lipari* qui ont, comme centre, le Stromboli en activité permanente; l'*Etna*, le *Vésuve*, les volcans des *Açores*, des *Canaries*, des îles du *Cap-Vert*, des îles *Gallapagos*, des îles *Sandwich*, des îles *Marquises*, des îles de la *Société*, des îles de l'*Amitié*, de l'île *Bourbon*, enfin l'*Ararat*.

On range parmi les volcans en séries : la série des îles grecques; — une série de volcans qui s'étend le long des côtes de l'Australie occidentale; — la série des volcans de la Sonde qui, sous le rapport des matières éjaculées et de la violence des éruptions, renferme les bouches à feu les plus remarquables du globe; — la série des Moluques et des Philippines; — celle des îles du Japon, des îles Marianne; — celle du Chili; — la double série des sommets volcaniques près de Quito; — celles des Antilles, de Guatémala, du Mexique.

Les bouches des cheminées volcaniques se trouvent presque toujours au sommet d'une montagne conique, plus ou moins isolée; elles consistent en une ouverture en forme d'entonnoir, qu'on appelle *cratère*, et qui se prolonge en bas dans l'intérieur de la cheminée volcanique. Le cône qui supporte le cratère est composé, pour la plus grande partie, de laves ou de produits d'éjection; aussi le désigne-t-on sous le nom de *cône d'éjection* ou *de scories*. Il est beaucoup de volcans qui consistent uniquement dans le *cône de scories :* tel est celui de l'île de Barren, dans le golfe du Bengale (fig. 328). D'autres offrent, au contraire, un cône d'une très-faible dimension, malgré la hauteur considérable de la chaîne volcanique. On peut citer comme exemple le nouveau cratère qui s'est produit en 1829 dans l'ancien cratère du Vésuve (fig. 329).

La fréquence et l'intensité des éruptions ne sont nullement
liées aux dimensions de la montagne volcanique.

Fig. 323. Volcan de l'île de Barren, dans le golfe du Bengale.

Fig. 329. Cratère actuel du Vésuve.

L'éruption d'un volcan est ordinairement annoncée par un
bruit souterrain, accompagné de secousses, d'ébranlements du
sol, et quelquefois de véritables tremblements de terre. Le
bruit, qui provient d'une très-grande profondeur, se fait en-

tendre sur une large étendue de pays, comme s'il partait du voisinage. Il ressemble à un feu bien nourri d'artillerie ou de mousqueterie. Quelquefois, c'est comme le roulement sourd d'un tonnerre souterrain. Des crevasses se produisent souvent, aux époques des éruptions, sur un rayon considérable. Les figures 330, 331, 332 et 333 représentent la disposition de quelques-unes de ces crevasses du sol.

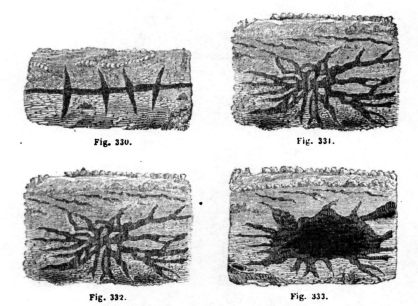

Fig. 330.　　　　　　Fig. 331.

Fig. 332.　　　　　　Fig. 333.

L'éruption commence par une forte secousse, qui ébranle l'intérieur de la montagne. L'ascension des masses fluides et des vapeurs chaudes se révèle, dans certains cas, par la fonte des neiges sur les flancs du cône d'éjection. En même temps que se produit la secousse qui triomphe des dernières résistances de la croûte solide du sol, il s'échappe du fond du cratère une masse considérable de gaz, et particulièrement de vapeur d'eau.

Les vapeurs d'eau, il importe de bien le remarquer, sont la cause essentielle des terribles effets mécaniques dont s'accompagnent les éruptions des volcans actuels. Les éruptions de matières granitique, porphyrique, trachytique et basaltique

26

sont arrivées au sol sans provoquer ces violentes explosions, ces formidables éjections de roches et de pierres qui accompagnent les éruptions des volcans modernes. Les granits, les porphyres, les trachytes et les basaltes, se sont épanchés sans violence à l'extérieur, parce que la vapeur d'eau n'accompagnait pas ces roches liquéfiées, et telle est la circonstance qui explique la tranquillité des épanchements anciens, comparée à la violence et aux terribles effets des éruptions des volcans actuels. Bien établi par les investigations de la science, ce fait nous donne l'explication des puissants effets mécaniques des volcans modernes, qui contrastent avec les tranquilles éruptions des âges primitifs.

Dans les premiers temps d'une éruption volcanique, les masses de pierres et de cendres qui comblaient le cratère sont projetées en l'air, par l'action, brusquement développée, de l'élasticité de la vapeur. Cette vapeur se dégage au travers des laves rouges de feu, sous la forme de grandes bulles arrondies, qui tournoient dans l'air au-dessus du cratère, et s'étendent en couronnes d'autant plus larges qu'elles s'élèvent plus haut. Ces masses de vapeur finissent par former des nuages pelotonnés d'une éblouissante blancheur, qui suivent la direction du vent. Pline le Jeune compare à la cime étagée d'un sapin les nuages que forme au sein des airs la vapeur d'eau provenant d'une éruption volcanique.

Ces nuages volcaniques sont gris ou noirs quand la quantité de *cendres* (c'est-à-dire de terre qu'ils emportent mélangée à la vapeur d'eau) est plus ou moins considérable. Dans quelques éruptions, on a remarqué que ces nuages, en s'abaissant jusqu'au sol, répandaient une odeur particulière d'acide chlorhydrique ou sulfureux; on a même trouvé ces deux acides mélangés à l'eau des pluies provenant de la résolution de ces nuages.

Les nuages pelotonnés de vapeurs qui partent des volcans sont sillonnés d'éclairs continus, suivis de violents coups de tonnerre; en se condensant, ils forment de désastreuses averses qui tombent sur les flancs de la montagne. Beaucoup d'éruptions, connues sous le nom de *volcans de boue* ou de *volcans d'eau*, ne sont autre chose que ces mêmes pluies entraînant avec elles et laissant tomber sur le sol des cendres, des pierres et des scories.

Passons aux phénomènes dont le cratère est le théâtre pendant l'éruption même. On y constate d'abord un mouvement incessant d'ascension et d'abaissement de la lave fluide qui remplit l'intérieur du cratère. Ce double mouvement est souvent interrompu par de violentes explosions de gaz. Le cratère de Kiranear, dans l'île de Hawaï (Sandwich) contient un lac de matière fondue large de 500 mètres. Ce lac subit ce double mouvement d'élévation et d'abaissement. Chacune des bulles de vapeur qui sort du cratère, pousse vers le haut la lave fondue; elle s'élève et éclate à la surface avec une force considérable. Une partie de la lave, à demi refroidie et scorifiée, est ainsi projetée vers le haut, et les divers fragments sont lancés avec violence dans toutes les directions, comme ceux d'une bombe qui éclate. Le plus grand nombre des fragments lancés verticalement dans les airs, retombent dans le cratère. Beaucoup s'accumulent sur le bord de l'ouverture, et ajoutent de plus en plus à la hauteur du cône d'éruption. Les fragments plus légers et de petites dimensions, comme aussi les cendres fines, sont entraînés par les spirales de vapeur, et portés sur des étendues de pays souvent très-considérables. En 1794, les cendres du Vésuve furent lancées jusqu'au fond de la Calabre; en 1812, celles du volcan de Saint-Vincent, dans les Antilles, furent portées à l'est jusqu'à la Barbade, et y répandirent une telle obscurité, qu'en plein jour on ne voyait pas à se conduire. Enfin quelques masses de laves, puissantes et isolées, sont projetées en dehors de la gerbe de scories; elles sont arrondies par suite de leur mouvement de tournoiement dans l'air, et portent le nom de *bombes volcaniques*.

Nous avons déjà fait remarquer que la lave qui, à l'état liquide, remplit le cratère et la cheminée intérieure du volcan, a été poussée en haut par les vapeurs d'eau. Dans beaucoup de cas, la force mécanique de cette vapeur est si considérable, qu'elle lance la lave par-dessus les bords du cratère, et qu'il se forme ainsi un torrent qui se répand le long de la montagne. Ce débordement n'a lieu au sommet de la montagne que dans les volcans d'une faible hauteur; dans les volcans élevés, la montagne se fend d'ordinaire près de sa base, et c'est par cette fente que le torrent de lave s'épanche sur le pays environnant.

L'écoulement de la lave donne lieu à des phénomènes qui sont très-différents, selon le degré de fluidité de la lave, selon sa température et le degré d'inclinaison de la montagne.

Une fois épanchée, la lave se refroidit assez vite; elle durcit et présente une croûte écaillée par suite du refroidissement; par ses interstices, on voit encore s'échapper des jets de vapeur d'eau. Mais, sous cette croûte superficielle, la lave continue d'être liquide; elle ne se refroidit que peu à l'intérieur de sa masse. Elle chemine avec une extrême lenteur, entravée qu'elle est dans sa progression par les débris des roches qui s'entassent au devant de cette rivière brûlante et sont charriées par son cours.

La vitesse avec laquelle se meut un courant de lave dépend de son degré de fluidité, de sa masse et de la pente du sol. On a constaté que certains courants de lave parcouraient en une heure plus de 1 000 mètres; mais leur vitesse est d'ordinaire beaucoup moindre; un homme à pied peut souvent la dépasser. Ces courants varient beaucoup en dimensions. Le courant le plus considérable de la lave de l'Etna a sur quelques points une épaisseur de 35 mètres et une largeur d'un mille et demi géographique. La plus grande masse lavique qui ait été épanchée dans les temps historiques est celle du Skaptor Jokul, en Islande, en 1783. Elle forma deux courants dont les extrémités étaient éloignées l'une de l'autre de 20 lieues, et qui de distance en distance, présentaient une largeur de 3 lieues et une épaisseur de 200 mètres.

Un effet tout particulier de l'activité volcanique s'observe dans les localités où existent des *volcans de boue*. La figure 334 représente les volcans de boue, ou *salses*, de Carthagène. La plupart de ces volcans forment une dépression cratériforme avec de petites éminences coniques dans leur intérieur, qui versent au dehors de la boue poussée par des gaz et de la vapeur d'eau. La température des matières lancées au dehors est d'ordinaire peu élevée. La boue, généralement grisâtre, à odeur de pétrole, est soumise aux mêmes mouvements alternatifs que la lave fondue dans les volcans proprement dits. Les gaz qui projettent à l'extérieur cette argile fluide, mélangée de

Fig. 33%. Volcans de boue (salzes) de Carthagène.

sels, de gypse, de naphte, de soufre, quelquefois même d'ammoniaque et d'acide borique, sont habituellement l'hydrogène carboné et l'acide carbonique.

Les volcans de boue, ou *salzes*, se présentent en un assez grand nombre de lieux à la surface de la terre. Il en existe beaucoup dans les environs de Modène; on en voit en Sicile entre Arragona et Girgenti. Pallas en a observé en Crimée, dans la presqu'île de Kertche, à l'île de Taman; de Humboldt en a décrit et figuré dans la province de Carthagène, dans l'Amérique méridionale; on en cite enfin à l'île de la Trinité et dans l'Hindoustan.

On trouve, dans certaines contrées, des buttes formées de matières argileuses résultant des anciennes déjections d'un volcan de boue duquel tout dégagement de gaz, d'eau et de terre a depuis longtemps cessé. Quelquefois, ce phénomène reprend avec violence son cours interrompu. De légers tremblements de terre s'y font alors sentir, et des blocs de terre desséchée étant projetés au loin, de nouveaux flots de boue se font jour.

Revenons aux volcans ordinaires, c'est-à-dire qui lancent des laves.

A la fin d'une éruption lavique, quand l'activité du volcan

commence à s'affaiblir, l'émission du cratère est réduite à des dégagements, plus ou moins abondants, de gaz, qui s'échappent par une multitude de fissures du sol, mêlés à de la vapeur d'eau.

Le plus grand nombre de volcans qui se sont ainsi éteints forment ce qu'on appelle les *solfatares*. L'hydrogène sulfuré qui se dégage des fissures du sol se décompose au contact de l'air, en formant de l'eau par l'action de l'oxygène atmosphérique, et laissant du soufre, qui se dépose ainsi en masses considérables sur les parois du cratère. Telle est l'origine géologique du soufre, matière qui joue dans l'industrie un rôle fondamental. C'est, en effet, avec le soufre extrait des terres qui environnent les bouches des volcans éteints, c'est-à-dire avec les produits des *solfatares*, que l'on prépare l'acide sulfurique, agent fondamental d'une foule d'industries dans les deux mondes, et qui est devenu un des plus puissants éléments de notre production manufacturière. Si les produits des *solfatares* de la Sicile venaient à nous faire défaut, l'industrie européenne se trouverait immédiatement paralysée.

Les sources d'eau bouillante connues sous le nom de *geysers* sont une autre émanation minérale qui se rattache aux anciens cratères. Elles sont continues ou intermittentes. On trouve en Islande un grand nombre de ces sources jaillissantes. L'un des *geysers* de l'Islande projette une colonne d'eau de 6 mètres de diamètre, s'élevant parfois à 50 mètres de hauteur. L'eau, en se refroidissant, laisse déposer la silice qu'elle tenait en dissolution.

La figure 335 représente les geysers de l'Islande.

La phase dernière de l'activité volcanique, c'est un dégagement d'acide carbonique sans élévation de température. Dans les lieux où se manifestent ces émanations continues de gaz acide carbonique, il y a toute apparence qu'il existait autrefois un volcan, dont ce dégagement de gaz est le phénomène terminal. C'est ce que l'on observe à Naples, dans la *grotte du Chien*. C'est ce qui se manifeste avec une intensité bien supérieure à Java, dans la vallée dite du *Poison*, qui est pour les habitants un véritable objet de terreur. Dans cette vallée redoutable, le sol est partout couvert de squelettes et de carcasses de tigres, de chevreuils, de cerfs, d'oiseaux, et même d'ossements humains, car l'asphyxie frappe tout être vivant qui s'aventure dans ces lieux désolés.

Fig. 335. Geysers de l'Islande.

Les volcans actuellement en activité sont, comme nous l'avons dit, très-nombreux et répandus sur toute la surface du globe. Les plus connus sont ceux du Vésuve, près de Naples, de l'Etna, en Sicile, et de Stromboli, dans les îles Lipari. Donnons quelques rapides indications sur chacun de ces volcans actuels.

Le Vésuve est de tous les volcans celui qui a été le mieux étudié ; c'est le volcan pour ainsi dire classique. Personne n'ignore qu'il s'ouvrit pour la première fois l'an 79 après Jésus-Christ. Cette éruption célèbre coûta la vie au naturaliste Pline, qui sacrifia sa vie à l'observation du plus imposant phénomène de la nature. Après bien des mutations, le cratère actuel du Vésuve consiste en un cône entouré, du côté opposé à la mer, par une crête en demi-cercle, composée de matières ponceuses ou amphigéniques étrangères au Vésuve proprement dit.

On croit que le mont Vésuve était primitivement la montagne à laquelle on donne aujourd'hui le nom de *Somma*. Le cône, qui seul porte aujourd'hui le nom de Vésuve, s'est probablement formé lors de la fameuse éruption de l'an 79, qui ensevelit sous des avalanches de débris de ponce pulvérulente les villes d'Herculanum et de Pompéi. Ce cône se termine par un cratère dont la forme a changé bien des fois, et qui a vomi depuis l'origine, des déjections de nature variée et des courants de lave. De nos jours, le Vésuve est sans cesse en activité; ses éruptions ne sont séparées que par de courts intervalles.

Les îles Lipari renferment le volcan de Stromboli, continuellement en ignition, et qui forme ce fameux phare naturel de la mer Tyrrhénienne, tel qu'Homère l'a observé, tel qu'on l'avait vu avant le vieil Homère et tel qu'on le voit encore de nos jours. Ses éruptions sont continues. Le cratère d'où elles s'élancent ne se trouve pas à la pointe de l'éminence conique de l'île, mais sur un de ses côtés, à peu près aux deux tiers de la hauteur. Il est en partie rempli de lave fondue, qui s'y trouve continuellement soumise à un mouvement alternatif d'ascension et d'abaissement. Ce mouvement est provoqué par la montée de bulles de vapeur qui s'élèvent à la surface et projettent au dehors une haute colonne de cendres. Pendant la nuit, ces nuages de vapeur resplendissent d'une magnifique réverbération rouge, qui éclaire d'une sinistre lueur les campagnes de l'île et la mer environnante.

Situé sur la côte orientale de la Sicile, l'Etna paraît, au premier coup d'œil, avoir une structure beaucoup plus simple que celle du Vésuve. Ses pentes sont moins rapides, plus uniformes de tous les côtés; sa base représente à peu près la forme d'un bouclier. La partie inférieure de l'Etna, ou la région cultivée de cette montagne, est inclinée d'environ 3°. La région moyenne, ou celle des forêts, est plus rapide; elle mesure 8° d'inclinaison. La montagne se termine par un cône de forme elliptique, de 32° d'inclinaison, qui porte en son milieu, au-dessus d'une terrasse presque horizontale, le cône d'éruption, avec son cratère arrondi. Ce cratère a 3300 mètres d'altitude. Il ne donne point issue à des laves, mais seulement à des gaz. Les laves sortent par soixante grands cônes plus petits, qui se sont formés sur les pentes du volcan. On peut, en regardant la montagne du sommet, se convaincre que ces cônes sont disposés en rayons et placés sur des fentes qui convergent vers le cratère comme vers un centre.

Ajoutons, pour compléter cette très-rapide esquisse des phénomènes volcaniques actuels, qu'il existe de nos jours des volcans sous-marins. Si l'on n'en connaît qu'un petit nombre, cela tient à ce que leur apparition au sein des eaux est presque constamment suivie d'une disparition plus ou moins complète. Toutefois, des phénomènes très-puissants et très-visibles nous donnent une démonstration suffisante de la persistance continuelle des actions volcaniques au-dessous du bassin des mers. Au milieu des eaux de l'Océan, on voit quelquefois apparaître subitement des îles sur des points où les navigateurs n'en avaient jamais aperçu. C'est ainsi que l'on a vu de nos jours se former l'île Julia. Apparue au sud-ouest de la Sicile en 1831, elle s'abîma plus tard sous les vagues. A diverses époques et notamment en 1811, il se forma des îles nouvelles dans les Açores. Il s'en éleva à plusieurs reprises autour de l'Islande et sur beaucoup d'autres points.

L'île qui apparut en 1796, à 10 lieues de la pointe septentrionale d'Unalaska, l'une des îles Aléoutiennes, est particulièrement célèbre. On vit d'abord sortir du sein de la mer une colonne de fumée; ensuite un point noir, d'où s'élançaient des gerbes enflammées, apparut à la surface de l'eau. Pendant plusieurs mois que dura ce phénomène, l'île s'accrut en largeur et en hauteur. Enfin on ne vit plus sortir que de la fumée; au bout de quatre ans cette dernière trace des convulsions volcaniques avait même complétement cessé. L'île continua néanmoins à grandir et à s'élever; elle formait en 1806 un cône surmonté de quatre autres plus petits.

Dans l'enceinte comprise entre les îles Santorin, Therasia et Aspronisi, dans la Méditerranée, s'éleva, cent quatre-vingt-six ans avant notre ère, l'île d'*Hiera*, qui s'accrut encore par des îlots soulevés sur ses bords pendant les années 19, 726 et 1427. On a vu apparaître en 1773 Micra-Kameni, et Nea-Kameni en 1707. Ces îles s'accrurent successivement en 1709, 1711, 1712, etc. Selon les anciens, Santorin, Therasia et Aspronisi avaient apparu, plusieurs siècles avant Jésus-Christ, à la suite de tremblements de terre d'une grande violence.

AGE RELATIF DES PRINCIPALES MONTAGNES

DE L'EUROPE.

Nous présenterons, pour terminer, une application des principes et des faits qui ont été développés dans cet ouvrage, en
exposant l'état actuel de nos connaissances sur l'âge relatif des
principales montagnes de l'Europe.

Les deux versants de la plupart des chaînes de montagnes
bien caractérisées consistent chacun en une série identique de
terrains de même âge, relevés des deux côtés opposés de la
montagne. Le centre est une masse enclavée entre ces couches,
et composée d'une matière qui a fait irruption, à l'état de fusion ignée, de l'intérieur du globe. On peut admettre, d'après
cela, que les couches de même âge, actuellement séparées sur
ces deux versants, ne formaient autrefois qu'un dépôt unique
et commun, horizontal, et que leur séparation, leur redresse-
ment, sont dus à une fracture de l'écorce terrestre, et à
l'irruption, dans l'espace béant, d'une masse liquide venue de
l'intérieur de la terre, en d'autres termes à un *soulèvement.*

Ce phénomène de soulèvement s'est-il fait d'une manière
soudaine et violente? ou bien résulte-t-il d'une suite d'efforts longtemps répétés? La première opinion paraît la plus
probable.

La fracture de l'écorce terrestre qui a précédé le soulèvement
des montagnes tient d'ailleurs à la même cause que nous avons
eu si souvent l'occasion de mettre en relief, c'est-à-dire au refroidissement progressif du globe et à la contraction d'une partie de la masse fluide intérieure, devenue solide. Entre la croûte
récemment consolidée et la croûte déjà solidifiée, il a dû se
former, à diverses époques, des vides qui ont déterminé la
rupture, la fracture et le plissement de l'écorce terrestre. Sous

l'influence de la force d'expansion intérieure des gaz contenus dans le noyau fluide du globe, des matières liquides provenant de l'intérieur de la terre se sont épanchées dans ces fentes. Parvenues au dehors, elles se sont solidifiées, après avoir, au moment de leur éruption, relevé les couches de terrain primitivement horizontales, qui sont restées dès lors redressées le long des flancs de la gibbosité terrestre ainsi produite.

Voici ce que l'observation a bien établi pour la plupart des chaînes de montagnes.

Le long de presque toutes ces chaînes, on voit les couches de terrain les plus récentes s'étendre horizontalement jusqu'à ces montagnes, et s'arrêter à leur pied ; on voit ensuite des couches de terrains plus anciens se redresser et se contourner plus ou moins sur les flancs ou jusqu'à la crête de ces montagnes. Dans cette seule considération, un illustre géologue moderne, M. Elie de Beaumont, a trouvé le moyen de déterminer avec précision l'âge relatif d'une montagne. Il a démontré que la connaissance exacte de l'âge géologique des deux systèmes de couches horizontales et redressées au pied et sur les flancs de la montagne, donne le moyen de déterminer l'âge de la montagne elle-même. Selon M. Élie de Beaumont, la date de l'apparition de la chaîne montagneuse est intermédiaire entre le dépôt des couches stratifiées qui y sont redressés, et le dépôt des couches qui s'étendent horizontalement à ses pieds.

Supposons que les couches qui forment le revêtement CD

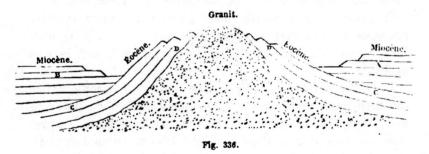

Fig. 336.

(fig. 336) des flancs d'une chaîne de montagnes appartiennent à la période *éocène* et que l'axe de la montagne soit occupé par une éruption granitique, l'apparition de cette montagne sera plus récente que la période *éocène*, puisqu'elle aura soulevé les terrains éocènes. Supposons maintenant que les dépôts horizontaux A, B, qui sont en contact avec les couches relevées de la montagne, appartiennent à la période *miocène*, le grand phénomène qui a donné naissance à la chaîne de montagnes sera intermédiaire entre les périodes éocène et miocène, puisque les dépôts laissés par les mers, pendant la période miocène, n'ont pas été troublés et ont conservé depuis ce moment leur situation horizontale. Nous avons donc par cette seule coïncidence l'âge relatif de la montagne.

Fait remarquable! il existe une liaison entre les directions que les chaînes de montagnes affectent à la surface du globe et l'âge de ces montagnes. C'est par une série longtemps continuée d'observations que la géologie moderne s'est enrichie de cette importante loi. L'illustre géologue allemand Werner avait reconnu que, dans un même district, tous les filons métalliques de même nature devaient leur origine à des fentes parallèles entre elles, qui s'étaient ouvertes en même temps et remplies ensuite durant une même période. Cette notion de la contemporanéité des fractures parallèles entre elles et de la différence d'âge des fractures de directions différentes, établie pour le cas particulier des fentes où se sont amassés les filons métalliques, ne pouvait-elle pas s'appliquer aux couches redressées et aux chaînes de montagnes? Léopold de Buch remarqua, en effet, qu'en Allemagne, les directions des strates redressées étaient très-limitées, et que chaque direction, qui affectait souvent des espaces considérables, correspondait à une époque particulière. Enfin M. Élie de Beaumont entreprit de déterminer l'âge et la direction comparés d'un grand nombre de chaînes, et il put conclure, à peu d'exceptions près, *que les chaînes de montagnes de même âge sont généralement parallèles, et que les chaînes de directions différentes appartiennent à des époques distinctes.*

Par une étude suivie et approfondie des diverses chaînes de l'Europe, le célèbre géologue français a été conduit à répartir toutes ces montagnes dans un certain nombre de groupes ou *systèmes*, composés d'éléments parallèles, et dont chacun se rapporte à une ligne de démarcation dans l'échelle des terrains sédimentaires.

Nous allons passer rapidement en revue ceux de ces *systèmes* qui présentent pour nous un intérêt particulier, c'est-à-dire les chaînes montagneuses de l'Europe et plus spécialement de la France.

On trouve les traces d'un système de soulèvement très-ancien, car il est antérieur au dépôt des couches du terrain carbonifère, dans la plupart des montagnes qu'on nomme *primitives* et *transitives*. C'est suivant la direction de ce système, connu sous le nom de *système du Hundsruck*, que sont placées les couches fort inclinées du terrain silurien, étendu en travers de la Bretagne et de la Normandie, entre Pontivy et Saint-Lô, soulevées par les granits qui n'ont pas été recouverts depuis. Les terrains ardoisiers des Ardennes ont encore leurs couches dirigées de même, ainsi que les *grauwackes* et les calcaires de la partie centrale des Vosges. De semblables directions des couches schisteuses se font remarquer dans les montagnes du Beaujolais, du Forez et dans certaines parties des Pyrénées, bien que des soulèvements plus récents aient produit le relief actuel de ces contrées. Le plateau central de la France, qui a été très-anciennement déposé par les mers, offre, dans les couches de gneiss qu'il renferme, des directions qui annoncent l'influence du soulèvement dont nous indiquons ici rapidement les traces.

C'est vers la fin de l'époque dévonienne que se fit le soulèvement des *ballons des Vosges* et des collines du Bocage (Calvados).

« Les masses de syénite et de porphyre, dit M. Élie de Beaumont, qui, dans le sud-est des Vosges, forment les cimes jumelles du ballon d'Alsace et du ballon du Comté, s'allongent de l'est 16° sud à l'ouest 16° nord et ont redressé dans cette direction les couches du terrain à anthracite. Le terrain houiller de Ronchamp s'est déposé au pied de ces montagnes sur les tranches des couches redressées. La structure de toute la partie méridionale du massif central des Vosges, depuis Plombières jusqu'à la vallée de Massevaux, est en rapport avec celle du ballon d'Alsace et se rattache à la direction O. 16° N. E.; 16° S. [1]. »

Le ballon d'Alsace s'élève à 789 mètres au-dessus de la ville de Giromagny, bâtie elle-même au niveau du terrain houiller; et le ballon de Gebweiler, situé plus au nord-est, s'élève à

1. *Manuel géologique de Labèche*, page 629.

927 mètres au-dessus du même point. Ce sont les inégalités les plus considérables de la surface du globe qu'on puisse faire remonter à une époque aussi reculée de l'histoire du monde.

La Lozère nous présente, beaucoup plus au sud, une autre masse granitoïde allongée à peu près dans le même sens ; et comme la direction de cette masse semble avoir déterminé celle du bassin intérieur des départements de la Lozère et de l'Aveyron, dans lequel le terrain houiller, le grès bigarré et le calcaire jurassique se sont déposés horizontalement, l'élévation de cette masse paraît contemporaine de celle de la syénite du ballon d'Alsace.

« Une foule d'indices se réunissent, dit M. Élie de Beaumont, pour attester que, dans l'intervalle des deux périodes auxquelles correspondent le dépôt jurassique et le système des terrains crétacés, il y a eu une variation brusque et importante dans la manière dont les sédiments se disposaient sur la surface de l'Europe. Cette variation subite paraît avoir coïncidé avec la formation d'un ensemble de chaînons montagneux parmi lesquels on peut citer la Côte-d'Or, en Bourgogne, le mont-Pilaz en Forez, les Cévennes et les plateaux du Larzac dans le département de l'Aveyron, et même l'Erzgebirge en Saxe. L'Erzgebirge, la Côte-d'Or, le Pilaz, les Cévennes font partie d'une série presque continue d'accidents du sol dont la communauté de direction et la liaison de proche en proche conduisent à penser que l'origine a été contemporaine, que la formation s'est opérée dans une seule et même convulsion. Dans les départements de la Dordogne et de la Charente, en Nivernais, en Bourgogne, en Lorraine, en Alsace et dans plusieurs autres parties de la France, les dérangements de stratification dirigés dans le sens des chaînons des montagnes dont nous parlons, embrassent les couches jurassiques, tandis qu'ils n'affectent pas les couches inférieures du terrain crétacé à la rencontre desquels ils se terminent près des rives de la Dordogne et en Saxe, où les couches de grès verts, qui forment les escarpements pittoresques de ce qu'on appelle la Suisse saxonne, s'étendent horizontalement sur la base de l'Erzgebirge. La Côte-d'Or, située au milieu de l'espace dont il s'agit, fait partie d'une série d'ondulations de couches jurassiques qui, après avoir donné naissance aux accidents les mieux dessinés du sol du département de la Haute-Saône, se reproduit encore dans les hautes vallées longitudinales des montagnes du Jura, par-dessous lesquelles toutes les couches du terrain jurassique viennent passer pour se relever dans leurs intervalles et former les croupes arrondies qui les séparent. Dans le fond de plusieurs de ces vallées, on trouve des couches évidemment contemporaine du grès vert, comme ces couches ne s'élèvent pas sur les crêtes intermédiaires qui paraissent avoir formé autant d'îles et de presqu'îles, elles sont évidemment d'une date plus récente que le reploiement des couches jurassiques, qui a donné naissance à ces crêtes, aux vallées longitudinales et à tout le système dont elles font partie et qui comprend la Côte-d'Or [1]. »

Entre le dépôt de la craie tufau et celui de la craie marneuse se manifesta un système d'accidents du sol que M. Élie de Beaumont a désigné sous le nom de *système du mont Viso*, d'après une seule cime des Alpes françaises qui, comme presque toutes les cimes alpines, doit sa hauteur absolue actuelle à plusieurs soulèvements successifs, mais dans laquelle les accidents de stratification propres à l'époque en question sont très-prononcés.

Les Alpes françaises et l'extrémité sud-ouest du Jura, depuis les environs d'Antibes et de Nice jusqu'aux environs de Pont-d'Ain et de Lons-le-Saunier, présentent une série de crêtes et de dislocations dirigées à peu près vers le nord-nord-ouest, et dans lesquelles les couches du terrain crétacé inférieur se trouvent redressées, aussi bien que les couches jurassiques. La pyramide de roches primitives du mont Viso est traversée par d'énormes failles qui, d'après leur direction, appartiennent à ce système de fractures. Au pied des crêtes orientales du Devoluy, formées par les couches du terrain crétacé inférieur redressées dans la direction dont il s'agit, sont déposés horizontalement près du col de Bayard, des couches de terrain crétacé supérieur. C'est donc entre les périodes de dépôt des deux parties du système crétacé que les couches du système du mont Viso ont été redressées.

La convulsion qui accompagna la naissance des Pyrénées fut une des plus fortes que le sol de l'Europe eût éprouvée jusque-là. Ce ne fut qu'à l'apparition des Alpes que l'Europe en ressentit de plus considérables encore. Pendant l'intervalle de ces deux phénomènes, intervalle pendant lequel se déposèrent la plus grande partie des couches tertiaires, l'Europe ne fut le théâtre d'aucun autre événement aussi important. Les formations tertiaires s'étendent en effet horizontalement jusqu'aux Pyrénées, elles s'arrêtent à leur pied, sans entrer, comme la craie, dans la composition d'une partie de leur masse. D'après cela, et conséquemment avec la théorie de M. Élie de Beaumont,

1. *Manuel géologique de Labèche*, page 638.

les Pyrénées ont pris leur relief actuel après la période du dépôt des terrains crétacés, dont les couches redressées s'élèvent sur leurs flancs ou atteignent leurs crêtes, et avant la période du dépôt des couches tertiaires de divers âges qui s'étendent à leur pied. Les Pyrénées nous offrent, on le voit, une des applications les plus frappantes et les plus nettes de la théorie de M. Élie de Beaumont.

Ainsi la chaîne des Pyrénées, tant en France que dans les Asturies, a été formée entre la période tertiaire et la période crétacée inférieure. C'est encore à la même époque qu'il faut rapporter la formation des Apennins, des Alpes Juliennes, des Karpathes, des Balkans, etc. On retrouve enfin la même direction dans de nombreuses dislocations et dénudations existant en Allemagne et dans le nord de la France, comme dans le Boulonnais, le pays de Bray, etc.

C'est entre les périodes éocène et miocène que s'est opéré le soulèvement des montagnes des îles de Corse et de Sardaigne. C'est le même soulèvement qui a donné leurs dernières formes aux crêtes qui séparent les vallées de la Loire, de la Saône et de l'Allier.

Arrivons au soulèvement des Alpes. Cet ensemble magnifique de pics montagneux et de gibbosités de toutes formes a été le berceau des études géologiques. C'est en étudiant la configuration des Alpes, de 1770 à 1786, que Bénédict de Saussure jeta les bases de la géologie actuelle. Les conclusions qu'il proclama étaient trop opposées aux idées de son temps; aussi ne furent-elles point accueillies. Quarante années après, M. Élie de Beaumont reprit et compléta les observations fondamentales de l'illustre naturaliste suisse.

Le premier fait révélé à Bénédict de Saussure par l'observation, c'est la direction générale suivie par les crêtes principales des Alpes. Cette direction se rapporte à deux axes : l'un, caractérisant les Alpes occidentales, va du nord-nord-ouest au sud-sud-ouest; l'autre suivi par les chaînes principales des Alpes orientales, se rapporte à des lignes dirigées de l'est-quart-nord-est à l'ouest-quart-sud-ouest.

Le mont Blanc, la masse culminante de toutes les Alpes, permet d'apprécier facilement les phénomènes géologiques qui se sont produits pendant le soulèvement de ces montagnes, et les caractères de structure qui en sont résultés pour les roches qui les composent. Le massif central du mont Blanc ayant été soulevé, a relevé sur ses flancs les terrains superposés qui forment aujourd'hui ses versants latéraux. Les couches qui formaient ces terrains se sont rompues en s'écartant de l'axe du soulèvement; de là la formation des déchirures longitudinales aujourd'hui représentées par les deux vallées de Chamonix et de l'allée Blanche qui encaissent le mont Blanc; de là encore les escarpements du Brevant et du Cramont. Si le mont Blanc venait à rentrer dans les profondeurs du globe, ces escarpements tendraient à se rejoindre et à se souder, en s'abaissant, pour reprendre leur ancienne position. Le massif soulevant du mont Blanc a donc surgi à travers une fissure longitudinale du globe, comme à travers une gigantesque boutonnière. Les bords soulevés de la boutonnière sont les versants escarpés qui font face au mont Blanc, et qui se rejoignent vers les bords extrêmes de la Seigne et de Balme. Les vallées qui entourent le massif soulevant, sont des vallées de fracture qui, jointes par les cols, constituent un cratère de soulèvement.

Ainsi les formes seules de ces montagnes et de ces vallées traduisent suffisamment pour nous l'histoire de ce grand phénomène du soulèvement des Alpes. Cette histoire est écrite en caractères éternels et grandioses pour ceux qui savent lire les pages magnifiques que la nature étale à nos yeux.

Les mêmes dispositions de forme et de structure géologique se reproduisent dans les Alpes orientales, mais avec moins de régularité, parce que les lignes de soulèvement de l'Oberland et du mont Rose sont composées de séries de soulèvements dont les phénomènes particuliers ne peuvent se reconnaître et s'isoler aussi bien qu'au mont Blanc. Cependant la chaîne de l'Oberland bernois, par exemple, présente une belle série de pics granitoïdes, à la base desquels se dressent des crêtes longitudinales formées par les terrains soulevés. Des vallées de fracture profondes conduisent au pied de l'axe du soulèvement.

A quelle époque se sont soulevées les Alpes? Le système des Alpes de la Savoie et du Dauphiné, ou celui des Alpes occidentales, a soulevé les molasses suisses, qui appartiennent aux terrains tertiaires moyens, et n'a pas accidenté les dépôts tertiaires supérieurs de la Bresse, du bas Dauphiné et de la Provence. Les Alpes orientales, qui s'étendent du Valais et du Saint-Gothard jusqu'en Autriche, marquent la direction du *système des Alpes orientales*, qui a soulevé même les dépôts lacustres appartenant à la formation tertiaire supérieure.

Ainsi, ces monts sourcilleux auxquels on aurait cru pouvoir attribuer, à cause de leur grandeur même, une antiquité prodigieuse, qu'on aurait volontiers considérés comme ayant élevé leurs masses énormes au-dessus des mers qui formèrent par leurs dépôts les terrains tertiaires des plaines environnantes; cette magnifique série de chaînes montagneuses, est, au contraire, d'un âge récent. Mais s'il en est ainsi, les terrains qui forment les Alpes, et dont le facies est compact et semi-cristallin, ne sont-ils pas eux-mêmes beaucoup plus modernes qu'ils n'en ont l'apparence? M. Élie de Beaumont pense, en effet, que les montagnes granitiques des Alpes ont surgi, non pendant l'époque primitive, ou de transition, mais seulement pendant les périodes jurassique, crétacée et tertiaire. Toutes ces roches, souvent semi-cristallines, devraient, selon M. Élie de Beaumont, leurs caractères spéciaux à des modifications *métamorphiques* dues à l'influence calorifique et chimique des matières ignées qui les ont traversées pendant le soulèvement.

Nous terminerons en donnant la liste des roches principales les plus importantes que l'on rencontre dans les Alpes. Ces roches sont :

1° Des schistes cristallins micacés, et des gneiss provenant de véritables terrains de transition qui couvrent une grande partie de la région des Alpes méridionales depuis la vallée du Haut-Rhône, à partir de Brieg;

2° Des schistes argileux présentant sur leurs feuillets des empreintes de toute la flore houillère;

3° Des calcaires et des schistes jurassiques disposés en assises massives ou en petits bancs, et dont les couches sont très-multipliées;

4° Des calcaires généralement en couches puissantes, qui représentent les diverses formations des terrains crétacés, et constituent une partie des montagnes formant la lisière septentrionale des grandes Alpes. Des gisements, pour ainsi dire classiques, du terrain crétacé, sont représentés par les monts Salève (pics de Genève), les calcaires de Bonneville et de Cluses, les montagnes schisteuses et calcaires qui dominent directement les lacs de Thun et de Brientz, telles que le *Faulhorn*, le Rothhorn, etc.;

5° Le terrain des grès grossiers, conglomérats, etc. (molasse suisse, *flysch* et *nagelflue*), qui recouvre tout l'espace situé au nord des lacs de Genève, de Thun, des Quatre cantons et de Constance. Ce terrain ne forme en général que des plaines et des collines, comme celles qui environnent Berne, Fribourg, Lucerne, etc., mais il s'élève quelquefois très-haut, par exemple, sur le Righi;

6° Des roches granitoïdes (protogines), constituant ces masses et ces aiguilles culminantes qui s'élèvent, comme le mont Blanc et le mont Rose, au-dessus de la région des neiges éternelles;

7° Des serpentines, amphibolites, mélaphyres, etc., qui forment dans les Alpes un grand nombre de filons disséminés.

ÉPILOGUE.

Après avoir étudié l'histoire et le passé de notre globe, nous sera-t-il permis de jeter un coup d'œil sur l'avenir qui l'attend?

L'état actuel de la terre peut-il être considéré comme définitif? Les ébranlements géologiques qui ont façonné son relief et se sont traduits par les irruptions volcaniques des Alpes, en Europe, du mont Ararat, en Asie, des Cordillères, dans le nouveau monde, seront-ils les derniers? En un mot, la sphère terrestre conservera-t-elle à jamais la forme que nous lui connaissons, et dont les cartes géographiques ont, pour ainsi dire, incrusté les contours dans notre mémoire?

Il est difficile de répondre avec assurance à cette question ; toutefois, les connaissances qu'ont maintenant acquises nos lecteurs, leur permettront de se faire à cet égard une opinion fondée sur l'analogie et l'induction scientifiques.

Quelles sont les causes qui ont produit les reliefs actuels du globe, et réparti diversement sur sa surface les continents et les eaux? La cause primordiale c'est, comme nous l'avons dit si souvent, le refroidissement de la terre et la solidification progressive de ses parties internes encore liquides. Ce sont les fractures ainsi déterminées dans l'écorce solide du globe, qui ont provoqué le soulèvement des principales montagnes, creusé les grandes vallées, fait surgir certains continents et submergé d'autres rivages. La seconde cause qui a contribué à former de vastes terrains, réside dans les dépôts sédimentaires des eaux, qui ont eu pour résultat de créer de nouveaux continents sur le bassin des mers anciennes.

Mais ces deux causes, le refroidissement terrestre et les dépôts sédimentaires aqueux, persistent de nos jours, bien qu'à un degré affaibli. L'épaisseur de l'écorce solide du globe n'est qu'une insignifiante fraction de sa masse liquide intérieure. La cause principale des grandes dislocations du sol, est donc, pour ainsi dire, à nos portes ; elle nous menace sans cesse : les tremblements de terre et les éruptions volcaniques, encore fréquents aujourd'hui, nous en donnent de sinistres et incontestables preuves. D'un autre côté, nos mers forment des atterrissements continus. Le fond de la mer Baltique, par exemple, s'élève graduellement, par suite de dépôts qui combleront en entier son lit, dans un intervalle de temps qu'il ne serait pas impossible de calculer.

Il est donc probable que le relief actuel du sol et les limites respectives des continents et des eaux, n'ont rien de définitif, et qu'ils sont, au contraire, destinés à se modifier dans l'avenir.

Un problème plus ardu que le précédent, et pour lequel l'induction scientifique et l'analogie sont des guides moins sûrs, est celui de la perpétuité de notre espèce. L'homme est-il condamné à disparaître un jour de la surface de la terre, comme les races animales qui ont précédé et préparé sa venue ? Comme les trilobites de la période silurienne, par exemple, comme les grands reptiles du lias, les mastodontes et les megatheriums de l'époque tertiaire, l'espèce humaine doit-elle un jour s'anéantir et disparaître du globe ? Ou bien, faut-il admettre que l'homme, doué de l'attribut de la raison, marqué, pour ainsi dire, du sceau divin, soit le dernier et le suprême terme de la création ?

La science ne saurait prononcer entre ces deux questions, qui surpassent la compétence et sortent du cercle du raisonnement humain. Il n'est pas impossible que l'homme ne soit qu'un degré dans l'échelle ascendante et progressive des êtres animés. La puissance divine qui a jeté sur la terre la vie, le sentiment et la pensée ; qui a donné à la plante l'organisation ;

à l'animal le mouvement, le sentiment et l'intelligence ; à l'homme, en outre de ces dons multiples, la faculté de la raison, doublée elle-même de l'idéal, se réserve peut-être de créer un jour, à côté de l'homme, ou après lui, un être supérieur encore. Cet être nouveau que semblent avoir pressenti la religion et la poésie modernes, dans le type éthéré et radieux de l'ange chrétien, serait pourvu de facultés morales dont la nature et l'essence échappent à notre esprit, et dont nous ne pouvons pas plus concevoir la notion, que l'aveugle-né ne conçoit les couleurs, ou le sourd-muet les sons.

On doit se contenter de poser, sans espoir de le résoudre, ce problème redoutable. Ce grand mystère, selon la belle expression de Pline « est caché dans la majesté de la nature, » *latet in majestate naturæ*, ou pour mieux dire, dans la pensée et la toute-puissance du Créateur des mondes qui forment l'univers.

FIN.

TABLE DES MATIÈRES.

FIN DE LA TABLE DES MATIÈRES.

INDEX ALPHABÉTIQUE.

FIN DE L'INDEX ALPHABÉTIQUE.

PARIS. — IMPRIMERIE DE CH. LAHURE ET C⁰

Rue de Fleurus, 9

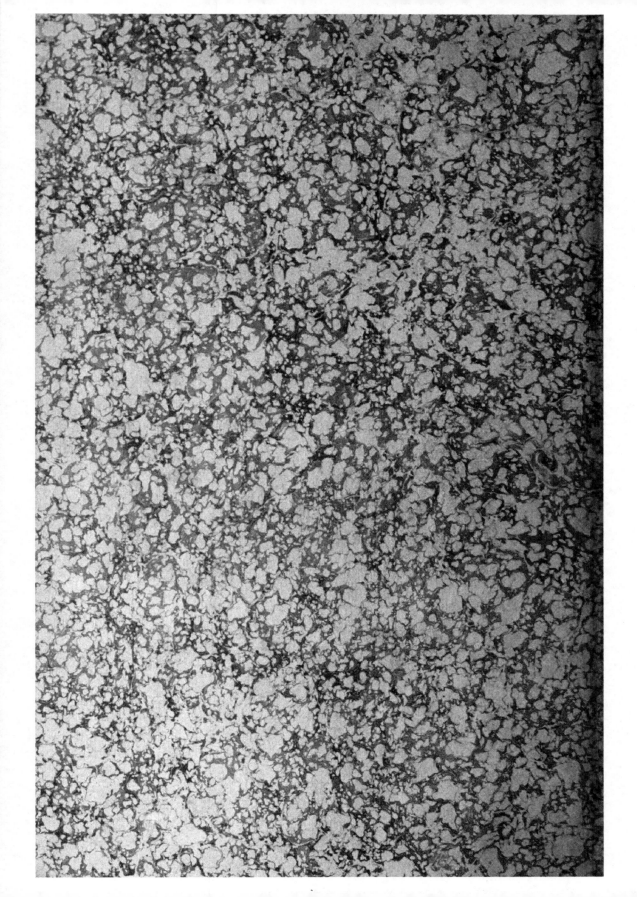

Lightning Source UK Ltd.
Milton Keynes UK
UKOW02f1918141013

219063UK00012B/1334/P